EinFach Deutsch

Franz Kafka

Erzählungen und Parabeln

Erarbeitet von
Roland Kroemer und
Thomas Zander

Herausgegeben von
Johannes Diekhans

Textgrundlage der Erzählungen und Parabeln Kafkas in dieser Ausgabe:
- Franz Kafka: Erzählungen. Herausgegeben von Max Brod. Frankfurt a. M. 1983
- Franz Kafka: Beschreibung eines Kampfes. Novellen, Skizzen, Aphorismen aus dem Nachlass. Herausgegeben von Max Brod. Frankfurt a. M. 1983

Bildnachweis

S. 132 o., 138, 147, 149, 155, 161, 191: © Archiv Klaus Wagenbach – **S. 132 Mi., u., 183:** © bpk – **S. 166:** © ullstein bild – **S. 175, 178, 182:** © Andrea Di Gennaro

© 2008 Bildungshaus Schulbuchverlage
Westermann Schroedel Diesterweg Schöningh Winklers GmbH
Braunschweig, Paderborn, Darmstadt

www.schoeningh-schulbuch.de
Schöningh Verlag, Jühenplatz 1–3, 33098 Paderborn

Das Werk und seine Teile sind urheberrechtlich geschützt.
Jede Nutzung in anderen als den gesetzlich zugelassenen Fällen bedarf der vorherigen schriftlichen Einwilligung des Verlages.
Hinweis zu § 52a UrhG: Weder das Werk noch seine Teile dürfen ohne eine solche Einwilligung gescannt und in ein Netzwerk gestellt werden.
Das gilt auch für Intranets von Schulen und sonstigen Bildungseinrichtungen.

Auf verschiedenen Seiten dieses Buches befinden sich Verweise (Links) auf Internetadressen. Haftungshinweis: Trotz sorgfältiger inhaltlicher Kontrolle wird die Haftung für die Inhalte der externen Seiten ausgeschlossen. Für den Inhalt dieser externen Seiten sind ausschließlich deren Betreiber verantwortlich. Sollten Sie dabei auf kostenpflichtige, illegale oder anstößige Inhalte treffen, so bedauern wir dies ausdrücklich und bitten Sie, uns umgehend per E-Mail davon in Kenntnis zu setzen, damit beim Nachdruck der Verweis gelöscht wird.

Druck 5 4 3 2 / Jahr 2013 12 11 10
Die letzte Zahl bezeichnet das Jahr dieses Druckes.

Umschlaggestaltung: Jennifer Kirchhof
Druck und Bindung: Friedrich Pustet, Regensburg

ISBN 978-3-14-022423-9

Franz Kafka: Erzählungen und Parabeln

Annäherung an Franz Kafka 7
Vor dem Gesetz. 7
Eine kaiserliche Botschaft 8
Von den Gleichnissen 9
Eine alltägliche Verwirrung 10
Gibs auf! 11

Der ewige Sohn 12
Das Urteil. 12
Großer Lärm 24
Der plötzliche Spaziergang 25
Das Unglück des Junggesellen 26
Heimkehr. 26

Lebensverzicht und Absolutheitsanspruch 28
Ein Hungerkünstler 28
Der Fahrgast 39
Das Gassenfenster. 39
Zerstreutes Hinausschaun. 40
Der Aufbruch. 40
Auf der Galerie 41

Verwalteter Horror 43
In der Strafkolonie. 43
Die Truppenaushebung 73
Der Schlag ans Hoftor. 75
Fürsprecher 77

4

Anpassung und ewiges Außenseitertum 80
Ein Bericht für eine Akademie. 80
Der Steuermann. 90
Kinder auf der Landstraße. 90

Todesangst 94
Der Bau 94
Kleine Fabel 131
Der Geier. 131

Anhang 132

1. Annäherung an Franz Kafka 132
Oliver Jahraus: Lebenslauf 133
Gustav Janouch: Ein Gespräch mit Kafka. 136
Thomas Anz: Kafka und seine Interpreten 138
Aage A. Hansen-Löve: Über „Vor dem Gesetz". . . 140
Einen Text beschreiben und deuten (analysieren). . 142

2. Der ewige Sohn: „Das Urteil" 145
Elias Canetti: Kafkas Briefwechsel mit Felice
Bauer. 145
Reiner Stach: Über die Entstehung des „Urteils" . . 148

**3. Lebensverzicht und Absolutheits-
anspruch: „Ein Hungerkünstler"** 152
Gerhard Neumann: Über Hungerkünstler 152
Reiner Stach: Kafkas Lebensprogramm 156
Roger Hermes: Zu Kafkas „Auf der Galerie" 161

4. Verwalteter Horror: „In der Strafkolonie". . 166

Klaus Wagenbach: Über Strafkolonien 166

Thomas Anz: Kafka und der Krieg. 168

5. Anpassung und ewiges Außenseitertum:
„Ein Bericht für eine Akademie". 172

Walter Bauer-Wabnegg: Über dressierte

Menschenaffen 172

Reiner Stach: Kafkas Tiermetaphorik 175

Detlef Kremer: Bewegung und Oszillation in

Kafkas Texten. 179

Jean-Jacques Rousseau: Vom Gesellschafts-

zustand 181

6. Todesangst: „Der Bau" 184

Werner Hoffmann: Gefangen im eigenen Werk. . . 184

Werner Hoffmann: Schreiben gegen den Tod 187

Annäherung an Franz Kafka

Vor dem Gesetz

Vor dem Gesetz steht ein Türhüter. Zu diesem Türhüter kommt ein Mann vom Lande und bittet um Eintritt in das Gesetz. Aber der Türhüter sagt, dass er ihm jetzt den Eintritt nicht gewähren könne. Der Mann überlegt und fragt dann, ob er also später werde eintreten dürfen. „Es ist 5 möglich", sagt der Türhüter, „jetzt aber nicht." Da das Tor zum Gesetz offensteht wie immer und der Türhüter beiseitetritt, bückt sich der Mann, um durch das Tor in das Innere zu sehn. Als der Türhüter das merkt, lacht er und sagt: „Wenn es dich so lockt, versuche es doch, trotz 10 meines Verbotes hineinzugehen. Merke aber: Ich bin mächtig. Und ich bin nur der unterste Türhüter. Von Saal zu Saal stehn aber Türhüter, einer mächtiger als der andere. Schon den Anblick des dritten kann nicht einmal ich mehr ertragen." Solche Schwierigkeiten hat der Mann 15 vom Lande nicht erwartet; das Gesetz soll doch jedem und immer zugänglich sein, denkt er, aber als er jetzt den Türhüter in seinem Pelzmantel genauer ansieht, seine große Spitznase, den langen, dünnen, schwarzen tatarischen[1] Bart, entschließt er sich, doch lieber zu warten, bis er die 20 Erlaubnis zum Eintritt bekommt. Der Türhüter gibt ihm einen Schemel und lässt ihn seitwärts von der Tür sich niedersetzen. Dort sitzt er Tage und Jahre. Er macht viele Versuche, eingelassen zu werden, und ermüdet den Türhüter durch seine Bitten. Der Türhüter stellt öfter kleine 25 Verhöre mit ihm an, fragt ihn über seine Heimat aus und nach vielem andern, es sind aber teilnahmslose Fragen, wie sie große Herren stellen, und zum Schlusse sagt er ihm immer wieder, dass er ihn noch nicht einlassen könne. Der Mann, der sich für seine Reise mit vielem ausgerüstet hat, 30

---

[1] Tataren: Bezeichnung für verschiedene Völker und Bevölkerungsgruppen auf dem Gebiet Russlands; auch die in Europa brandschatzenden Horden des Dschingis Khan wurden als Tataren („die aus der Hölle kommen" [von griech. Tartaros]) bezeichnet.

verwendet alles, und sei es noch so wertvoll, um den Türhüter zu bestechen. Dieser nimmt zwar alles an, aber sagt
dabei: „Ich nehme es nur an, damit du nicht glaubst, etwas
versäumt zu haben." Während der vielen Jahre beobachtet
der Mann den Türhüter fast ununterbrochen. Er vergisst
die andern Türhüter, und dieser erste scheint ihm das
einzige Hindernis für den Eintritt in das Gesetz. Er ver-
flucht den unglücklichen Zufall, in den ersten Jahren rücksichtslos und laut, später, als er alt wird, brummt er nur
noch vor sich hin. Er wird kindisch, und, da er in dem
jahrelangen Studium des Türhüters auch die Flöhe in seinem Pelzkragen erkannt hat, bittet er auch die Flöhe, ihm
zu helfen und den Türhüter umzustimmen. Schließlich
wird sein Augenlicht schwach und er weiß nicht, ob es um
ihn wirklich dunkler wird oder ob ihn nur seine Augen
täuschen. Wohl aber erkennt er jetzt im Dunkel einen
Glanz, der unverlöschlich aus der Türe des Gesetzes
bricht. Nun lebt er nicht mehr lange. Vor seinem Tode
sammeln sich in seinem Kopfe alle Erfahrungen der
ganzen Zeit zu einer Frage, die er bisher an den Türhüter
noch nicht gestellt hat. Er winkt ihm zu, da er seinen er-
starrenden Körper nicht mehr aufrichten kann. Der Türhüter muss sich tief zu ihm hinunterneigen, denn der
Größenunterschied hat sich sehr zu Ungunsten des Mannes verändert. „Was willst du denn jetzt noch wissen?",
fragt der Türhüter, „du bist unersättlich." „Alle streben
doch nach dem Gesetz", sagt der Mann, „wieso kommt es,
dass in den vielen Jahren niemand außer mir Einlass verlangt hat?" Der Türhüter erkennt, dass der Mann schon
an seinem Ende ist, und, um sein vergehendes Gehör noch
zu erreichen, brüllt er ihn an: „Hier konnte niemand sonst
Einlass erhalten, denn dieser Eingang war nur für dich
bestimmt. Ich gehe jetzt und schließe ihn."

Eine kaiserliche Botschaft

Der Kaiser – so heißt es – hat dir, dem Einzelnen, dem
jämmerlichen Untertanen, dem winzig vor der kaiser-
lichen Sonne in die fernste Ferne geflüchteten Schatten,

gerade dir hat der Kaiser von seinem Sterbebett aus eine
Botschaft gesendet. Den Boten hat er beim Bett niederknien lassen und ihm die Botschaft ins Ohr geflüstert; so
sehr war ihm an ihr gelegen, dass er sich sie noch ins Ohr
wiedersagen ließ. Durch Kopfnicken hat er die Richtigkeit 5
des Gesagten bestätigt. Und vor der ganzen Zuschauerschaft seines Todes – alle hindernden Wände werden nie-
dergebrochen und auf den weit und hoch sich schwin-
genden Freitreppen stehen im Ring die Großen des Reichs
– vor allen diesen hat er den Boten abgefertigt. Der Bote 10
hat sich gleich auf den Weg gemacht; ein kräftiger, ein
unermüdlicher Mann; einmal diesen, einmal den andern
Arm vorstreckend schafft er sich Bahn durch die Menge;
findet er Widerstand, zeigt er auf die Brust, wo das Zeichen der Sonne ist; er kommt auch leicht vorwärts, wie 15
kein anderer. Aber die Menge ist so groß; ihre Wohnstätten
nehmen kein Ende. Öffnete sich freies Feld, wie würde er
fliegen und bald wohl hörtest du das herrliche Schlagen
seiner Fäuste an deiner Tür. Aber stattdessen, wie nutzlos
müht er sich ab; immer noch zwängt er sich durch die 20
Gemächer des innersten Palastes; niemals wird er sie
überwinden; und gelänge ihm dies, nichts wäre gewonnen; die Treppen hinab müsste er sich kämpfen; und gelänge ihm dies, nichts wäre gewonnen; die Höfe wären zu
durchmessen; und nach den Höfen der zweite umschlie- 25
ßende Palast; und wieder Treppen und Höfe; und wieder
ein Palast; und so weiter durch Jahrtausende; und stürzte
er endlich aus dem äußersten Tor – aber niemals, niemals
kann es geschehen –, liegt erst die Residenzstadt vor ihm,
die Mitte der Welt, hochgeschüttet voll ihres Bodensatzes. 30
Niemand dringt hier durch und gar mit der Botschaft
eines Toten. – Du aber sitzt an deinem Fenster und er-
träumst sie dir, wenn der Abend kommt.

Von den Gleichnissen

Viele beklagen sich, dass die Worte der Weisen immer
wieder nur Gleichnisse seien, aber unverwendbar im täglichen Leben, und nur dieses allein haben wir. Wenn der

Weise sagt: „Gehe hinüber", so meint er nicht, dass man auf die andere Seite hinübergehen solle, was man immerhin noch leisten könnte, wenn das Ergebnis des Weges wert wäre, sondern er meint irgendein sagenhaftes Drüben, etwas, das wir nicht kennen, das auch von ihm nicht näher zu bezeichnen ist und das uns also hier gar nichts helfen kann. Alle diese Gleichnisse wollen eigentlich nur sagen, dass das Unfassbare unfassbar ist, und das haben wir gewusst. Aber das, womit wir uns jeden Tag abmühen, sind andere Dinge.

Darauf sagte einer: „Warum wehrt ihr euch? Würdet ihr den Gleichnissen folgen, dann wäret ihr selbst Gleichnisse geworden und damit schon der täglichen Mühe frei."

Ein anderer sagte: „Ich wette, dass auch das ein Gleichnis ist."

Der Erste sagte: „Du hast gewonnen."

Der Zweite sagte: „Aber leider nur im Gleichnis."

Der Erste sagte: „Nein, in Wirklichkeit; im Gleichnis hast du verloren."

Eine alltägliche Verwirrung

Ein alltäglicher Vorfall: sein Ertragen eine alltägliche Verwirrung. A hat mit B aus H ein wichtiges Geschäft abzuschließen. Er geht zur Vorbesprechung nach H, legt den Hin- und Herweg in je zehn Minuten zurück und rühmt sich zu Hause dieser besonderen Schnelligkeit. Am nächsten Tag geht er wieder nach H, diesmal zum endgültigen Geschäftsabschluss. Da dieser voraussichtlich mehrere Stunden erfordern wird, geht A sehr früh morgens fort. Obwohl aber alle Nebenumstände, wenigstens nach A's Meinung, völlig die gleichen sind wie am Vortag, braucht er diesmal zum Weg nach H zehn Stunden. Als er dort ermüdet abends ankommt, sagt man ihm, dass B, ärgerlich wegen A's Ausbleiben, vor einer halben Stunde zu A in sein Dorf gegangen sei und sie sich eigentlich unterwegs hätten treffen müssen. Man rät A zu warten. A aber, in Angst wegen des Geschäftes, macht sich sofort auf und eilt nach Hause.

Diesmal legt er den Weg, ohne besonders darauf zu achten, geradezu in einem Augenblick zurück. Zu Hause erfährt er, B sei doch schon gleich früh gekommen – gleich
nach dem Weggang A's; ja, er habe A im Haustor getroffen,
ihn an das Geschäft erinnert, aber A habe gesagt, er hätte 5
jetzt keine Zeit, er müsse jetzt eilig fort.
Trotz diesem unverständlichen Verhalten A's sei aber B
doch hiergeblieben, um auf A zu warten. Er habe zwar
schon oft gefragt, ob A nicht schon wieder zurück sei,
befinde sich aber noch oben in A's Zimmer. Glücklich da- 10
rüber, B jetzt noch zu sprechen und ihm alles erklären zu
können, läuft A die Treppe hinauf. Schon ist er fast oben,
da stolpert er, erleidet eine Sehnenzerrung und fast ohn-
mächtig vor Schmerz, unfähig sogar zu schreien, nur win-
selnd im Dunkel hört er, wie B – undeutlich, ob in großer 15
Ferne oder knapp neben ihm – wütend die Treppe hinun-
terstampft und endgültig verschwindet.

Gibs auf!

Es war sehr früh am Morgen, die Straßen rein und leer, ich
ging zum Bahnhof. Als ich eine Turmuhr mit meiner Uhr
verglich, sah ich, dass es schon viel später war, als ich
geglaubt hatte, ich musste mich sehr beeilen, der Schrecken über diese Entdeckung ließ mich im Weg unsicher 5
werden, ich kannte mich in dieser Stadt noch nicht sehr
gut aus, glücklicherweise war ein Schutzmann[1] in der Nähe, ich lief zu ihm und fragte ihn atemlos nach dem Weg.
Er lächelte und sagte: „Von mir willst du den Weg erfahren?" „Ja", sagte ich, „da ich ihn selbst nicht finden kann." 10
„Gibs auf, gibs auf", sagte er und wandte sich mit einem
großen Schwunge ab, so wie Leute, die mit ihrem Lachen
allein sein wollen.

---

[1] Polizist

Der ewige Sohn

Das Urteil

FÜR F.

Es war an einem Sonntagvormittag im schönsten Frühjahr. Georg Bendemann, ein junger Kaufmann, saß in seinem Privatzimmer im ersten Stock eines der niedrigen, leichtgebauten Häuser, die entlang des Flusses in einer
5 langen Reihe, fast nur in der Höhe und Färbung unterschieden, sich hinzogen. Er hatte gerade einen Brief an einen sich im Ausland befindlichen Jugendfreund beendet, verschloss ihn in spielerischer Langsamkeit und sah dann, den Ellbogen auf den Schreibtisch gestützt, aus dem
10 Fenster auf den Fluss, die Brücke und die Anhöhen am anderen Ufer mit ihrem schwachen Grün.
Er dachte darüber nach, wie dieser Freund, mit seinem Fortkommen zu Hause unzufrieden, vor Jahren schon nach Russland sich förmlich geflüchtet hatte. Nun betrieb
15 er ein Geschäft in Petersburg[1], das anfangs sich sehr gut angelassen hatte, seit langem aber schon zu stocken schien, wie der Freund bei seinen immer seltener werdenden Besuchen klagte. So arbeitete er sich in der Fremde nutzlos ab, der fremdartige Vollbart verdeckte nur schlecht das
20 seit den Kinderjahren wohlbekannte Gesicht, dessen gelbe Hautfarbe auf eine sich entwickelnde Krankheit hinzudeuten schien. Wie er erzählte, hatte er keine rechte Verbindung mit der dortigen Kolonie seiner Landsleute, aber auch fast keinen gesellschaftlichen Verkehr mit einheimi
25 schen Familien und richtete sich so für ein endgültiges Junggesellentum ein.
Was wollte man einem solchen Manne schreiben, der sich offenbar verrannt hatte, den man bedauern, dem man aber

---

[1] Sankt Petersburg; bis 1917 Hauptstadt des Russischen Reiches und Residenz des Zaren

Das Urteil 13

nicht helfen konnte. Sollte man ihm vielleicht raten, wieder nach Hause zu kommen, seine Existenz hierher zu verlegen, alle die alten freundschaftlichen Beziehungen wiederaufzunehmen – wofür ja kein Hindernis bestand – und im Übrigen auf die Hilfe der Freunde zu vertrauen? Das bedeutete aber nichts anderes, als dass man ihm gleichzeitig, je schonender, desto kränkender, sagte, dass seine bisherigen Versuche misslungen seien, dass er endlich von ihnen ablassen solle, dass er zurückkehren und sich als ein für immer Zurückgekehrter von allen mit großen Augen anstaunen lassen müsse, dass nur seine Freunde etwas verstünden und dass er ein altes Kind sei, das den erfolgreichen, zu Hause gebliebenen Freunden einfach zu folgen habe. Und war es dann noch sicher, dass alle die Plage, die man ihm antun müsste, einen Zweck hätte? Vielleicht gelang es nicht einmal, ihn überhaupt nach Hause zu bringen – er sagte ja selbst, dass er die Verhältnisse in der Heimat nicht mehr verstünde –, und so bleibe er dann trotz allem in seiner Fremde, verbittert durch die Ratschläge und den Freunden noch ein Stück mehr entfremdet. Folgte er aber wirklich dem Rat und würde hier – natürlich nicht mit Absicht, aber durch die Tatsachen – niedergedrückt, fände sich nicht in seinen Freunden und nicht ohne sie zurecht, litte an Beschämung, hätte jetzt wirklich keine Heimat und keine Freunde mehr, war es da nicht viel besser für ihn, er blieb in der Fremde, so wie er war? Konnte man denn bei solchen Umständen daran denken, dass er es hier tatsächlich vorwärtsbringen würde?

Aus diesen Gründen konnte man ihm, wenn man noch überhaupt die briefliche Verbindung aufrechterhalten wollte, keine eigentlichen Mitteilungen machen, wie man sie ohne Scheu auch den entferntesten Bekannten machen würde. Der Freund war nun schon über drei Jahre nicht in der Heimat gewesen und erklärte dies sehr notdürftig mit der Unsicherheit der politischen Verhältnisse in Russland, die demnach also auch die kürzeste Abwesenheit eines kleinen Geschäftsmannes nicht zuließen, während hunderttausende Russen ruhig in der Welt herumfuhren. Im Laufe dieser drei Jahre hatte sich aber gerade für Georg

14 Der ewige Sohn

vieles verändert. Von dem Todesfall von Georgs Mutter, der vor etwa zwei Jahren erfolgt war und seit welchem Georg mit seinem alten Vater in gemeinsamer Wirtschaft lebte, hatte der Freund wohl noch erfahren und sein Bei-
5 leid in einem Brief mit einer Trockenheit ausgedrückt, die ihren Grund nur darin haben konnte, dass die Trauer über ein solches Ereignis in der Fremde ganz unvorstellbar wird. Nun hatte aber Georg seit jener Zeit, so wie alles andere, auch sein Geschäft mit größerer Entschlossenheit
10 angepackt. Vielleicht hatte ihn der Vater bei Lebzeiten der Mutter dadurch, dass er im Geschäft nur seine Ansicht gelten lassen wollte, an einer wirklichen eigenen Tätigkeit gehindert, vielleicht war der Vater seit dem Tode der Mutter, trotzdem er noch immer im Geschäft arbeitete, zurück-
15 haltender geworden, vielleicht spielten – was sogar sehr wahrscheinlich war – glückliche Zufälle eine weit wichtigere Rolle, jedenfalls aber hatte sich das Geschäft in diesen zwei Jahren ganz unerwartet entwickelt, das Personal hatte man verdoppeln müssen, der Umsatz hatte sich ver-
20 fünffacht, ein weiterer Fortschritt stand zweifellos bevor. Der Freund aber hatte keine Ahnung von dieser Veränderung. Früher, zum letzten Mal vielleicht in jenem Beileidsbrief, hatte er Georg zur Auswanderung nach Russland überreden wollen und sich über die Aussichten verbreitet,
25 die gerade für Georgs Geschäftszweig in Petersburg bestanden. Die Ziffern waren verschwindend gegenüber dem Umfang, den Georgs Geschäft jetzt angenommen hatte. Georg aber hatte keine Lust gehabt, dem Freund von seinen geschäftlichen Erfolgen zu schreiben, und hät-
30 te er es jetzt nachträglich getan, es hätte wirklich einen merkwürdigen Anschein gehabt.
So beschränkte sich Georg darauf, dem Freund immer nur über bedeutungslose Vorfälle zu schreiben, wie sie sich, wenn man an einem ruhigen Sonntag nachdenkt, in der
35 Erinnerung ungeordnet aufhäufen. Er wollte nichts anderes, als die Vorstellung ungestört lassen, die sich der Freund von der Heimatstadt in der langen Zwischenzeit wohl gemacht und mit welcher er sich abgefunden hatte. So geschah es Georg, dass er dem Freund die Verlobung
40 eines gleichgültigen Menschen mit einem ebenso gleich-

Das Urteil 15

gültigen Mädchen dreimal in ziemlich weit auseinander-
liegenden Briefen anzeigte, bis sich dann allerdings der
Freund, ganz gegen Georgs Absicht, für diese Merkwür-
digkeit zu interessieren begann.

Georg schrieb ihm aber solche Dinge viel lieber, als dass 5
er zugestanden hätte, dass er selbst vor einem Monat mit
einem Fräulein Frieda Brandenfeld, einem Mädchen aus
wohlhabender Familie, sich verlobt hatte. Oft sprach er
mit seiner Braut über diesen Freund und das besondere
Korrespondenzverhältnis, in welchem er zu ihm stand. 10
„Er wird also gar nicht zu unserer Hochzeit kommen",
sagte sie, „und ich habe doch das Recht, alle deine Freunde
kennenzulernen." „Ich will ihn nicht stören", antwortete
Georg, „verstehe mich recht, er würde wahrscheinlich
kommen, wenigstens glaube ich es, aber er würde sich 15
gezwungen und geschädigt fühlen, vielleicht mich benei-
den und sicher unzufrieden und unfähig, diese Unzufriedenheit jemals zu beseitigen, allein wieder zurückfahren.
Allein – weißt du, was das ist?" „Ja, kann er denn von
unserer Heirat nicht auch auf andere Weise erfahren?" 20
„Das kann ich allerdings nicht verhindern, aber es ist bei
seiner Lebensweise unwahrscheinlich." „Wenn du solche
Freunde hast, Georg, hättest du dich überhaupt nicht ver-
loben sollen." „Ja, das ist unser beider Schuld; aber ich
wollte es auch jetzt nicht anders haben." Und wenn sie 25
dann, rasch atmend unter seinen Küssen, noch vorbrach-
te: „Eigentlich kränkt es mich doch", hielt er es wirklich
für unverfänglich, dem Freund alles zu schreiben. „So bin
ich und so hat er mich hinzunehmen", sagte er sich, „ich
kann nicht aus mir einen Menschen herausschneiden, der 30
vielleicht für die Freundschaft mit ihm geeigneter wäre,
als ich es bin."

Und tatsächlich berichtete er seinem Freunde in dem langen Brief, den er an diesem Sonntagvormittag schrieb, die
erfolgte Verlobung mit folgenden Worten: „Die beste Neu- 35
igkeit habe ich mir bis zum Schluss aufgespart. Ich habe
mich mit einem Fräulein Frieda Brandenfeld verlobt,
einem Mädchen aus einer wohlhabenden Familie, die sich
hier erst lange nach deiner Abreise angesiedelt hat, die du
also kaum kennen dürftest. Es wird sich noch Gelegenheit 40

16 Der ewige Sohn

finden, dir Näheres über meine Braut mitzuteilen, heute
genüge dir, dass ich recht glücklich bin und dass sich in
unserem gegenseitigen Verhältnis nur insofern etwas geändert hat, als du jetzt in mir statt eines ganz gewöhnlichen Freundes einen glücklichen Freund haben wirst.
Außerdem bekommst du in meiner Braut, die dich herzlich grüßen lässt und die dir nächstens selbst schreiben
wird, eine aufrichtige Freundin, was für einen Junggesellen nicht ganz ohne Bedeutung ist. Ich weiß, es hält dich
vielerlei von einem Besuche bei uns zurück, wäre aber
nicht gerade meine Hochzeit die richtige Gelegenheit, einmal alle Hindernisse über den Haufen zu werfen? Aber
wie dies auch sein mag, handle ohne alle Rücksicht und
nur nach deiner Wohlmeinung."

Mit diesem Brief in der Hand war Georg lange, das Gesicht dem Fenster zugekehrt, an seinem Schreibtisch ge-
sessen. Einem Bekannten, der ihn im Vorübergehen von
der Gasse aus gegrüßt hatte, hatte er kaum mit einem
abwesenden Lächeln geantwortet. Endlich steckte er den
Brief in die Tasche und ging aus seinem Zimmer quer
durch einen kleinen Gang in das Zimmer seines Vaters, in
dem er schon seit Monaten nicht gewesen war. Es bestand
auch sonst keine Nötigung dazu, denn er verkehrte mit
seinem Vater ständig im Geschäft, das Mittagessen nahmen sie gleichzeitig in einem Speisehaus ein, abends ver-
sorgte sich zwar jeder nach Belieben, doch saßen sie dann
meistens, wenn nicht Georg, wie es am häufigsten geschah, mit Freunden beisammen war oder jetzt seine Braut
besuchte, noch ein Weilchen, jeder mit seiner Zeitung, im
gemeinsamen Wohnzimmer. Georg staunte darüber, wie
dunkel das Zimmer des Vaters selbst an diesem sonnigen
Vormittag war. Einen solchen Schatten warf also die hohe
Mauer, die sich jenseits des schmalen Hofes erhob. Der
Vater saß beim Fenster in einer Ecke, die mit verschiedenen Andenken an die selige Mutter ausgeschmückt
war, und las die Zeitung, die er seitlich vor die Augen
hielt, wodurch er irgendeine Augenschwäche auszuglei-
chen suchte. Auf dem Tisch standen die Reste des Früh-
stücks, von dem nicht viel verzehrt zu sein schien.

„Ah, Georg!", sagte der Vater und ging ihm gleich entge-

Das Urteil 17

gen. Sein schwerer Schlafrock öffnete sich im Gehen, die
Enden umflatterten ihn – ‚Mein Vater ist noch immer ein
Riese‘, sagte sich Georg.
„Hier ist es ja unerträglich dunkel", sagte er dann.
„Ja, dunkel ist es schon", antwortete der Vater.
„Das Fenster hast du auch geschlossen?"
„Ich habe es lieber so."
„Es ist ja ganz warm draußen", sagte Georg, wie im Nach-
hang zu dem Früheren, und setzte sich.
Der Vater räumte das Frühstücksgeschirr ab und stellte es
auf einen Kasten[1].
„Ich wollte dir eigentlich nur sagen", fuhr Georg fort, der
den Bewegungen des alten Mannes ganz verloren folgte,
„dass ich nun doch nach Petersburg meine Verlobung an-
gezeigt habe." Er zog den Brief ein wenig aus der Tasche
und ließ ihn wieder zurückfallen.
„Nach Petersburg?", fragte der Vater.
„Meinem Freunde doch", sagte Georg und suchte des Vaters Augen. – Im Geschäft ist er doch ganz anders, dachte
er, wie er hier breit sitzt und die Arme über der Brust
kreuzt.
„Ja. Deinem Freunde", sagte der Vater mit Betonung.
„Du weißt doch, Vater, dass ich ihm meine Verlobung
zuerst verschweigen wollte. Aus Rücksichtnahme, aus
keinem anderen Grunde sonst. Du weißt selbst, er ist ein
schwieriger Mensch. Ich sagte mir, von anderer Seite kann
er von meiner Verlobung wohl erfahren, wenn das auch
bei seiner einsamen Lebensweise kaum wahrscheinlich ist
– das kann ich nicht hindern –, aber von mir selbst soll er
es nun einmal nicht erfahren."
„Und jetzt hast du es dir wieder anders überlegt?", fragte
der Vater, legte die große Zeitung auf den Fensterbord und
auf die Zeitung die Brille, die er mit der Hand bedeckte.
„Ja, jetzt habe ich es mir wieder überlegt. Wenn er mein
guter Freund ist, sagte ich mir, dann ist meine glückliche
Verlobung auch für ihn ein Glück. Und deshalb habe ich
nicht mehr gezögert, es ihm anzuzeigen. Ehe ich jedoch
den Brief einwarf, wollte ich es dir sagen."

---

[1] (österr.): Schrank

18 Der ewige Sohn

„Georg", sagte der Vater und zog den zahnlosen Mund in die Breite, „hör einmal! Du bist wegen dieser Sache zu mir gekommen, um dich mit mir zu beraten. Das ehrt dich ohne Zweifel. Aber es ist nichts, es ist ärger als nichts,
5 wenn du mir jetzt nicht die volle Wahrheit sagst. Ich will nicht Dinge aufrühren, die nicht hierher gehören. Seit dem Tod unserer teuren Mutter sind gewisse unschöne Dinge vorgegangen. Vielleicht kommt auch für sie die Zeit, und vielleicht kommt sie früher, als wir denken. Im Geschäft
10 entgeht mir manches, es wird mir vielleicht nicht verborgen – ich will jetzt gar nicht die Annahme machen, dass es mir verborgen wird –, ich bin nicht mehr kräftig genug, mein Gedächtnis lässt nach, ich habe nicht mehr den Blick für alle die vielen Sachen. Das ist erstens der Ablauf der
15 Natur, und zweitens hat mich der Tod unseres Mütterchens viel mehr niedergeschlagen als dich. – Aber weil wir gerade bei dieser Sache halten, bei diesem Brief, so bitte ich dich, Georg, täusche mich nicht. Es ist eine Kleinigkeit, es ist nicht des Atems wert, also täusche mich nicht. Hast
20 du wirklich diesen Freund in Petersburg?"
Georg stand verlegen auf. „Lassen wir meine Freunde sein. Tausend Freunde ersetzen mir nicht meinen Vater. Weißt du, was ich glaube? Du schonst dich nicht genug. Aber das Alter verlangt seine Rechte. Du bist mir im Ge-
25 schäft unentbehrlich, das weißt du ja sehr genau, aber wenn das Geschäft deine Gesundheit bedrohen sollte, sperre ich es noch morgen für immer. Das geht nicht. Wir müssen da eine andere Lebensweise für dich einführen. Aber von Grund aus. Du sitzt hier im Dunkeln und im
30 Wohnzimmer hättest du schönes Licht. Du nippst vom Frühstück, statt dich ordentlich zu stärken. Du sitzt bei geschlossenem Fenster, und die Luft würde dir so gut tun. Nein, mein Vater! Ich werde den Arzt holen, und seinen Vorschriften werden wir folgen. Die Zimmer werden wir
35 wechseln, du wirst ins Vorderzimmer ziehen, ich hierher. Es wird keine Veränderung für dich sein, alles wird mir übertragen werden. Aber das alles hat Zeit, jetzt lege dich noch ein wenig ins Bett, du brauchst unbedingt Ruhe. Komm, ich werde dir beim Ausziehn helfen, du wirst
40 sehn, ich kann es. Oder willst du gleich ins Vorderzimmer

Das Urteil 19

gehen, dann legst du dich vorläufig in mein Bett. Das
wäre übrigens sehr vernünftig."
Georg stand knapp neben seinem Vater, der den Kopf mit
dem struppigen weißen Haar auf die Brust hatte sinken
lassen.

"Georg", sagte der Vater leise, ohne Bewegung.
Georg kniete sofort neben dem Vater nieder, er sah die
Pupillen in dem müden Gesicht des Vaters übergroß in
den Winkeln der Augen auf sich gerichtet.
"Du hast keinen Freund in Petersburg. Du bist immer ein
Spaßmacher gewesen und hast dich auch mir gegenüber
nicht zurückgehalten. Wie solltest du denn gerade dort
einen Freund haben! Das kann ich gar nicht glauben."
"Denk doch einmal nach, Vater", sagte Georg, hob den
Vater vom Sessel und zog ihm, wie er nun doch recht
schwach dastand, den Schlafrock aus, "jetzt wird es bald
drei Jahre her sein, da war mein Freund bei uns zu Besuch.
Ich erinnere mich noch, dass du ihn nicht besonders gern
hattest. Wenigstens zweimal habe ich ihn vor dir verleug-
net, trotzdem er gerade bei mir im Zimmer saß. Ich konnte ja deine Abneigung gegen ihn ganz gut verstehn, mein
Freund hat seine Eigentümlichkeiten. Aber dann hast du
dich doch auch wieder ganz gut mit ihm unterhalten. Ich
war damals noch so stolz darauf, dass du ihm zuhörtest,
nicktest und fragtest. Wenn du nachdenkst, musst du dich
erinnern. Er erzählte damals unglaubliche Geschichten
von der russischen Revolution[1]. Wie er zum Beispiel auf
einer Geschäftsreise in Kiew bei einem Tumult einen
Geistlichen auf einem Balkon gesehen hatte, der sich ein
breites Blutkreuz in die flache Hand schnitt, diese Hand
erhob und die Menge anrief. Du hast ja selbst diese Geschichte hier und da wiedererzählt."
Währenddessen war es Georg gelungen, den Vater wieder
niederzusetzen und ihm die Trikothose, die er über den
Leinenunterhosen trug, sowie die Socken vorsichtig auszu-

---

[1] hier: Russische Revolution 1905: Sie umfasste eine Reihe von hef-
tigen regierungsfeindlichen Protesten gegen den russischen Zaren
Nikolaus II.

20 Der ewige Sohn

ziehn. Beim Anblick der nicht besonders reinen Wäsche
machte er sich Vorwürfe, den Vater vernachlässigt zu haben. Es wäre sicherlich auch seine Pflicht gewesen, über
den Wäschewechsel seines Vaters zu wachen. Er hatte mit
5 seiner Braut darüber, wie sie die Zukunft des Vaters ein-
richten wollten, noch nicht ausdrücklich gesprochen, denn
sie hatten stillschweigend vorausgesetzt, dass der Vater
allein in der alten Wohnung bleiben würde. Doch jetzt ent-
schloss er sich kurz mit aller Bestimmtheit, den Vater in
10 seinen künftigen Haushalt mitzunehmen. Es schien ja fast,
wenn man genauer zusah, dass die Pflege, die dort dem
Vater bereitet werden sollte, zu spät kommen könnte.
Auf seinen Armen trug er den Vater ins Bett. Ein schreckliches Gefühl hatte er, als er während der paar Schritte
15 zum Bett hin merkte, dass an seiner Brust der Vater mit
seiner Uhrkette spielte. Er konnte ihn nicht gleich ins Bett
legen, so fest hielt er sich an dieser Uhrkette.
Kaum war er aber im Bett, schien alles gut. Er deckte sich
selbst zu und zog dann die Bettdecke noch besonders weit
20 über die Schulter. Er sah nicht unfreundlich zu Georg hinauf.
„Nicht wahr, du erinnerst dich schon an ihn?", fragte Georg und nickte ihm aufmunternd zu.
„Bin ich jetzt gut zugedeckt?", fragte der Vater, als könne
25 er nicht nachschauen, ob die Füße genug bedeckt seien.
„Es gefällt dir also schon im Bett", sagte Georg und legte
das Deckzeug besser um ihn.
„Bin ich gut zugedeckt?", fragte der Vater noch einmal
und schien auf die Antwort besonders aufzupassen.
30 „Sei nur ruhig, du bist gut zugedeckt."
„Nein!", rief der Vater, dass die Antwort an die Frage stieß,
warf die Decke zurück mit einer Kraft, dass sie einen Augenblick im Fluge sich ganz entfaltete, und stand aufrecht
im Bett. Nur eine Hand hielt er leicht an den Plafond[1]. „Du
35 wolltest mich zudecken, das weiß ich, mein Früchtchen,
aber zugedeckt bin ich noch nicht. Und ist es auch die
letzte Kraft, genug für dich, zu viel für dich. Wohl kenne
ich deinen Freund. Er wäre ein Sohn nach meinem Her-

---

[1] (franz.) Zimmerdecke

zen. Darum hast du ihn auch betrogen die ganzen Jahre lang. Warum sonst? Glaubst du, ich habe nicht um ihn geweint? Darum doch sperrst du dich in dein Büro. Niemand soll stören, der Chef ist beschäftigt – nur damit du deine falschen Briefchen nach Russland schreiben kannst. Aber den Vater muss glücklicherweise niemand lehren, den Sohn zu durchschauen. Wie du jetzt geglaubt hast, du hättest ihn untergekriegt, so untergekriegt, dass du dich mit deinem Hintern auf ihn setzen kannst, und er rührt sich nicht, da hat sich mein Herr Sohn zum Heiraten entschlossen!"

Georg sah zum Schreckbild seines Vaters auf. Der Petersburger Freund, den der Vater plötzlich so gut kannte, ergriff ihn wie noch nie. Verloren im weiten Russland sah er ihn. An der Türe des leeren, ausgeraubten Geschäftes sah er ihn. Zwischen den Trümmern der Regale, den zerfetzten Waren, den fallenden Gasarmen stand er gerade noch. Warum hatte er so weit wegfahren müssen!

„Aber schau mich an!", rief der Vater, und Georg lief, fast zerstreut, zum Bett, um alles zu fassen, stockte aber in der Mitte des Weges.

„Weil sie die Röcke gehoben hat", fing der Vater zu flöten an, „weil sie die Röcke so gehoben hat, die widerliche Gans", und er hob, um das darzustellen, sein Hemd so hoch, dass man auf seinem Oberschenkel die Narbe aus seinen Kriegsjahren sah, „weil sie die Röcke so und so und so gehoben hat, hast du dich an sie herangemacht, und damit du an ihr ohne Störung dich befriedigen kannst, hast du unserer Mutter Andenken geschändet, den Freund verraten und deinen Vater ins Bett gesteckt, damit er sich nicht rühren kann. Aber kann er sich rühren oder nicht?" Und er stand vollkommen frei und warf die Beine. Er strahlte vor Einsicht.

Georg stand in einem Winkel, möglichst weit vom Vater. Vor einer langen Weile hatte er sich fest entschlossen, alles vollkommen genau zu beobachten, damit er nicht irgendwie auf Umwegen, von hinten her, von oben herab überrascht werden könne. Jetzt erinnerte er sich wieder an den längst vergessenen Entschluss und vergaß ihn, wie man einen kurzen Faden durch ein Nadelöhr zieht.

22 Der ewige Sohn

„Aber der Freund ist nun doch nicht verraten!", rief der Vater, und sein hin und her bewegter Zeigefinger bekräftigte es. „Ich war sein Vertreter hier am Ort."

„Komödiant!", konnte sich Georg zu rufen nicht enthal-
5 ten, erkannte sofort den Schaden und biss, nur zu spät, – die Augen erstarrt – in seine Zunge, dass er vor Schmerz einknickte.

„Ja, freilich habe ich Komödie gespielt! Komödie! Gutes Wort! Welcher andere Trost blieb dem alten verwitweten
10 Vater? Sag – und für den Augenblick der Antwort sei du noch mein lebender Sohn –, was blieb mir übrig, in meinem Hinterzimmer, verfolgt vom ungetreuen Personal, alt bis in die Knochen? Und mein Sohn ging im Jubel durch die Welt, schloss Geschäfte ab, die ich vorbereitet hatte, über-
15 purzelte sich vor Vergnügen und ging vor seinem Vater mit dem verschlossenen Gesicht eines Ehrenmannes davon! Glaubst du, ich hätte dich nicht geliebt, ich, von dem du ausgingst?"

Jetzt wird er sich vorbeugen, dachte Georg, wenn er fiele
20 und zerschmetterte! Dieses Wort durchzischte seinen Kopf.

Der Vater beugte sich vor, fiel aber nicht. Da Georg sich nicht näherte, wie er erwartet hatte, erhob er sich wieder.

25 „Bleib, wo du bist, ich brauche dich nicht! Du denkst, du hast noch die Kraft, hierherzukommen, und hältst dich bloß zurück, weil du so willst. Dass du dich nicht irrst! Ich bin noch immer der viel Stärkere. Allein hätte ich vielleicht zurückweichen müssen, aber so hat mir die Mutter ihre
30 Kraft abgegeben, mit deinem Freund habe ich mich herrlich verbunden, deine Kundschaft habe ich hier in der Tasche!"

‚Sogar im Hemd hat er Taschen!', sagte sich Georg und glaubte, er könne ihn mit dieser Bemerkung in der ganzen
35 Welt unmöglich machen. Nur einen Augenblick dachte er das, denn immerfort vergaß er alles.

„Häng dich nur in deine Braut ein und komm mir entgegen! Ich fege sie dir von der Seite weg, du weißt nicht, wie!"

40 Georg machte Grimassen, als glaube er das nicht. Der Va-

Das Urteil 23

ter nickte bloß, die Wahrheit dessen, was er sagte, beteuernd, in Georgs Ecke hin.
„Wie hast du mich doch heute unterhalten, als du kamst und fragtest, ob du deinem Freund von der Verlobung schreiben sollst. Er weiß doch alles, dummer Junge, er 5 weiß doch alles! Ich schrieb ihm doch, weil du vergessen hast, mir das Schreibzeug wegzunehmen, darum kommt er schon seit Jahren nicht, er weiß ja alles hundertmal besser als du selbst, deine Briefe zerknüllte er ungelesen in der linken Hand, während er in der rechten meine 10 Briefe zum Lesen sich vorhält!“
Seinen Arm schwang er vor Begeisterung über dem Kopf.
„Er weiß alles tausendmal besser!“, rief er.
„Zehntausendmal!“, sagte Georg, um den Vater zu verlachen, aber noch in seinem Munde bekam das Wort einen 15 todernsten Klang.
„Seit Jahren passe ich schon auf, dass du mit dieser Frage kämest! Glaubst du, mich kümmert etwas anderes? Glaubst du, ich lese Zeitungen? Da!“, und er warf Georg ein Zeitungsblatt, das irgendwie mit ins Bett getragen 20 worden war, zu. Eine alte Zeitung, mit einem Georg schon ganz unbekannten Namen.
„Wie lange hast du gezögert, ehe du reif geworden bist! Die Mutter musste sterben, sie konnte den Freudentag nicht erleben, der Freund geht zugrunde in seinem Russ- 25 land, schon vor drei Jahren war er gelb zum Wegwerfen, und ich, du siehst ja, wie es mit mir steht. Dafür hast du doch Augen!“
„Du hast mir also aufgelauert!“, rief Georg.
Mitleidig sagte der Vater nebenbei: „Das wolltest du 30 wahrscheinlich früher sagen. Jetzt passt es ja gar nicht mehr.“
Und lauter: „Jetzt weißt du also, was es noch außer dir gab, bisher wusstest du nur von dir! Ein unschuldiges Kind warst du ja eigentlich, aber noch eigentlicher warst 35 du ein teuflischer Mensch! – Und darum wisse: Ich verurteile dich jetzt zum Tode des Ertrinkens!“
Georg fühlte sich aus dem Zimmer gejagt, den Schlag, mit dem der Vater hinter ihm aufs Bett stürzte, trug er noch in den Ohren davon. Auf der Treppe, über deren Stufen er wie 40

über eine schiefe Fläche eilte, überrumpelte er seine Bedienerin, die im Begriffe war hinaufzugehen, um die Wohnung nach der Nacht aufzuräumen. „Jesus!", rief sie und verdeckte mit der Schürze das Gesicht, aber er war schon davon. Aus dem Tor sprang er, über die Fahrbahn zum Wasser trieb es ihn. Schon hielt er das Geländer fest, wie ein Hungriger die Nahrung. Er schwang sich über, als der ausgezeichnete Turner, der er in seinen Jugendjahren zum Stolz seiner Eltern gewesen war. Noch hielt er sich mit schwächer werdenden Händen fest, erspähte zwischen den Geländerstangen einen Autoomnibus, der mit Leichtigkeit seinen Fall übertönen würde, rief leise: „Liebe Eltern, ich habe euch doch immer geliebt", und ließ sich hinabfallen.

In diesem Augenblick ging über die Brücke ein geradezu unendlicher Verkehr.

Großer Lärm

Ich sitze in meinem Zimmer im Hauptquartier des Lärms der ganzen Wohnung. Alle Türen höre ich schlagen, durch ihren Lärm bleiben mir nur die Schritte der zwischen ihnen Laufenden erspart, noch das Zuklappen der Herdtüre in der Küche höre ich. Der Vater durchbricht die Türen meines Zimmers und zieht im nachschleppenden Schlafrock durch, aus dem Ofen im Nebenzimmer wird die Asche gekratzt, Valli fragt, durch das Vorzimmer Wort für Wort rufend, ob des Vaters Hut schon geputzt ist, ein Zischen, das mir befreundet sein will, erhebt noch das Geschrei einer antwortenden Stimme. Die Wohnungstüre wird aufgeklinkt und lärmt, wie aus katarrhalischem[1] Hals, öffnet sich dann weiterhin mit dem Singen einer Frauenstimme und schließt sich endlich mit einem dumpfen, männlichen Ruck, der sich am rücksichtslosesten anhört. Der Vater ist weg, jetzt beginnt der zartere, zerstreutere, hoffnungslosere Lärm, von den Stimmen der zwei Kanarienvögel angeführt. Schon früher dachte ich daran, bei den Kanari-

---

[1] Katarrh: Schleimhautentzündung der Atmungsorgane

envögeln fällt es mir von Neuem ein, ob ich nicht die Türe
bis zu einer kleinen Spalte öffnen, schlangengleich ins Nebenzimmer kriechen und so auf dem Boden meine Schwestern und ihr Fräulein um Ruhe bitten sollte.

Der plötzliche Spaziergang

Wenn man sich am Abend endgültig entschlossen zu haben
scheint, zu Hause zu bleiben, den Hausrock angezogen hat,
nach dem Nachtmahl beim beleuchteten Tische sitzt und
jene Arbeit oder jenes Spiel vorgenommen hat, nach dessen
Beendigung man gewohnheitsgemäß schlafen geht, wenn 5
draußen ein unfreundliches Wetter ist, welches das Zuhau-
sebleiben selbstverständlich macht, wenn man jetzt auch
schon so lange bei Tisch stillgehalten hat, dass das Weggehen allgemeines Erstaunen hervorrufen müsste, wenn nun
auch schon das Treppenhaus dunkel und das Haustor ge- 10
sperrt ist, und wenn man nun trotz alledem in einem plötz-
lichen Unbehagen aufsteht, den Rock wechselt, sofort stra-
ßenmäßig angezogen erscheint, weggehen zu müssen
erklärt, es nach kurzem Abschied auch tut, je nach der
Schnelligkeit, mit der man die Wohnungstür zuschlägt, 15
mehr oder weniger Ärger zu hinterlassen glaubt, wenn
man sich auf der Gasse wiederfindet, mit Gliedern, die
diese schon unerwartete Freiheit, die man ihnen verschafft
hat, mit besonderer Beweglichkeit beantworten, wenn man
durch diesen einen Entschluss alle Entschlussfähigkeit in 20
sich gesammelt fühlt, wenn man mit größerer als der gewöhnlichen Bedeutung erkennt, dass man ja mehr Kraft als
Bedürfnis hat, die schnellste Veränderung leicht zu bewir-
ken und zu ertragen, und wenn man so die engen Gassen
hinläuft, – dann ist man für diesen Abend gänzlich aus 25
seiner Familie ausgetreten, die ins Wesenlose abschwenkt,
während man selbst, ganz fest, schwarz vor Umrissenheit,
hinten die Schenkel schlagend, sich zu seiner wahren Gestalt erhebt. Verstärkt wird alles noch, wenn man zu dieser
späten Abendzeit einen Freund aufsucht, um nachzusehen, 30
wie es ihm geht.

Das Unglück des Junggesellen

Es scheint so arg, Junggeselle zu bleiben, als alter Mann unter schwerer Wahrung der Würde um Aufnahme zu bitten, wenn man einen Abend mit Menschen verbringen will, krank zu sein und aus dem Winkel seines Bettes wochenlang das leere Zimmer anzusehn, immer vor dem Haustor Abschied zu nehmen, niemals neben seiner Frau sich die Treppe hinaufzudrängen, in seinem Zimmer nur Seitentüren zu haben, die in fremde Wohnungen führen, sein Nachtmahl in einer Hand nach Hause zu tragen, fremde Kinder anstaunen zu müssen und nicht immerfort wiederholen zu dürfen: „Ich habe keine", sich im Aussehn und Benehmen nach ein oder zwei Junggesellen der Jugenderinnerungen auszubilden.

So wird es sein, nur dass man auch in Wirklichkeit heute und später selbst dastehen wird, mit einem Körper und einem wirklichen Kopf, also auch einer Stirn, um mit der Hand an sie zu schlagen.

Heimkehr

Ich bin zurückgekehrt, ich habe den Flur durchschritten und blicke mich um. Es ist meines Vaters alter Hof. Die Pfütze in der Mitte. Altes, unbrauchbares Gerät, ineinanderverfahren, verstellt den Weg zur Bodentreppe. Die Katze lauert auf dem Geländer. Ein zerrissenes Tuch, einmal im Spiel um eine Stange gewunden, hebt sich im Wind. Ich bin angekommen. Wer wird mich empfangen? Wer wartet hinter der Tür der Küche? Rauch kommt aus dem Schornstein, der Kaffee zum Abendessen wird gekocht. Ist dir heimlich, fühlst du dich zu Hause? Ich weiß es nicht, ich bin sehr unsicher. Meines Vaters Haus ist es, aber kalt steht Stück neben Stück, als wäre jedes mit seinen eigenen Angelegenheiten beschäftigt, die ich teils vergessen habe, teils niemals kannte. Was kann ich ihnen nützen, was bin ich ihnen und sei ich auch des Vaters, des alten Landwirts Sohn. Und ich wage nicht, an der Küchentür zu klopfen, nur von der Ferne horche ich, nur von der

Heimkehr 27

Ferne horche ich stehend, nicht so, dass ich als Horcher überrascht werden könnte. Und weil ich von der Ferne horche, erhorche ich nichts, nur einen leichten Uhrenschlag höre ich oder glaube ihn vielleicht nur zu hören, herüber aus den Kindertagen. Was sonst in der Küche geschieht, ist das Geheimnis der dort Sitzenden, das sie vor mir wahren. Je länger man vor der Tür zögert, desto fremder wird man. Wie wäre es, wenn jetzt jemand die Tür öffnete und mich etwas fragte. Wäre ich dann nicht selbst wie einer, der sein Geheimnis wahren will.

Lebensverzicht und Absolutheitsanspruch

Ein Hungerkünstler

In den letzten Jahrzehnten ist das Interesse an Hungerkünstlern sehr zurückgegangen. Während es sich früher gut lohnte, große derartige Vorführungen in eigener Regie zu veranstalten, ist dies heute völlig unmöglich. Es waren
5 andere Zeiten. Damals beschäftigte sich die ganze Stadt mit dem Hungerkünstler; von Hungertag zu Hungertag stieg die Teilnahme; jeder wollte den Hungerkünstler zumindest einmal täglich sehn; an den spätern Tagen gab es Abonnenten, welche tagelang vor dem kleinen Gitterkäfig
10 saßen; auch in der Nacht fanden Besichtigungen statt, zur Erhöhung der Wirkung bei Fackelschein; an schönen Tagen wurde der Käfig ins Freie getragen, und nun waren es besonders die Kinder, denen der Hungerkünstler gezeigt wurde; während er für die Erwachsenen oft nur ein
15 Spaß war, an dem sie der Mode halber teilnahmen, sahen die Kinder staunend, mit offenem Mund, der Sicherheit halber einander bei der Hand haltend, zu, wie er bleich, im schwarzen Trikot, mit mächtig vortretenden Rippen, sogar einen Sessel verschmähend, auf hingestreutem
20 Stroh saß, einmal höflich nickend, angestrengt lächelnd Fragen beantwortete, auch durch das Gitter den Arm streckte, um seine Magerkeit befühlen zu lassen, dann aber wieder ganz in sich selbst versank, um niemanden sich kümmerte, nicht einmal um den für ihn so wichtigen
25 Schlag der Uhr, die das einzige Möbelstück des Käfigs war, sondern nur vor sich hinsah mit fast geschlossenen Augen und hie und da aus einem winzigen Gläschen Wasser nippte, um sich die Lippen zu feuchten.
Außer den wechselnden Zuschauern waren auch ständi-
30 ge, vom Publikum gewählte Wächter da, merkwürdigerweise gewöhnlich Fleischhauer[1], welche, immer drei gleichzeitig, die Aufgabe hatten, Tag und Nacht den Hun-

---

[1] Fleischer, Schlachter, Metzger

gerkünstler zu beobachten, damit er nicht etwa auf irgendeine heimliche Weise doch Nahrung zu sich nehme. Es war das aber lediglich eine Formalität, eingeführt zur Beruhigung der Massen, denn die Eingeweihten wussten wohl, dass der Hungerkünstler während der Hungerzeit niemals, unter keinen Umständen, selbst unter Zwang nicht, auch das Geringste nur gegessen hätte; die Ehre seiner Kunst verbot dies. Freilich, nicht jeder Wächter konnte das begreifen, es fanden sich manchmal nächtliche Wachgruppen, welche die Bewachung sehr lax durchführten, absichtlich in eine ferne Ecke sich zusammensetzten und dort sich ins Kartenspiel vertieften, in der offenbaren Absicht, dem Hungerkünstler eine kleine Erfrischung zu gönnen, die er ihrer Meinung nach aus irgendwelchen geheimen Vorräten hervorholen konnte. Nichts war dem Hungerkünstler quälender als solche Wächter; sie machten ihn trübselig; sie machten ihm das Hungern entsetzlich schwer; manchmal überwand er seine Schwäche und sang während dieser Wachzeit, solange er es nur aushielt, um den Leuten zu zeigen, wie ungerecht sie ihn verdächtigten. Doch half das wenig; sie wunderten sich dann nur über seine Geschicklichkeit, selbst während des Singens zu essen. Viel lieber waren ihm die Wächter, welche sich eng zum Gitter setzten, mit der trüben Nachtbeleuchtung des Saales sich nicht begnügten, sondern ihn mit den elektrischen Taschenlampen bestrahlten, die ihnen der Impresario[1] zur Verfügung stellte. Das grelle Licht störte ihn gar nicht, schlafen konnte er ja überhaupt nicht, und ein wenig hindämmern konnte er immer, bei jeder Beleuchtung und zu jeder Stunde, auch im übervollen, lärmenden Saal. Er war sehr gerne bereit, mit solchen Wächtern die Nacht gänzlich ohne Schlaf zu verbringen; er war bereit, mit ihnen zu scherzen, ihnen Geschichten aus seinem Wanderleben zu erzählen, dann wieder ihre Erzählungen anzuhören, alles nur, um sie wach zu halten, um ihnen immer wieder zeigen zu können, dass er nichts Essbares im Käfig hatte und dass er hungerte, wie keiner von ihnen es könnte. Am glücklichsten aber war er, wenn dann der

---

[1] Unternehmer, der für Künstler Gastspiele arrangiert

30 Lebensverzicht und Absolutheitsanspruch

Morgen kam und ihnen auf seine Rechnung ein über-
reiches Frühstück gebracht wurde, auf das sie sich warfen
mit dem Appetit gesunder Männer nach einer mühevoll
durchwachten Nacht. Es gab zwar sogar Leute, die in die-
5 sem Frühstück eine ungebührliche Beeinflussung der
Wächter sehen wollten, aber das ging doch zu weit, und
wenn man sie fragte, ob etwa sie nur um der Sache willen
ohne Frühstück die Nachtwache übernehmen wollten,
verzogen sie sich, aber bei ihren Verdächtigungen blieben
10 sie dennoch.

Dieses allerdings gehörte schon zu den vom Hungern
überhaupt nicht zu trennenden Verdächtigungen. Niemand war ja imstande, alle die Tage und Nächte beim
Hungerkünstler ununterbrochen als Wächter zu verbrin-
15 gen, niemand also konnte aus eigener Anschauung wissen, ob wirklich ununterbrochen, fehlerlos gehungert
worden war; nur der Hungerkünstler selbst konnte das
wissen, nur er also gleichzeitig der von seinem Hungern
vollkommen befriedigte Zuschauer sein. Er aber war wie-
20 der aus einem andern Grunde niemals befriedigt; vielleicht war er gar nicht vom Hungern so sehr abgemagert,
dass manche zu ihrem Bedauern den Vorführungen fernbleiben mussten, weil sie seinen Anblick nicht ertrugen,
sondern er war nur so abgemagert aus Unzufriedenheit
25 mit sich selbst. Er allein nämlich wusste, auch kein Einge-
weihter sonst wusste das, wie leicht das Hungern war. Es
war die leichteste Sache von der Welt. Er verschwieg es
auch nicht, aber man glaubte ihm nicht, hielt ihn günstigs-
tenfalls für bescheiden, meist aber für reklamesüchtig
30 oder gar für einen Schwindler, dem das Hungern allerdings leicht war, weil er es sich leicht zu machen verstand,
und der auch noch die Stirn hatte, es halb zu gestehen. Das
alles musste er hinnehmen, hatte sich auch im Laufe der
Jahre daran gewöhnt, aber innerlich nagte diese Unbefrie-
35 digtheit immer an ihm, und noch niemals, nach keiner
Hungerperiode – dieses Zeugnis musste man ihm ausstel-
len – hatte er freiwillig den Käfig verlassen. Als Höchstzeit
für das Hungern hatte der Impresario vierzig Tage festgesetzt, darüber hinaus ließ er niemals hungern, auch in den
40 Weltstädten nicht, und zwar aus gutem Grund. Vierzig

Ein Hungerkünstler 31

Tage etwa konnte man erfahrungsgemäß durch allmählich sich steigernde Reklame das Interesse einer Stadt immer mehr aufstacheln, dann aber versagte das Publikum,
eine wesentliche Abnahme des Zuspruchs war festzustellen; es bestanden natürlich in dieser Hinsicht kleine Un- 5
terschiede zwischen den Städten und Ländern, als Regel
aber galt, dass vierzig Tage die Höchstzeit war. Dann also
am vierzigsten Tage wurde die Tür des mit Blumen um-
kränzten Käfigs geöffnet, eine begeisterte Zuschauerschaft
erfüllte das Amphitheater[1], eine Militärkapelle spielte, 10
zwei Ärzte betraten den Käfig, um die nötigen Messungen
am Hungerkünstler vorzunehmen, durch ein Megafon
wurden die Resultate dem Saale verkündet, und schließlich kamen zwei junge Damen, glücklich darüber, dass
gerade sie ausgelost worden waren, und wollten den 15
Hungerkünstler aus dem Käfig ein paar Stufen hinabfüh-
ren, wo auf einem kleinen Tischchen eine sorgfältig aus-
gewählte Krankenmahlzeit serviert war. Und in diesem
Augenblick wehrte sich der Hungerkünstler immer. Zwar
legte er noch freiwillig seine Knochenarme in die hilfsbe- 20
reit ausgestreckten Hände der zu ihm hinabgebeugten
Damen, aber aufstehen wollte er nicht. Warum gerade
jetzt nach vierzig Tagen aufhören? Er hätte es noch lange,
unbeschränkt lange ausgehalten; warum gerade jetzt aufhören, wo er im besten, ja noch nicht einmal im besten 25
Hungern war? Warum wollte man ihn des Ruhmes berau-
ben, weiter zu hungern, nicht nur der größte Hungerkünstler aller Zeiten zu werden, der er ja wahrscheinlich
schon war, aber auch noch sich selbst zu übertreffen bis
ins Unbegreifliche, denn für seine Fähigkeit zu hungern 30
fühlte er keine Grenzen. Warum hatte diese Menge, die
ihn so sehr zu bewundern vorgab, so wenig Geduld mit
ihm; wenn er es aushielt, noch weiter zu hungern, warum
wollte sie es nicht aushalten? Auch war er müde, saß gut
im Stroh und sollte sich nun hoch und lang aufrichten und 35
zu dem Essen gehn, das ihm schon allein in der Vorstellung Übelkeiten verursachte, deren Äußerung er nur mit

---

[1] ursprünglich antikes Theater unter freiem Himmel mit kreis- oder
ellipsenförmigem Grundriss und ansteigenden Sitzreihen

32 Lebensverzicht und Absolutheitsanspruch

Rücksicht auf die Damen mühselig unterdrückte. Und er
blickte empor in die Augen der scheinbar so freundlichen,
in Wirklichkeit so grausamen Damen und schüttelte den
auf dem schwachen Halse überschweren Kopf. Aber dann
5 geschah, was immer geschah. Der Impresario kam, hob
stumm – die Musik machte das Reden unmöglich – die
Arme über dem Hungerkünstler, so, als lade er den Himmel ein, sich sein Werk hier auf dem Stroh einmal anzusehn, diesen bedauernswerten Märtyrer[1], welcher der
10 Hungerkünstler allerdings war, nur in ganz anderem Sinn;
fasste den Hungerkünstler um die dünne Taille, wobei er
durch übertriebene Vorsicht glaubhaft machen wollte, mit
einem wie gebrechlichen Ding er es hier zu tun habe; und
übergab ihn – nicht ohne ihn im Geheimen ein wenig zu
15 schütteln, sodass der Hungerkünstler mit den Beinen und
dem Oberkörper unbeherrscht hin und her schwankte –
den inzwischen totenbleich gewordenen Damen. Nun
duldete der Hungerkünstler alles; der Kopf lag auf der
Brust, es war, als sei er hingerollt und halte sich dort un-
20 erklärlich; der Leib war ausgehöhlt; die Beine drückten
sich im Selbsterhaltungstrieb fest in den Knien aneinander, scharrten aber doch den Boden, so, als sei es nicht der
wirkliche, den wirklichen suchten sie erst; und die ganze,
allerdings sehr kleine Last des Körpers lag auf einer der
25 Damen, welche hilfesuchend, mit fließendem Atem – so
hatte sie sich dieses Ehrenamt nicht vorgestellt – zuerst
den Hals möglichst streckte, um wenigstens das Gesicht
vor der Berührung mit dem Hungerkünstler zu bewahren,
dann aber, da ihr dies nicht gelang und ihre glücklichere
30 Gefährtin ihr nicht zu Hilfe kam, sondern sich damit be-
gnügte, zitternd die Hand des Hungerkünstlers, dieses
kleine Knochenbündel, vor sich her zu tragen, unter dem
entzückten Gelächter des Saales in Weinen ausbrach und
von einem längst bereitgestellten Diener abgelöst werden
35 musste. Dann kam das Essen, von dem der Impresario
dem Hungerkünstler während eines ohnmachtähnlichen
Halbschlafes ein wenig einflößte, unter lustigem Plaudern, das die Aufmerksamkeit vom Zustand des Hunger-

---

[1] ursprünglich ein Christ, der für seinen Glauben gestorben ist

künstlers ablenken sollte; dann wurde noch ein Trink-
spruch auf das Publikum ausgebracht, welcher dem
Impresario angeblich vom Hungerkünstler zugeflüstert
worden war; das Orchester bekräftigte alles durch einen
großen Tusch, man ging auseinander, und niemand hatte
das Recht, mit dem Gesehenen unzufrieden zu sein, niemand, nur der Hungerkünstler, immer nur er.

So lebte er mit regelmäßigen kleinen Ruhepausen viele
Jahre, in scheinbarem Glanz, von der Welt geehrt, bei alledem aber meist in trüber Laune, die immer noch trüber
wurde dadurch, dass niemand sie ernst zu nehmen verstand. Womit sollte man ihn auch trösten? Was blieb ihm
zu wünschen übrig? Und wenn sich einmal ein Gutmü-
tiger fand, der ihn bedauerte und ihm erklären wollte,
dass seine Traurigkeit wahrscheinlich von dem Hungern
käme, konnte es, besonders bei vorgeschrittener Hungerzeit, geschehn, dass der Hungerkünstler mit einem Wut-
ausbruch antwortete und zum Schrecken aller wie ein Tier
an dem Gitter zu rütteln begann. Doch hatte für solche
Zustände der Impresario ein Strafmittel, das er gern an-
wandte. Er entschuldigte den Hungerkünstler vor ver-
sammeltem Publikum, gab zu, dass nur die durch das
Hungern hervorgerufene, für satte Menschen nicht ohne
weiteres begreifliche Reizbarkeit das Benehmen des Hungerkünstlers verzeihlich machen könne; kam dann im
Zusammenhang damit auch auf die ebenso zu erklärende
Behauptung des Hungerkünstlers zu sprechen, er könnte
noch viel länger hungern, als er hungere; lobte das hohe
Streben, den guten Willen, die große Selbstverleugnung,
die gewiss auch in dieser Behauptung enthalten seien;
suchte dann aber die Behauptung einfach genug durch
Vorzeigen von Fotografien, die gleichzeitig verkauft wurden, zu widerlegen, denn auf den Bildern sah man den
Hungerkünstler an einem vierzigsten Hungertag, im Bett,
fast verlöscht vor Entkräftung. Diese dem Hungerkünstler zwar wohlbekannte, immer aber von Neuem ihn ent-
nervende Verdrehung der Wahrheit war ihm zu viel. Was
die Folge der vorzeitigen Beendigung des Hungerns war,
stellte man hier als die Ursache dar! Gegen diesen Unver-
stand, gegen diese Welt des Unverstandes zu kämpfen,

war unmöglich. Noch hatte er immer wieder im guten Glauben begierig am Gitter dem Impresario zugehört, beim Erscheinen der Fotografien aber ließ er das Gitter jedes Mal los, sank mit Seufzern ins Stroh zurück, und das beruhigte Publikum konnte wieder herankommen und ihn besichtigen.

Wenn die Zeugen solcher Szenen ein paar Jahre später daran zurückdachten, wurden sie sich oft selbst unverständlich. Denn inzwischen war jener erwähnte Umschwung eingetreten; fast plötzlich war das geschehen; es mochte tiefere Gründe haben, aber wem lag daran, sie aufzufinden; jedenfalls sah sich eines Tages der verwöhnte Hungerkünstler von der vergnügungssüchtigen Menge verlassen, die lieber zu anderen Schaustellungen strömte. Noch einmal jagte der Impresario mit ihm durch halb Europa, um zu sehn, ob sich nicht noch hie und da das alte Interesse wiederfände; alles vergeblich; wie in einem geheimen Einverständnis hatte sich überall geradezu eine Abneigung gegen das Schauhungern ausgebildet. Natürlich hatte das in Wirklichkeit nicht plötzlich so kommen können, und man erinnerte sich jetzt nachträglich an manche zu ihrer Zeit im Rausch der Erfolge nicht genügend beachtete, nicht genügend unterdrückte Vorboten, aber jetzt etwas dagegen zu unternehmen, war zu spät. Zwar war es sicher, dass einmal auch für das Hungern wieder die Zeit kommen werde, aber für die Lebenden war das kein Trost. Was sollte nun der Hungerkünstler tun? Der, welchen Tausende umjubelt hatten, konnte sich nicht in Schaubuden auf kleinen Jahrmärkten zeigen, und um einen andern Beruf zu ergreifen, war der Hungerkünstler nicht nur zu alt, sondern vor allem dem Hungern allzu fanatisch ergeben. So verabschiedete er denn den Impresario, den Genossen einer Laufbahn ohnegleichen, ließ sich von einem großen Zirkus engagieren; um seine Empfindlichkeit zu schonen, sah er die Vertragsbedingungen gar nicht an.

Ein großer Zirkus mit seiner Unzahl von einander immer wieder ausgleichenden und ergänzenden Menschen und Tieren und Apparaten kann jeden und zu jeder Zeit gebrauchen, auch einen Hungerkünstler, bei entsprechend

bescheidenen Ansprüchen natürlich, und außerdem war
es ja in diesem besonderen Fall nicht nur der Hungerkünstler selbst, der engagiert wurde, sondern auch sein
alter berühmter Name, ja man konnte bei der Eigenart
dieser im zunehmenden Alter nicht abnehmenden Kunst
nicht einmal sagen, dass ein ausgedienter, nicht mehr auf
der Höhe seines Könnens stehender Künstler sich in einen
ruhigen Zirkusposten flüchten wolle, im Gegenteil, der
Hungerkünstler versicherte, dass er, was durchaus glaub-
würdig war, ebenso gut hungere wie früher, ja er behaup-
tete sogar, er werde, wenn man ihm seinen Willen lasse,
und dies versprach man ihm ohne Weiteres, eigentlich erst
jetzt die Welt in berechtigtes Erstaunen setzen, eine Behauptung allerdings, die mit Rücksicht auf die Zeitstim-
mung, welche der Hungerkünstler im Eifer leicht vergaß,
bei den Fachleuten nur ein Lächeln hervorrief.
Im Grunde aber verlor auch der Hungerkünstler den Blick
für die wirklichen Verhältnisse nicht und nahm es als
selbstverständlich hin, dass man ihn mit seinem Käfig
nicht etwa als Glanznummer mitten in die Manege stellte,
sondern draußen an einem im Übrigen recht gut zugäng-
lichen Ort in der Nähe der Stallungen unterbrachte. Große,
bunt gemalte Aufschriften umrahmten den Käfig und ver-
kündeten, was dort zu sehen war. Wenn das Publikum in
den Pausen der Vorstellung zu den Ställen drängte, um
die Tiere zu besichtigen, war es fast unvermeidlich, dass
es beim Hungerkünstler vorüberkam und ein wenig dort
haltmachte, man wäre vielleicht länger bei ihm geblieben,
wenn nicht in dem schmalen Gang die Nachdrängenden,
welche diesen Aufenthalt auf dem Weg zu den ersehnten
Ställen nicht verstanden, eine längere ruhige Betrachtung
unmöglich gemacht hätten. Dies war auch der Grund,
warum der Hungerkünstler vor diesen Besuchszeiten, die
er als seinen Lebenszweck natürlich herbeiwünschte,
doch auch wieder zitterte. In der ersten Zeit hatte er die
Vorstellungspausen kaum erwarten können; entzückt hatte er der sich heranwälzenden Menge entgegengesehn, bis
er sich nur zu bald – auch die hartnäckigste, fast bewuss-
te Selbsttäuschung hielt den Erfahrungen nicht stand – davon überzeugte, dass es zumeist der Absicht nach, immer

36 Lebensverzicht und Absolutheitsanspruch

wieder, ausnahmslos, lauter Stallbesucher waren. Und
dieser Anblick von der Ferne blieb noch immer der schönste. Denn wenn sie bis zu ihm herangekommen waren,
umtobte ihn sofort Geschrei und Schimpfen der ununter-
5 brochen neu sich bildenden Parteien, jener, welche – sie
wurde dem Hungerkünstler bald die peinlichere – ihn
bequem ansehen wollte, nicht etwa aus Verständnis, sondern aus Laune und Trotz, und jener zweiten, die zunächst
nur nach den Ställen verlangte. War der große Haufe vo-
10 rüber, dann kamen die Nachzügler, und diese allerdings,
denen es nicht mehr verwehrt war stehen zu bleiben, solange sie nur Lust hatten, eilten mit langen Schritten, fast
ohne Seitenblick, vorüber, um rechtzeitig zu den Tieren zu
kommen. Und es war kein allzu häufiger Glücksfall, dass
15 ein Familienvater mit seinen Kindern kam, mit dem Finger auf den Hungerkünstler zeigte, ausführlich erklärte,
um was es sich hier handelte, von früheren Jahren erzählte, wo er bei ähnlichen, aber unvergleichlich großartigeren
Vorführungen gewesen war, und dann die Kinder, wegen
20 ihrer ungenügenden Vorbereitung von Schule und Leben
her, zwar immer noch verständnislos blieben – was war
ihnen Hungern? – aber doch in dem Glanz ihrer for-
schenden Augen etwas von neuen, kommenden, gnä-
digeren Zeiten verrieten. Vielleicht, so sagte sich der Hun-
25 gerkünstler dann manchmal, würde alles doch ein wenig
besser werden, wenn sein Standort nicht gar so nahe bei
den Ställen wäre. Den Leuten wurde dadurch die Wahl zu
leicht gemacht, nicht zu reden davon, dass ihn die Ausdünstungen der Ställe, die Unruhe der Tiere in der Nacht,
30 das Vorübertragen der rohen Fleischstücke für die Raub-
tiere, die Schreie bei der Fütterung sehr verletzten und
dauernd bedrückten. Aber bei der Direktion vorstellig zu
werden wagte er nicht; immerhin verdankte er ja den Tieren die Menge der Besucher, unter denen sich hie und da
35 auch ein für ihn Bestimmter finden konnte, und wer wusste, wohin man ihn verstecken würde, wenn er an seine
Existenz erinnern wollte und damit auch daran, dass er,
genau genommen, nur ein Hindernis auf dem Weg zu den
Ställen war.

Ein Hungerkünstler   37

Ein kleines Hindernis allerdings, ein immer kleiner wer-
dendes Hindernis. Man gewöhnte sich an die Sonderbar-
keit, in den heutigen Zeiten Aufmerksamkeit für einen
Hungerkünstler beanspruchen zu wollen, und mit dieser
Gewöhnung war das Urteil über ihn gesprochen. Er mochte so gut hungern, als er nur konnte, und er tat es, aber
nichts konnte ihn mehr retten, man ging an ihm vorüber.
Versuche, jemandem die Hungerkunst zu erklären! Wer
es nicht fühlt, dem kann man es nicht begreiflich machen.
Die schönen Aufschriften wurden schmutzig und unleser-
lich, man riss sie herunter, niemandem fiel es ein, sie zu
ersetzen; das Täfelchen mit der Ziffer der abgeleisteten
Hungertage, das in der ersten Zeit sorgfältig täglich er-
neuert worden war, blieb schon längst immer das gleiche,
denn nach den ersten Wochen war das Personal selbst
dieser kleinen Arbeit überdrüssig geworden; und so hungerte zwar der Hungerkünstler weiter, wie er es früher
einmal erträumt hatte, und es gelang ihm ohne Mühe ganz
so, wie er es damals vorausgesagt hatte, aber niemand
zählte die Tage, niemand, nicht einmal der Hungerkünstler selbst wusste, wie groß die Leistung schon war, und
sein Herz wurde schwer. Und wenn einmal in der Zeit ein
Müßiggänger stehen blieb, sich über die alte Ziffer lustig
machte und von Schwindel sprach, so war das in diesem
Sinn die dümmste Lüge, welche Gleichgültigkeit und ein-
geborene Bösartigkeit erfinden konnten, denn nicht der
Hungerkünstler betrog, er arbeitete ehrlich, aber die Welt
betrog ihn um seinen Lohn.

Doch vergingen wieder viele Tage, und auch das nahm ein
Ende. Einmal fiel einem Aufseher der Käfig auf, und er
fragte die Diener, warum man hier diesen gut brauch-
baren Käfig mit dem verfaulten Stroh drinnen unbenützt
stehen lasse; niemand wusste es, bis sich einer mithilfe der
Ziffertafel an den Hungerkünstler erinnerte. Man rührte
mit Stangen das Stroh auf und fand den Hungerkünstler
darin. „Du hungerst noch immer?", fragte der Aufseher,
„wann wirst du denn endlich aufhören?" „Verzeiht mir
alle", flüsterte der Hungerkünstler, nur der Aufseher, der
das Ohr ans Gitter hielt, verstand ihn. „Gewiss", sagte der

38 Lebensverzicht und Absolutheitsanspruch

Aufseher und legte den Finger an die Stirn, um damit den Zustand des Hungerkünstlers dem Personal anzudeuten, „wir verzeihen dir." „Immerfort wollte ich, dass ihr mein Hungern bewundert", sagte der Hungerkünstler. „Wir
5 bewundern es auch", sagte der Aufseher entgegenkommend. „Ihr solltet es aber nicht bewundern", sagte der Hungerkünstler. „Nun, dann bewundern wir es also nicht", sagte der Aufseher, „warum sollen wir es denn nicht bewundern?" „Weil ich hungern muss, ich kann
10 nicht anders", sagte der Hungerkünstler. „Da sieh mal einer", sagte der Aufseher, „warum kannst du denn nicht anders?" „Weil ich", sagte der Hungerkünstler, hob das Köpfchen ein wenig und sprach mit wie zum Kuss gespitzten Lippen gerade in das Ohr des Aufsehers hinein,
15 damit nichts verloren ginge, „weil ich nicht die Speise finden konnte, die mir schmeckt. Hätte ich sie gefunden, glaube mir, ich hätte kein Aufsehen gemacht und mich vollgegessen wie du und alle." Das waren die letzten Worte, aber noch in seinen gebrochenen Augen war die
20 feste, wenn auch nicht mehr stolze Überzeugung, dass er weiterhungere.

„Nun macht aber Ordnung!", sagte der Aufseher, und man begrub den Hungerkünstler samt dem Stroh. In den Käfig aber gab man einen jungen Panther. Es war eine
25 selbst dem stumpfsten Sinn fühlbare Erholung, in dem so lange öden Käfig dieses wilde Tier sich herumwerfen zu sehn. Ihm fehlte nichts. Die Nahrung, die ihm schmeckte, brachten ihm ohne langes Nachdenken die Wächter; nicht einmal die Freiheit schien er zu vermissen; dieser edle, mit
30 allem Nötigen bis knapp zum Zerreißen ausgestattete Körper schien auch die Freiheit mit sich herumzutragen; irgendwo im Gebiss schien sie zu stecken; und die Freude am Leben kam mit derart starker Glut aus seinem Rachen, dass es für die Zuschauer nicht leicht war, ihr standzuhal-
35 ten. Aber sie überwanden sich, umdrängten den Käfig und wollten sich gar nicht fortrühren.

Der Fahrgast

Ich stehe auf der Plattform des elektrischen Wagens[1] und
bin vollständig unsicher in Rücksicht meiner Stellung in
dieser Welt, in dieser Stadt, in meiner Familie. Auch nicht
beiläufig könnte ich angeben, welche Ansprüche ich in
irgendeiner Richtung mit Recht vorbringen könnte. Ich 5
kann es gar nicht verteidigen, dass ich auf dieser Plattform
stehe, mich an dieser Schlinge halte, von diesem Wagen
mich tragen lasse, dass Leute dem Wagen ausweichen
oder still gehen oder vor den Schaufenstern ruhn. – Niemand verlangt es ja von mir, aber das ist gleichgültig. 10
Der Wagen nähert sich einer Haltestelle, ein Mädchen
stellt sich nahe den Stufen, zum Aussteigen bereit. Sie
erscheint mir so deutlich, als ob ich sie betastet hätte. Sie
ist schwarz gekleidet, die Rockfalten bewegen sich fast
nicht, die Bluse ist knapp und hat einen Kragen aus weißer 15
kleinmaschiger Spitze, die linke Hand hält sie flach an die
Wand, der Schirm in ihrer Rechten steht auf der zweit-
obersten Stufe. Ihr Gesicht ist braun, die Nase, an den
Seiten schwach gepresst, schließt rund und breit ab. Sie
hat viel braunes Haar und verwehte Härchen an der rech- 20
ten Schläfe. Ihr kleines Ohr liegt eng an, doch sehe ich, da
ich nahe stehe, den ganzen Rücken der rechten Ohrmu-
schel und den Schatten an der Wurzel.
Ich fragte mich damals: Wieso kommt es, dass sie nicht
über sich verwundert ist, dass sie den Mund geschlossen 25
hält und nichts dergleichen sagt?

Das Gassenfenster

Wer verlassen lebt und sich doch hie und da irgendwo
anschließen möchte, wer mit Rücksicht auf die Veränderungen der Tageszeit, der Witterung, der Berufsverhält-
nisse und dergleichen ohne Weiteres irgendeinen beliebigen Arm sehen will, an dem er sich halten könnte, – der 5
wird es ohne ein Gassenfenster nicht lange treiben. Und

---

[1] Straßenbahn

steht es mit ihm so, dass er gar nichts sucht und nur als
müder Mann, die Augen auf und ab zwischen Publikum
und Himmel, an seine Fensterbrüstung tritt, und er will
nicht und hat ein wenig den Kopf zurückgeneigt, so reißen
5 ihn doch unten die Pferde mit in ihr Gefolge von Wagen
und Lärm und damit endlich der menschlichen Eintracht
zu.

Zerstreutes Hinausschaun

Was werden wir in diesen Frühlingstagen tun, die jetzt
rasch kommen? Heute früh war der Himmel grau, geht
man aber jetzt zum Fenster, so ist man überrascht und
lehnt die Wange an die Klinke des Fensters.
5 Unten sieht man das Licht der freilich schon sinkenden
Sonne auf dem Gesicht des kindlichen Mädchens, das so
geht und sich umschaut, und zugleich sieht man den
Schatten des Mannes darauf, der hinter ihm rascher
kommt.
10 Dann ist der Mann schon vorübergegangen und das Gesicht des Kindes ist ganz hell.

Der Aufbruch

Ich befahl, mein Pferd aus dem Stall zu holen. Der Diener
verstand mich nicht. Ich ging selbst in den Stall, sattelte
mein Pferd und bestieg es. In der Ferne hörte ich eine
Trompete blasen, ich fragte ihn, was das bedeutete. Er
5 wusste nichts und hatte nichts gehört. Beim Tore hielt er
mich auf und fragte: „Wohin reitet der Herr?" „Ich weiß
es nicht", sagte ich, „nur weg von hier, nur weg von hier.
Immerfort weg von hier, nur so kann ich mein Ziel erreichen." „Du kennst also dein Ziel", fragte er. „Ja", antwor-
10 tete ich, „ich sagte es doch. Weg von hier – das ist mein
Ziel."

Auf der Galerie

Wenn irgendeine hinfällige, lungensüchtige[1] Kunstreiterin in der Manege auf schwankendem Pferd vor einem unermüdlichen Publikum vom peitschenschwingenden erbarmungslosen Chef monatelang ohne Unterbrechung im Kreise rundum getrieben würde, auf dem Pferde schwirrend, Küsse werfend, in der Taille sich wiegend, und wenn dieses Spiel unter dem nichtaussetzenden Brausen des Orchesters und der Ventilatoren in die immerfort weiter sich öffnende graue Zukunft sich fortsetzte, begleitet vom vorhergehenden und neu anschwellenden Beifallsklatschen der Hände, die eigentlich Dampfhämmer[2] sind – vielleicht eilte dann ein junger Galeriebesucher die lange Treppe durch alle Ränge hinab, stürzte in die Manege, rief das: Halt! durch die Fanfaren des immer sich anpassenden Orchesters.

Da es aber nicht so ist; eine schöne Dame, weiß und rot, hereinfliegt, zwischen den Vorhängen, welche die stolzen Livrierten[3] vor ihr öffnen; der Direktor, hingebungsvoll ihre Augen suchend, in Tierhaltung ihr entgegenatmet; vorsorglich sie auf den Apfelschimmel hebt, als wäre sie seine über alles geliebte Enkelin, die sich auf gefährliche Fahrt begibt; sich nicht entschließen kann, das Peitschenzeichen zu geben; schließlich in Selbstüberwindung es knallend gibt; neben dem Pferde mit offenem Munde einherläuft; die Sprünge der Reiterin scharfen Blickes verfolgt; ihre Kunstfertigkeit kaum begreifen kann; mit englischen Ausrufen zu warnen versucht; die reifenhaltenden Reitknechte wütend zu peinlichster Achtsamkeit ermahnt; vor dem großen Salto mortale[4] das Orchester mit aufgehobenen Händen beschwört, es möge schweigen; schließlich die Kleine vom zitternden Pferde hebt, auf beide Backen küsst und keine Huldigung des Publikums für genügend erachtet; während sie selbst, von ihm gestützt,

---

[1] lungenkrank; Lunge ist entzündet
[2] mit Dampf betriebener Maschinenhammer
[3] Diener in uniformartiger Kleidung
[4] „Todessprung"; mehrfacher Überschlag in der Luft

hoch auf den Fußspitzen, vom Staub umweht, mit ausge-
breiteten Armen, zurückgelehntem Köpfchen ihr Glück
mit dem ganzen Zirkus teilen will – da dies so ist, legt der
Galeriebesucher das Gesicht auf die Brüstung und, im
Schlussmarsch wie in einem schweren Traum versinkend,
weint er, ohne es zu wissen.

Verwalteter Horror

In der Strafkolonie

„Es ist ein eigentümlicher Apparat", sagte der Offizier zu dem Forschungsreisenden und überblickte mit einem gewissermaßen bewundernden Blick den ihm doch wohlbekannten Apparat. Der Reisende schien nur aus Höflichkeit der Einladung des Kommandanten gefolgt zu sein, der ihn aufgefordert hatte, der Exekution[1] eines Soldaten beizuwohnen, der wegen Ungehorsam und Beleidigung des Vorgesetzten verurteilt worden war. Das Interesse für diese Exekution war wohl auch in der Strafkolonie nicht sehr groß. Wenigstens war hier in dem tiefen, sandigen, von kahlen Abhängen ringsum abgeschlossenen kleinen Tal außer dem Offizier und dem Reisenden nur der Verurteilte, ein stumpfsinniger, breitmäuliger Mensch mit verwahrlostem Haar und Gesicht, und ein Soldat zugegen, der die schwere Kette hielt, in welche die kleinen Ketten ausliefen, mit denen der Verurteilte an den Fuß- und Handknöcheln sowie am Hals gefesselt war und die auch untereinander durch Verbindungsketten zusammenhingen. Übrigens sah der Verurteilte so hündisch ergeben aus, dass es den Anschein hatte, als könnte man ihn frei auf den Abhängen herumlaufen lassen und müsse bei Beginn der Exekution nur pfeifen, damit er käme.
Der Reisende hatte wenig Sinn für den Apparat und ging hinter dem Verurteilten fast sichtbar unbeteiligt auf und ab, während der Offizier die letzten Vorbereitungen besorgte, bald unter den tief in die Erde eingebauten Apparat kroch, bald auf eine Leiter stieg, um die oberen Teile zu untersuchen. Das waren Arbeiten, die man eigentlich einem Maschinisten hätte überlassen können, aber der Offizier führte sie mit einem großen Eifer aus, sei es, dass er ein besonderer Anhänger dieses Apparates war, sei es,

---

[1] Vollstreckung eines Todesurteils, Hinrichtung

44 Verwalteter Horror

dass man aus anderen Gründen die Arbeit sonst niemandem anvertrauen konnte. „Jetzt ist alles fertig!", rief er endlich und stieg von der Leiter hinunter. Er war ungemein ermattet, atmete mit weit offenem Mund und hatte
5 zwei zarte Damentaschentücher hinter den Uniformkragen gezwängt. „Diese Uniformen sind doch für die Tropen zu schwer", sagte der Reisende, statt sich, wie es der Offizier erwartet hatte, nach dem Apparat zu erkundigen. „Gewiss", sagte der Offizier und wusch sich die von Öl
10 und Fett beschmutzten Hände in einem bereitstehenden Wasserkübel, „aber sie bedeuten die Heimat; wir wollen nicht die Heimat verlieren. – Nun sehen Sie aber diesen Apparat", fügte er gleich hinzu, trocknete die Hände mit einem Tuch und zeigte gleichzeitig auf den Apparat. „Bis
15 jetzt war noch Händearbeit nötig, von jetzt aber arbeitet der Apparat ganz allein." Der Reisende nickte und folgte dem Offizier. Dieser suchte sich für alle Zwischenfälle zu sichern und sagte dann: „Es kommen natürlich Störungen vor; ich hoffe zwar, es wird heute keine eintreten, immer-
20 hin muss man mit ihnen rechnen. Der Apparat soll ja zwölf Stunden ununterbrochen im Gang sein. Wenn aber auch Störungen vorkommen, so sind es doch nur ganz kleine, und sie werden sofort behoben sein."
„Wollen Sie sich nicht setzen?", fragte er schließlich, zog
25 aus einem Haufen von Rohrstühlen einen hervor und bot ihn dem Reisenden an; dieser konnte nicht ablehnen. Er saß nun am Rande einer Grube, in die er einen flüchtigen Blick warf. Sie war nicht sehr tief. Zur einen Seite der Grube war die ausgegrabene Erde zu einem Wall aufge-
30 häuft, zur anderen Seite stand der Apparat. „Ich weiß nicht", sagte der Offizier, „ob Ihnen der Kommandant den Apparat schon erklärt hat." Der Reisende machte eine ungewisse Handbewegung; der Offizier verlangte nichts Besseres, denn nun konnte er selbst den Apparat erklären.
35 „Dieser Apparat", sagte er und fasste eine Kurbelstange, auf die er sich stützte, „ist eine Erfindung unseres früheren Kommandanten. Ich habe gleich bei den allerersten Versuchen mitgearbeitet und war auch bei allen Arbeiten bis zur Vollendung beteiligt. Das Verdienst der Erfindung al-
40 lerdings gebührt ihm ganz allein. Haben Sie von unserem

In der Strafkolonie 45

früheren Kommandanten gehört? Nicht? Nun, ich behaupte nicht zu viel, wenn ich sage, dass die Einrichtung der ganzen Strafkolonie sein Werk ist. Wir, seine Freunde, wussten schon bei seinem Tod, dass die Einrichtung der Kolonie so in sich geschlossen ist, dass sein Nachfolger, und habe er tausend neue Pläne im Kopf, wenigstens während vieler Jahre nichts von dem Alten wird ändern können. Unsere Voraussage ist auch eingetroffen; der neue Kommandant hat es erkennen müssen. Schade, dass Sie den früheren Kommandanten nicht gekannt haben! – Aber", unterbrach sich der Offizier, „ich schwätze, und sein Apparat steht hier vor uns. Er besteht, wie Sie sehen, aus drei Teilen. Es haben sich im Laufe der Zeit für jeden dieser Teile gewissermaßen volkstümliche Bezeichnungen ausgebildet. Der untere heißt das Bett, der obere heißt der Zeichner, und hier der mittlere, schwebende Teil heißt die Egge[1]. „Die Egge?", fragte der Reisende. Er hatte nicht ganz aufmerksam zugehört, die Sonne verfing sich allzu stark in dem schattenlosen Tal, man konnte schwer seine Gedanken sammeln. Umso bewundernswerter erschien ihm der Offizier, der im engen, parademäßigen, mit Epauletten[2] beschwerten, mit Schnüren behängten Waffenrock so eifrig seine Sache erklärte und außerdem, während er sprach, mit einem Schraubendreher noch hier und da an einer Schraube sich zu schaffen machte. In ähnlicher Verfassung wie der Reisende schien der Soldat zu sein. Er hatte um beide Handgelenke die Kette des Verurteilten gewickelt, stützte sich mit einer Hand auf sein Gewehr, ließ den Kopf im Genick hinunterhängen und kümmerte sich um nichts. Der Reisende wunderte sich nicht darüber, denn der Offizier sprach französisch, und Französisch verstand gewiss weder der Soldat noch der Verurteilte. Umso auffallender war es allerdings, dass der Verurteilte sich dennoch bemühte, den Erklärungen des Offiziers zu folgen. Mit einer Art schläfriger Beharrlichkeit richtete er die Blicke immer dorthin, wohin der Offizier gerade zeigte, und als dieser jetzt vom Reisenden mit einer Frage

---

[1] ein Ackergerät
[2] (franz.) Schulterstücke auf Uniformen

unterbrochen wurde, sah auch er, ebenso wie der Offizier den Reisenden an.

„Ja; die Egge", sagte der Offizier, „der Name passt. Die Nadeln sind eggenartig angeordnet, auch wird das Ganze wie eine Egge geführt, wenn auch bloß auf einem Platz und viel kunstgemäßer. Sie werden es übrigens gleich verstehen. Hier auf das Bett wird der Verurteilte gelegt. – Ich will nämlich den Apparat zuerst beschreiben und dann erst die Prozedur selbst ausführen lassen. Sie werden ihr dann besser folgen können. Auch ist ein Zahnrad im Zeichner zu stark abgeschliffen; es kreischt sehr, wenn es im Gang ist; man kann sich dann kaum verständigen; Ersatzteile sind hier leider nur schwer zu beschaffen. – Also hier ist das Bett, wie ich sagte. Es ist ganz und gar mit einer Watteschicht bedeckt; den Zweck dessen werden Sie noch erfahren. Auf diese Watte wird der Verurteilte bäuchlings gelegt, natürlich nackt; hier sind für die Hände, hier für die Füße, hier für den Hals Riemen, um ihn festzuschnallen. Hier am Kopfende des Bettes, wo der Mann, wie ich gesagt habe, zuerst mit dem Gesicht aufliegt, ist dieser kleine Filzstumpf, der leicht so reguliert werden kann, dass er dem Mann gerade in den Mund dringt. Er hat den Zweck, am Schreien und am Zerbeißen der Zunge zu hindern. Natürlich muss der Mann den Filz aufnehmen, da ihm sonst durch den Halsriemen das Genick gebrochen wird." „Das ist Watte?", fragte der Reisende und beugte sich vor. „Ja, gewiss", sagte der Offizier lächelnd, „befühlen Sie es selbst." Er fasste die Hand des Reisenden und führte sie über das Bett hin. „Es ist besonders präparierte Watte, darum sieht sie so unkenntlich aus, ich werde auf ihren Zweck noch zu sprechen kommen." Der Reisende war schon ein wenig für den Apparat gewonnen; die Hand zum Schutz gegen die Sonne über den Augen, sah er an dem Apparat in die Höhe. Es war ein großer Aufbau. Das Bett und der Zeichner hatten gleichen Umfang und sahen wie zwei dunkle Truhen aus. Der Zeichner war etwa zwei Meter über dem Bett angebracht; beide waren in den Ecken durch vier Messingstangen verbunden, die in der Sonne fast Strahlen warfen. Zwischen den Truhen schwebte an einem Stahlband die Egge.

In der Strafkolonie 47

Der Offizier hatte die frühere Gleichgültigkeit des Reisenden kaum bemerkt, wohl aber hatte er für sein jetzt beginnendes Interesse Sinn; er setzte deshalb in seinen Erklärungen aus, um dem Reisenden zur ungestörten Betrachtung Zeit zu lassen. Der Verurteilte ahmte den Reisenden nach; da er die Hand nicht über die Augen legen konnte, blinzelte er mit freien Augen zur Höhe.

„Nun liegt also der Mann", sagte der Reisende, lehnte sich im Sessel zurück und kreuzte die Beine.

„Ja", sagte der Offizier, schob ein wenig die Mütze zurück und fuhr sich mit der Hand über das heiße Gesicht, „nun hören Sie! Sowohl das Bett als auch der Zeichner haben ihre eigene elektrische Batterie; das Bett braucht sie für sich selbst, der Zeichner für die Egge. Sobald der Mann festgeschnallt ist, wird das Bett in Bewegung gesetzt. Es zittert in winzigen, sehr schnellen Zuckungen gleichzeitig seitlich wie auch auf und ab. Sie werden ähnliche Apparate in Heilanstalten gesehen haben; nur sind bei unserem Bett alle Bewegungen genau berechnet; sie müssen nämlich peinlich auf die Bewegungen der Egge abgestimmt sein. Dieser Egge aber ist die eigentliche Ausführung des Urteils überlassen."

„Wie lautet denn das Urteil?", fragte der Reisende. „Sie wissen auch das nicht?", sagte der Offizier erstaunt und biss sich auf die Lippen: „Verzeihen Sie, wenn vielleicht meine Erklärungen ungeordnet sind; ich bitte Sie sehr um Entschuldigung. Die Erklärungen pflegte früher nämlich der Kommandant zu geben; der neue Kommandant aber hat sich dieser Ehrenpflicht entzogen; dass er jedoch einen so hohen Besuch – der Reisende suchte die Ehrung mit beiden Händen abzuwehren, aber der Offizier bestand auf dem Ausdruck – „einen so hohen Besuch nicht einmal von der Form unseres Urteils in Kenntnis setzt, ist wieder eine Neuerung, die –", er hatte einen Fluch auf den Lippen, fasste sich aber und sagte nur: „Ich wurde nicht davon verständigt, mich trifft nicht die Schuld. Übrigens bin ich allerdings am besten befähigt, unsere Urteilsarten zu erklären, denn ich trage hier" – er schlug auf seine Brusttasche – „die betreffenden Handzeichnungen des früheren Kommandanten."

48 Verwalteter Horror

„Handzeichnungen des Kommandanten selbst?", fragte
der Reisende: „Hat er denn alles in sich vereinigt? War er
Soldat, Richter, Konstrukteur, Chemiker, Zeichner?"
„Jawohl", sagte der Offizier kopfnickend, mit starrem,
5 nachdenklichem Blick. Dann sah er prüfend seine Hände
an; sie schienen ihm nicht rein genug, um die Zeichnungen
anzufassen; er ging daher zum Kübel und wusch sie nochmals. Dann zog er eine kleine Ledermappe hervor und
sagte: „Unser Urteil klingt nicht streng. Dem Verurteilten
10 wird das Gebot, das er übertreten hat, mit der Egge auf
den Leib geschrieben. Diesem Verurteilten zum Beispiel"
– der Offizier zeigt auf den Mann – „wird auf den Leib
geschrieben werden: Ehre deinen Vorgesetzten!"
Der Reisende sah flüchtig auf den Mann hin; er hielt, als
15 der Offizier auf ihn gezeigt hatte, den Kopf gesenkt und
schien alle Kraft des Gehörs anzuspannen, um etwas zu
erfahren. Aber die Bewegungen seiner wulstig aneinander-
gedrückten Lippen zeigten offenbar, dass er nichts verstehen konnte. Der Reisende hatte Verschiedenes fragen wol-
20 len, fragte aber im Anblick des Mannes nur: „Kennt er sein
Urteil?" „Nein", sagte der Offizier und wollte gleich in
seinen Erklärungen fortfahren, aber der Reisende unterbrach ihn: „Er kennt sein eigenes Urteil nicht?" „Nein",
sagte der Offizier wieder, stockte dann einen Augenblick,
25 als verlange er vom Reisenden eine nähere Begründung
seiner Frage, und sagte dann: „Es wäre nutzlos, es ihm zu
verkünden. Er erfährt es ja auf seinem Leib." Der Reisende wollte schon verstummen, da fühlte er, wie der Verurteilte seinen Blick auf ihn richtete; er schien zu fragen, ob
30 er den geschilderten Vorgang billigen könne. Darum
beugte sich der Reisende, der sich bereits zurückgelehnt
hatte, wieder vor und fragte noch: „Aber dass er überhaupt verurteilt wurde, das weiß er doch?" „Auch nicht",
sagte der Offizier und lächelte den Reisenden an, als er-
35 warte er nun von ihm noch einige sonderbare Eröffnungen.
„Nein", sagte der Reisende und strich sich über die Stirn
hin, „dann weiß also der Mann auch jetzt noch nicht, wie
seine Verteidigung aufgenommen wurde?" „Er hat keine
Gelegenheit gehabt, sich zu verteidigen", sagte der Offi-
40 zier und sah abseits, als rede er zu sich selbst und wolle

In der Strafkolonie 49

den Reisenden durch Erzählung dieser ihm selbstverständlichen Dinge nicht beschämen. „Er muss doch Gelegenheit gehabt haben, sich zu verteidigen", sagte der Reisende und stand vom Sessel auf.

Der Offizier erkannte, dass er in Gefahr war, in der Erklärung des Apparates für lange Zeit aufgehalten zu werden; er ging daher zum Reisenden, hing sich in seinen Arm, zeigt mit der Hand auf den Verurteilten, der sich jetzt, da die Aufmerksamkeit so offenbar auf ihn gerichtet war, stramm aufstellte – auch zog der Soldat die Kette an –, und sagte: „Die Sache verhält sich folgendermaßen. Ich bin hier in der Strafkolonie zum Richter bestellt. Trotz meiner Jugend, denn ich stand auch dem früheren Kommandanten in allen Strafsachen zur Seite und kenne auch den Apparat am besten. Der Grundsatz, nach dem ich entscheide, ist: Die Schuld ist immer zweifellos. Andere Gerichte können diesen Grundsatz nicht befolgen, denn sie sind vielköpfig und haben auch noch höhere Gerichte über sich. Das ist hier nicht der Fall, oder war es wenigstens nicht beim früheren Kommandanten. Der neue hat allerdings schon Lust gezeigt, in mein Gericht sich einzumischen, es ist mir aber bisher gelungen, ihn abzuwehren, und wird mir auch weiter gelingen. – Sie wollten diesen Fall erklärt haben; er ist so einfach wie alle. Ein Hauptmann hat heute morgens die Anzeige erstattet, dass dieser Mann, der ihm als Diener zugeteilt ist und vor seiner Türe schläft, den Dienst verschlafen hat. Er hat nämlich die Pflicht, bei jedem Stundenschlag aufzustehen und vor der Tür des Hauptmanns zu salutieren. Gewiss keine schwere Pflicht und eine notwendige, denn er soll sowohl zur Bewachung als auch zur Bedienung frisch bleiben. Der Hauptmann wollte in der gestrigen Nacht nachsehen, ob der Diener seine Pflicht erfülle. Er öffnete Schlag zwei Uhr die Tür und fand ihn zusammengekrümmt schlafen. Er holte die Reitpeitsche und schlug ihm über das Gesicht. Statt nun aufzustehen und um Verzeihung zu bitten, fasste der Mann seinen Herrn bei den Beinen, schüttelte ihn und rief: ‚Wirf die Peitsche weg, oder ich fresse dich.' – Das ist der Sachverhalt. Der Hauptmann kam vor einer Stunde zu mir, ich schrieb seine Angaben auf und anschließend

50 Verwalteter Horror

gleich das Urteil. Dann ließ ich dem Mann die Ketten anlegen. Das alles war sehr einfach. Hätte ich den Mann zuerst vorgerufen und ausgefragt, so wäre nur Verwirrung entstanden. Er hätte gelogen, hätte, wenn es mir gelungen wäre, die Lügen zu widerlegen, diese durch neue Lügen ersetzt und so fort. Jetzt aber halte ich ihn und lasse ihn nicht mehr. – Ist nun alles erklärt? Aber die Zeit vergeht, die Exekution sollte schon beginnen, und ich bin mit der Erklärung des Apparates noch nicht fertig." Er
10 nötigte den Reisenden auf den Sessel nieder, trat wieder zu dem Apparat und begann: „Wie Sie sehen, entspricht die Egge der Form des Menschen; hier ist die Egge für den Oberkörper, hier sind die Eggen für die Beine. Für den Kopf ist nur dieser kleine Stichel bestimmt. Ist Ihnen das
15 klar?" Er beugte sich freundlich zu dem Reisenden vor, bereit zu den umfassendsten Erklärungen.
Der Reisende sah mit gerunzelter Stirn die Egge an. Die Mitteilungen über das Gerichtsverfahren hatten ihn nicht befriedigt. Immerhin musste er sich sagen, dass es sich
20 hier um eine Strafkolonie handelte, dass hier besondere Maßregeln notwendig waren und dass man bis zum Letzten militärisch vorgehen musste. Außerdem aber setzte er einige Hoffnung auf den neuen Kommandanten, der offenbar, allerdings langsam, ein neues Verfahren einzuführen
25 ren beabsichtigte, das dem beschränkten Kopf dieses Offiziers nicht eingehen konnte. Aus diesem Gedankengang heraus fragte der Reisende: „Wird der Kommandant der Exekution beiwohnen?" „Es ist nicht gewiss", sagte der Offizier, durch die unvermittelte Frage peinlich berührt,
30 und seine freundliche Miene verzerrte sich: „Gerade deshalb müssen wir uns beeilen. Ich werde sogar, so leid es mir tut, meine Erklärungen abkürzen müssen. Aber ich könnte ja morgen, wenn der Apparat wieder gereinigt ist – dass er so sehr beschmutzt wird, ist sein einziger
35 Fehler –, die näheren Erklärungen nachtragen. Jetzt also nur das Notwendigste. – Wenn der Mann auf dem Bett liegt und dieses ins Zittern gebracht ist, wird die Egge auf den Körper gesenkt. Sie stellt sich von selbst so ein, dass sie nur knapp mit den Spitzen den Körper berührt; ist die
40 Einstellung vollzogen, strafft sich sofort dieses Stahlseil

In der Strafkolonie 51

zu einer Stange. Und man beginnt das Spiel. Ein Nichtein-
geweihter merkt äußerlich keinen Unterschied in den
Strafen. Die Egge scheint gleichförmig zu arbeiten. Zitternd sticht sie ihre Spitzen in den Körper ein, der überdies
vom Bett aus zittert. Um es nun jedem zu ermöglichen, die
Ausführung des Urteils zu überprüfen, wurde die Egge
aus Glas gemacht. Es hat einige technische Schwierigkeiten verursacht, die Nadeln darin zu befestigen, es ist
aber nach vielen Versuchen gelungen. Wir haben eben
keine Mühe gescheut. Und nun kann jeder durch das Glas
sehen, wie sich die Inschrift im Körper vollzieht. Wollen
Sie nicht näher kommen und sich die Nadeln ansehen?"
Der Reisende erhob sich langsam, ging hin und beugte
sich über die Egge. „Sie sehen", sagte der Offizier, „zwei-
erlei Nadeln in vielfacher Anordnung. Jede lange hat eine
kurze neben sich. Die lange schreibt nämlich, und die kurze spritzt Wasser aus, um das Blut abzuwaschen und die
Schrift immer klar zu erhalten. Das Blutwasser wird dann
hier in kleine Rinnen geleitet und fließt endlich in diese
Hauptrinne, deren Abflussrohr in die Grube führt." Der
Offizier zeigte mit dem Finger genau den Weg, den das
Blutwasser nehmen musste. Als er es, um es möglichst
anschaulich zu machen, an der Mündung des Abfluss-
rohres mit beiden Händen förmlich auffing, erhob der
Reisende den Kopf und wollte, mit der Hand rückwärts
tastend, zu seinem Sessel zurückgehen. Da sah er zu seinem Schrecken, dass auch der Verurteilte gleich ihm der
Einladung des Offiziers, sich die Einrichtung der Egge aus
der Nähe anzusehen, gefolgt war. Er hatte den verschla-
fenen Soldaten an der Kette ein wenig vorgezerrt und sich
auch über das Glas gebeugt. Man sah, wie er mit unsicheren Augen auch das suchte, was die zwei Herren eben
beobachtet hatten, wie es ihm aber, da ihm die Erklärung
fehlte, nicht gelingen wollte. Er beugte sich hierhin und
dorthin. Immer wieder lief er mit den Augen das Glas ab.
Der Reisende wollte ihn zurücktreiben, denn, was er tat,
war wahrscheinlich strafbar. Aber der Offizier hielt den
Reisenden mit einer Hand fest, nahm mit der anderen
eine Erdscholle vom Wall und warf sie nach dem Soldaten.
Dieser hob mit einem Ruck die Augen, sah, was der Ver-

urteilte gewagt hatte, ließ das Gewehr fallen, stemmte die Füße mit den Absätzen in den Boden, riss den Verurteilten zurück, dass er gleich niederfiel, und sah dann auf ihn hinunter, wie er sich wand und mit seinen Ketten klirrte.

5 „Stell ihn auf!", schrie der Offizier, denn er merkte, dass der Reisende durch den Verurteilten allzu sehr abgelenkt wurde. Der Reisende beugte sich sogar über die Egge hinweg, ohne sich um sie zu kümmern, und wollte nur feststellen, was mit dem Verurteilten geschehe. „Behandle ihn

10 sorgfältig!", schrie der Offizier wieder. Er umlief den Apparat, fasste selbst den Verurteilten unter den Achseln und stellte ihn, der öfters mit den Füßen ausglitt, mithilfe des Soldaten auf.

„Nun weiß ich schon alles", sagte der Reisende, als der

15 Offizier wieder zu ihm zurückkehrte. „Bis auf das Wichtigste", sagte dieser, ergriff den Reisenden am Arm und zeigte in die Höhe: „Dort im Zeichner ist das Räderwerk, welches die Bewegung der Egge bestimmt, und dieses Räderwerk wird nach der Zeichnung, auf welche das Ur-

20 teil lautet, angeordnet. Ich verwende noch die Zeichnungen des früheren Kommandanten. Hier sind sie", – er zog einige Blätter aus der Ledermappe – „ich kann sie Ihnen aber leider nicht in die Hand geben, sie sind das Teuerste, was ich habe. Setzen Sie sich, ich zeige sie Ihnen

25 aus dieser Entfernung, dann werden Sie alles gut sehen können." Er zeigte das erste Blatt. Der Reisende hätte gerne etwas Anerkennendes gesagt, aber er sah nur labyrinthartige, einander vielfach kreuzende Linien, die so dicht das Papier bedeckten, dass man nur mit Mühe die

30 weißen Zwischenräume erkannte. „Lesen Sie", sagte der Offizier. „Ich kann nicht", sagte der Reisende. „Es ist doch deutlich", sagte der Offizier. „Es ist sehr kunstvoll", sagte der Reisende ausweichend, „aber ich kann es nicht entziffern." „Ja", sagte der Offizier, lachte und steckte die Map-

35 pe wieder ein, „es ist keine Schönschrift für Schulkinder. Man muss lange darin lesen. Auch Sie würden es schließlich gewiss erkennen. Es darf natürlich keine einfache Schrift sein; sie soll ja nicht sofort töten, sondern durchschnittlich erst in einem Zeitraum von zwölf Stunden; für

40 die sechste Stunde ist der Wendepunkt berechnet. Es müs-

In der Strafkolonie 53

sen also viele, viele Zierrate die eigentliche Schrift umgeben; die wirkliche Schrift umzieht den Leib nur in einem
schmalen Gürtel; der übrige Körper ist für Verzierungen
bestimmt. Können Sie jetzt die Arbeit der Egge und des
ganzen Apparates würdigen? – Sehen Sie doch!" Er sprang
auf die Leiter, drehte ein Rad, rief hinunter: „Achtung,
treten Sie zur Seite!", und alles kam in Gang. Hätte das
Rad nicht gekreischt, es wäre herrlich gewesen. Als sei der
Offizier von diesem störenden Rad überrascht, drohte er
ihm mit der Faust, breitete dann, sich entschuldigend,
zum Reisenden hin die Arme aus und kletterte eilig hinunter, um den Gang des Apparates von unten zu beobachten. Noch war etwas nicht in Ordnung, das nur er merkte;
er kletterte wieder hinauf, griff mit beiden Händen in das
Innere des Zeichners, glitt dann, um rascher hinunterzu-
kommen, statt die Leiter zu benutzen, an der einen Stange
hinunter und schrie nun, um sich im Lärm verständlich
zu machen, mit äußerster Anspannung dem Reisenden ins
Ohr: „Begreifen Sie den Vorgang? Die Egge fängt zu
schreiben an; ist sie mit der ersten Anlage der Schrift auf
dem Rücken des Mannes fertig, rollt die Watteschicht und
wälzt den Körper langsam auf die Seite, um der Egge
neuen Raum zu bieten. Inzwischen legen sich die wund-
beschriebenen Stellen auf die Watte, welche infolge der
besonderen Präparierung sofort die Blutung stillt und zu
neuer Vertiefung der Schrift vorbereitet. Hier die Zacken
am Rande der Egge reißen dann beim weiteren Umwälzen
des Körpers die Watte von den Wunden, schleudern sie in
die Grube, und die Egge hat wieder Arbeit. So schreibt sie
immer tiefer die zwölf Stunden lang. Die ersten sechs
Stunden lebt der Verurteilte fast wie früher, er leidet nur
Schmerzen. Nach zwei Stunden wird der Filz entfernt,
denn der Mann hat keine Kraft zum Schreien mehr. Hier
in diesen elektrisch geheizten Napf am Kopfende wird
warmer Reisbrei gelegt, aus dem der Mann, wenn er Lust
hat, nehmen kann, was er mit der Zunge erhascht. Keiner
versäumt die Gelegenheit. Ich weiß keinen, und meine
Erfahrung ist groß. Erst um die sechste Stunde verliert er
das Vergnügen am Essen. Ich knie dann gewöhnlich hier
nieder und beobachte diese Erscheinung. Der Mann

schluckt den letzten Bissen selten, er dreht ihn nur im Mund und speit ihn in die Grube. Ich muss mich dann bücken, sonst fährt er mir ins Gesicht. Wie still wird dann aber der Mann um die sechste Stunde! Verstand geht dem
5 Blödesten auf. Um die Augen beginnt es. Von hier aus verbreitet es sich . Ein Anblick, der einen verführen könnte, sich mit unter die Egge zu legen. Es geschieht ja weiter nichts, der Mann fängt bloß an, die Schrift zu entziffern, er spitzt den Mund, als horche er. Sie haben gesehen, es
10 ist nicht leicht, die Schrift mit den Augen zu entziffern; unser Mann entziffert sie aber mit seinen Wunden. Es ist allerdings viel Arbeit; er braucht sechs Stunden zu ihrer Vollendung. Dann aber spießt ihn die Egge vollständig auf und wirft ihn in die Grube, wo er auf das Blutwasser und
15 die Watte niederklatscht. Dann ist das Gericht zu Ende, und wir, ich und der Soldat, scharren ihn ein."
Der Reisende hatte das Ohr zum Offizier geneigt und sah, die Hände in den Rocktaschen, der Arbeit der Maschine zu. Auch der Verurteilte sah ihr zu, aber ohne Verständnis.
20 Er bückte sich ein wenig und verfolgte die schwankenden Nadeln, als ihm der Soldat, auf ein Zeichen des Offiziers, mit einem Messer hinten Hemd und Hose durchschnitt, sodass sie von dem Verurteilten abfielen; er wollte nach dem fallenden Zeug greifen, um seine Blöße zu bedecken,
25 aber der Soldat hob ihn in die Höhe und schüttelte die letzten Fetzen von ihm ab. Der Offizier stellte die Maschine ein, und in der jetzt eintretenden Stille wurde der Verurteilte unter die Egge gelegt. Die Ketten wurden gelöst und stattdessen die Riemen befestigt; es schien für den
30 Verurteilten im ersten Augenblick fast eine Erleichterung zu bedeuten. Und nun senkte sich die Egge noch ein Stück tiefer, denn es war ein magerer Mann. Als ihn die Spitzen berührten, ging ein Schauer über seine Haut; er streckte, während der Soldat mit seiner rechten Hand beschäftigt
35 war, die linke aus, ohne zu wissen wohin; es war aber die Richtung, wo der Reisende stand. Der Offizier sah ununterbrochen den Reisenden von der Seite an, als suche er von seinem Gesicht den Eindruck abzulesen, den die Exekution, die er ihm nun wenigstens oberflächlich erklärt
40 hatte, auf ihn mache.

In der Strafkolonie 55

Der Riemen, der für das Handgelenk bestimmt war, riss; wahrscheinlich hatte ihn der Soldat zu stark angezogen. Der Offizier sollte helfen, der Soldat zeigte ihm das abgerissene Riemenstück. Der Offizier ging auch zu ihm hinüber und sagte, das Gesicht dem Reisenden zugewendet: „Die Maschine ist sehr zusammengesetzt, es muss hie und da etwas reißen oder brechen; dadurch darf man sich aber im Gesamturteil nicht beirren lassen. Für den Riemen ist übrigens sofort Ersatz geschafft; ich werde eine Kette verwenden; die Zartheit der Schwingungen wird dadurch für den rechten Arm allerdings beeinträchtigt." Und während er die Ketten anlegte, sagte er noch: „Die Mittel zur Erhaltung der Maschine sind jetzt sehr eingeschränkt. Unter dem früheren Kommandanten war eine mir frei zugängliche Kassa[1] nur für diesen Zweck bestimmt. Es gab hier ein Magazin, in dem alle möglichen Ersatzstücke aufbewahrt wurden. Ich gestehe, ich trieb damit fast Verschwendung, ich meine früher, nicht jetzt, wie der neue Kommandant behauptet, dem alles nur zum Vorwand dient, alte Einrichtungen zu bekämpfen. Jetzt hat er die Maschinenkassa in eigener Verwaltung, und schicke ich um einen neuen Riemen, wird der zerrissene als Beweisstück verlangt, der neue kommt erst in zehn Tagen, ist dann aber von schlechterer Sorte und taugt nicht viel. Wie ich aber in der Zwischenzeit ohne Riemen die Maschine betreiben soll, darum kümmert sich niemand."
Der Reisende überlegte: Es ist immer bedenklich, in fremde Verhältnisse entscheidend einzugreifen. Er war weder Bürger der Strafkolonie noch Bürger des Staates, dem sie angehörte. Wenn er die Exekution verurteilen oder gar hintertreiben wollte, konnte man ihm sagen: Du bist ein Fremder, sei still. Darauf hätte er nichts erwidern, sondern nur hinzufügen können, dass er sich in diesem Falle selbst nicht begreife, denn er reise nur mit der Absicht, zu sehen, und keineswegs etwa, um fremde Gerichtsverfassungen zu ändern. Nun lagen aber hier die Dinge allerdings sehr verführerisch. Die Ungerechtigkeit des Verfahrens und

---

[1] (österr.) Kasse

die Unmenschlichkeit der Exekution war zweifellos. Niemand konnte irgendeine Eigennützigkeit des Reisenden annehmen, denn der Verurteilte war ihm fremd, kein Landsmann und ein zum Mitleid gar nicht auffordernder Mensch. Der Reisende selbst hatte Empfehlungen hoher Ämter, war hier mit großer Höflichkeit empfangen worden, und dass er zu dieser Exekution eingeladen worden war, schien sogar darauf hinzudeuten, dass man sein Urteil über dieses Gericht verlangte. Dies war aber umso wahrscheinlicher, als der Kommandant, wie er jetzt überdeutlich gehört hatte, kein Anhänger dieses Verfahrens war und sich gegenüber dem Offizier fast feindselig verhielt.

Da hörte der Reisende einen Wutschrei des Offiziers. Er hatte gerade, nicht ohne Mühe, dem Verurteilten den Filzstumpf in den Mund geschoben, als der Verurteilte in einem unwiderstehlichen Brechreiz die Augen schloss und sich erbrach. Eilig riss ihn der Offizier vom Stumpf in die Höhe und wollte den Kopf zur Grube hindrehen, aber es war zu spät, der Unrat floss schon an der Maschine hinab. „Alles Schuld des Kommandanten!", schrie der Offizier und rüttelte besinnungslos vorn an den Messingstangen, „die Maschine wird mir verunreinigt wie ein Stall." Er zeigte mit zitternden Händen dem Reisenden, was geschehen war. „Habe ich nicht stundenlang dem Kommandanten begreiflich zu machen gesucht, dass einen Tag vor der Exekution kein Essen mehr verabfolgt werden soll. Aber die neue milde Richtung ist anderer Meinung. Die Damen des Kommandanten stopfen dem Mann, ehe er abgeführt wird, den Hals mit Zuckersachen voll. Sein ganzes Leben hat er sich von stinkenden Fischen genährt und muss jetzt Zuckersachen essen! Aber es wäre ja möglich, ich würde nichts einwenden, aber warum schafft man nicht einen neuen Filz an, wie ich ihn seit einem Vierteljahr erbitte. Wie kann man ohne Ekel diesen Filz in den Mund nehmen, an dem mehr als hundert Männer im Sterben gesaugt und gebissen haben?"

Der Verurteilte hatte den Kopf niedergelegt und sah friedlich aus, der Soldat war damit beschäftigt, mit dem Hemd des Verurteilten die Maschine zu putzen. Der Offizier ging zum Reisenden, der in irgendeiner Ahnung einen Schritt zurücktrat, aber der Offizier fasste ihn bei der Hand und zog ihn zur Seite. „Ich will einige Worte im Vertrauen mit Ihnen sprechen", sagte er, „ich darf das doch?" „Gewiss", sagte der Reisende und hörte mit gesenkten Augen zu. „Dieses Verfahren und diese Hinrichtung, die Sie jetzt zu bewundern Gelegenheit haben, hat gegenwärtig in unserer Kolonie keinen offenen Anhänger mehr. Ich bin ihr einziger Vertreter, gleichzeitig der einzige Vertreter des Erbes des alten Kommandanten. An einen weiteren Ausbau des Verfahrens kann ich nicht mehr denken, ich verbrauche alle meine Kräfte, um zu erhalten, was vorhanden ist. Als der alte Kommandant lebte, war die Kolonie von seinen Anhängern voll; die Überzeugungskraft des alten Kommandanten habe ich zum Teil, aber seine Macht fehlt mir ganz; infolgedessen haben sich die Anhänger verkrochen, es gibt noch viele, aber keiner gesteht es ein. Wenn Sie heute, also an einem Hinrichtungstag, ins Teehaus gehen und herumhorchen, werden Sie vielleicht nur zweideutige Äußerungen hören. Das sind lauter Anhänger, aber unter dem gegenwärtigen Kommandanten und bei seinen gegenwärtigen Anschauungen für mich ganz unbrauchbar. Und nun frage ich Sie: Soll wegen dieses Kommandanten und seiner Frauen, die ihn beeinflussen, ein solches Lebenswerk" – er zeigte auf die Maschine –„zugrunde gehen? Darf man das zulassen? Selbst wenn man nur als Fremder ein paar Tage auf unserer Insel ist? Es ist aber keine Zeit zu verlieren, man bereitet etwas gegen meine Gerichtsbarkeit vor; es finden schon Beratungen in der Kommandantur statt, zu denen ich nicht zugezogen werde; sogar Ihr heutiger Besuch scheint mir für die ganze Lage bezeichnend; man ist feig und schickt Sie, einen Fremden, vor. – Wie war die Exekution anders in früherer Zeit! Schon einen Tag vor der Hinrichtung war das ganze Tal von Menschen überfüllt; alle kamen nur, um zu sehen; früh am Morgen erschien der Kommandant mit seinen Damen; Fanfaren weckten den ganzen Lagerplatz; ich erstattete die Meldung, dass alles vorbereitet sei; die Gesellschaft – kein hoher Beamte durfte fehlen – ordnete sich um die Maschine; dieser Haufen Rohrsessel ist ein armseliges Überbleibsel aus jener Zeit. Die Maschine glänzte

Verwalteter Horror

frisch geputzt, fast zu jeder Exekution nahm ich neue Ersatzstücke. Vor Hunderten Augen – alle Zuschauer standen auf den Fußspitzen bis dort zu den Anhöhen – wurde der Verurteilte vom Kommandanten selbst unter die Egge
5 gelegt. Was heute ein gemeiner Soldat tun darf, war damals meine, des Gerichtspräsidenten, Arbeit und ehrte mich. Und nun begann die Exekution! Kein Misston störte die Arbeit der Maschine. Manche sahen nun gar nicht mehr zu, sondern lagen mit geschlossenen Augen im
10 Sand; alle wussten: Jetzt geschieht Gerechtigkeit. In der Stille hörte man nur das Seufzen des Verurteilten, gedämpft durch den Filz. Heute gelingt es der Maschine nicht mehr, dem Verurteilten ein stärkeres Seufzen auszupressen, als der Filz noch ersticken kann; damals aber
15 tropften die schreibenden Nadeln eine beizende Flüssigkeit aus, die heute nicht mehr verwendet werden darf. Nun, und dann kam die sechste Stunde! Es war unmöglich, allen die Bitte, aus der Nähe zuschauen zu dürfen, zu gewähren. Der Kommandant in seiner Einsicht ordnete
20 an, dass vor allem die Kinder berücksichtigt werden sollten; ich allerdings durfte kraft meines Berufes immer dabeistehen, oft hockte ich dort, zwei kleine Kinder rechts und links in meinen Armen. Wie nahmen wir alle den Ausdruck der Verklärung von dem gemarterten Gesicht,
25 wie hielten wir unsere Wangen in den Schein dieser endlich erreichten und schon vergehenden Gerechtigkeit! Was für Zeiten, mein Kamerad!" Der Offizier hatte offenbar vergessen, wer vor ihm stand; er hatte den Reisenden umarmt und den Kopf auf seine Schulter gelegt. Der Reisen-
30 de war in großer Verlegenheit, ungeduldig sah er über den Offizier hinweg. Der Soldat hatte die Reinigungsarbeit beendet und jetzt noch aus einer Büchse Reisbrei in den Napf geschüttet. Kaum merkte dies der Verurteilte, der sich schon vollständig erholt zu haben schien, als er mit
35 der Zunge nach dem Brei zu schnappen begann. Der Soldat stieß ihn immer wieder weg, denn der Brei war wohl für eine spätere Zeit bestimmt, aber ungehörig war es jedenfalls auch, dass der Soldat mit seinen schmutzigen Händen hineingriff und vor dem gierigen Verurteilten
40 davon aß.

In der Strafkolonie 59

Der Offizier fasste sich schnell. „Ich wollte Sie nicht etwa rühren", sagte er, „ich weiß, es ist unmöglich, jene Zeiten heute begreiflich zu machen. Im Übrigen arbeitet die Maschine noch und wirkt für sich. Sie wirkt für sich, auch wenn sie allein in diesem Tal steht. Und die Leiche fällt zum Schluss noch immer in dem unbegreiflich sanften Flug in die Grube, auch wenn nicht, wie damals, Hunderte wie Fliegen um die Grube sich versammeln. Damals mussten wir ein starkes Geländer um die Grube anbringen, es ist längst weggerissen."

Der Reisende wollte sein Gesicht dem Offizier entziehen und blickte ziellos herum. Der Offizier glaubte, er betrachte die Öde des Tales; er ergriff deshalb seine Hände, drehte sich um ihn, um seine Blicke zu erfassen, und fragte: „Merken Sie die Schande?"

Aber der Reisende schwieg. Der Offizier ließ für ein Weilchen von ihm ab; mit auseinandergestellten Beinen, die Hände in den Hüften, stand er still und blickte zu Boden. Dann lächelte er dem Reisenden aufmunternd zu und sagte: „Ich war gestern in Ihrer Nähe, als der Kommandant Sie einlud. Ich hörte die Einladung. Ich kenne den Kommandanten. Ich verstand sofort, was er mit der Einladung bezweckte. Trotzdem seine Macht groß genug wäre, um gegen mich einzuschreiten, wagt er es noch nicht, wohl aber will er mich Ihrem, dem Urteil eines angesehenen Fremden aussetzen. Seine Berechnung ist sorgfältig; Sie sind den zweiten Tag auf der Insel, Sie kannten den alten Kommandanten und seinen Gedankenkreis nicht, Sie sind in europäischen Anschauungen befangen, vielleicht sind Sie ein grundsätzlicher Gegner der Todesstrafe im Allgemeinen und einer derartigen maschinellen Hinrichtungsart im Besonderen, Sie sehen überdies, wie die Hinrichtung ohne öffentliche Anteilnahme, traurig, auf einer bereits etwas beschädigten Maschine vor sich geht – wäre es nun, alles dieses zusammengenommen (so denkt der Kommandant), nicht sehr leicht möglich, dass Sie mein Verfahren nicht für richtig halten? Und wenn Sie es nicht für richtig halten, werden Sie dies (ich rede noch immer im Sinne des Kommandanten) nicht verschweigen, denn Sie vertrauen doch gewiss Ihren vielerprobten Überzeugungen. Sie haben allerdings viele Eigentümlichkeiten vieler Völker gesehen und achten gelernt, Sie werden daher wahrscheinlich sich nicht mit ganzer Kraft, wie Sie es vielleicht in Ihrer Heimat tun würden, gegen das Verfahren aussprechen. Aber dessen bedarf der Kommandant gar nicht. Ein flüchtiges, ein bloß unvorsichtiges Wort genügt. Es muss gar nicht Ihrer Überzeugung entsprechen, wenn es nur scheinbar seinem Wunsche entgegenkommt. Dass er Sie mit aller Schlauheit ausfragen wird, dessen bin ich gewiss. Und seine Damen werden im Kreis herumsitzen und die Ohren spitzen; Sie werden etwa sagen: ,Bei uns ist das Gerichtsverfahren ein anderes', oder ,Bei uns wird der Angeklagte vor dem Urteil verhört', oder ,Bei uns gibt es auch andere Strafen als Todesstrafen', oder ,Bei uns gab es Folterungen nur im Mittelalter'. Das alles sind Bemerkungen, die ebenso richtig sind, als sie Ihnen selbstverständlich erscheinen, unschuldige Bemerkungen, die mein Verfahren nicht antasten. Aber wie wird sie der Kommandant aufnehmen? Ich sehe ihn, den guten Kommandanten, wie er sofort den Stuhl beiseiteschiebt und auf den Balkon eilt, ich sehe seine Damen, wie sie ihm nachströmen, ich höre seine Stimme – die Damen nennen sie eine Donnerstimme –, nun, und er spricht: ,Ein großer Forscher des Abendlandes, dazu bestimmt, das Gerichtsverfahren in allen Ländern zu überprüfen, hat eben gesagt, dass unser Verfahren nach altem Brauch ein unmenschliches ist. Nach diesem Urteil einer solchen Persönlichkeit ist es mir natürlich nicht mehr möglich, dieses Verfahren zu dulden. Mit dem heutigen Tage also ordne ich an – und so weiter.' Sie wollen eingreifen, Sie haben nicht das gesagt, was er verkündet, Sie haben mein Verfahren nicht unmenschlich genannt, im Gegenteil, Ihrer tiefen Einsicht entsprechend, halten Sie es für das menschlichste und menschenwürdigste, Sie bewundern auch diese Maschinerie – aber es ist zu spät; Sie kommen gar nicht auf den Balkon, der schon voll Damen ist; Sie wollen sich bemerkbar machen; Sie wollen schreien; aber eine Damenhand hält Ihnen den Mund zu – und ich und das Werk des alten Kommandanten sind verloren."

Der Reisende musste ein Lächeln unterdrücken; so leicht

In der Strafkolonie 61

war also die Aufgabe, die er für so schwer gehalten hatte.
Er sagte ausweichend: „Sie überschätzen meinen Einfluss;
der Kommandant hat mein Empfehlungsschreiben gelesen, er weiß, dass ich kein Kenner der gerichtlichen Verfahren bin. Wenn ich eine Meinung aussprechen würde,
so wäre es die Meinung eines Privatmannes, um nichts
bedeutender als die Meinung eines beliebigen anderen,
und jedenfalls viel bedeutungsloser als die Meinung des
Kommandanten, der in dieser Strafkolonie, wie ich zu
wissen glaube, sehr ausgedehnte Rechte hat. Ist eine Meinung über dieses Verfahren eine so bestimmte, wie Sie
glauben, dann, fürchte ich, ist allerdings das Ende dieses
Verfahrens gekommen, ohne dass es meiner bescheidenen
Mithilfe bedürfte."
Begriff es schon der Offizier? Nein, er begriff noch nicht.
Er schüttelte lebhaft den Kopf, sah kurz nach dem Verurteilten und dem Soldaten zurück, die zusammenzuckten
und vom Reis abließen, ging ganz nahe an den Reisenden
heran, blickte ihm nicht ins Gesicht, sondern irgendwohin
auf seinen Rock und sagte leiser als früher: „Sie kennen
den Kommandanten nicht; Sie stehen ihm und uns allen
– verzeihen Sie den Ausdruck – gewissermaßen harmlos
gegenüber; Ihr Einfluss, glauben Sie mir, kann nicht hoch
genug eingeschätzt werden. Ich war ja glückselig, als ich
hörte, dass Sie allein der Exekution beiwohnen sollten.
Diese Anordnung des Kommandanten sollte mich treffen,
nun aber wende ich sie zu meinen Gunsten. Unabgelenkt
von falschen Einflüsterungen und verächtlichen Blicken
– wie sie bei größerer Teilnahme an der Exekution nicht
hätten vermieden werden können – haben Sie meine Erklärungen angehört, die Maschine gesehen und sind nun
im Begriffe, die Exekution zu besichtigen. Ihr Urteil steht
gewiss schon fest; sollten noch kleine Unsicherheiten bestehen, so wird sie der Anblick der Exekution beseitigen.
Und nun stelle ich an Sie die Bitte: helfen Sie mir gegenüber dem Kommandanten!"
Der Reisende ließ ihn nicht weiterreden. „Wie könnte ich
denn das", rief er aus, „das ist ganz unmöglich. Ich kann
Ihnen ebenso wenig nützen, als ich Ihnen schaden
kann."

62 Verwalteter Horror

„Sie können es", sagte der Offizier. Mit einiger Befürchtung sah der Reisende, dass der Offizier die Fäuste ballte. „Sie können es", wiederholte der Offizier noch dringender. „Ich habe einen Plan, der gelingen muss. Sie glauben, Ihr
5 Einfluss genüge nicht. Ich weiß, dass er genügt. Aber zugestanden, dass Sie Recht haben, ist es denn nicht notwendig, zur Erhaltung dieses Verfahrens alles, selbst das möglicherweise Unzureichende zu versuchen? Hören Sie also meinen Plan. Zu seiner Ausführung ist es vor allem nötig,
10 dass Sie heute in der Kolonie mit Ihrem Urteil über das Verfahren möglichst zurückhalten. Wenn man Sie nicht geradezu fragt, dürfen Sie sich keinesfalls äußern; Ihre Äußerungen aber müssen kurz und unbestimmt sein; man soll merken, dass es Ihnen schwer wird, darüber zu spre-
15 chen, dass Sie verbittert sind, dass Sie, falls Sie offen reden sollten, geradezu in Verwünschungen ausbrechen müssten. Ich verlange nicht, dass Sie lügen sollen; keineswegs; Sie sollen nur kurz antworten, etwa: ‚Ja, ich habe die Exekution gesehen', oder ‚Ja, ich habe alle Erklärungen ge-
20 hört.' Nur das, nichts weiter. Für die Verbitterung, die man Ihnen anmerken soll, ist ja genügend Anlass, wenn auch nicht im Sinne des Kommandanten. Er natürlich wird es vollständig missverstehen und in seinem Sinne deuten. Darauf gründet sich mein Plan. Morgen findet in der
25 Kommandantur unter dem Vorsitz des Kommandanten eine große Sitzung aller höheren Verwaltungsbeamten statt. Der Kommandant hat es natürlich verstanden, aus solchen Sitzungen eine Schaustellung zu machen. Es wurde eine Galerie gebaut, die mit Zuschauern immer besetzt
30 ist. Ich bin gezwungen, an den Beratungen teilzunehmen, aber der Widerwille schüttelt mich. Nun werden Sie gewiss auf jeden Fall zu der Sitzung eingeladen werden; wenn Sie sich heute meinem Plane gemäß verhalten, wird die Einladung zu einer dringenden Bitte werden. Sollten
35 Sie aber aus irgendeinem unerfindlichen Grunde doch nicht eingeladen werden, so müssten Sie allerdings die Einladung verlangen; dass Sie sie dann erhalten, ist zweifellos. Nun sitzen Sie also morgen mit den Damen in der Loge des Kommandanten. Er versichert sich öfters durch
40 Blicke nach oben, dass Sie da sind. Nach verschiedenen

In der Strafkolonie 63

gleichgültigen, lächerlichen, nur für die Zuhörer berechneten Verhandlungsgegenständen – meistens sind es Hafenbauten, immer wieder Hafenbauten! – kommt auch das Gerichtsverfahren zur Sprache. Sollte es vonseiten des Kommandanten nicht oder nicht bald genug geschehen, so werde ich dafür sorgen, dass es geschieht. Ich werde aufstehen und die Meldung von der heutigen Exekution erstatten. Ganz kurz, nur diese Meldung. Eine solche Meldung ist zwar dort nicht üblich, aber ich tue es doch. Der Kommandant dankt mir, wie immer, mit freundlichem Lächeln, und nun, er kann sich nicht zurückhalten, erfasst er die gute Gelegenheit. ‚Es wurde eben‘, so oder ähnlich wird er sprechen, ‚die Meldung von der Exekution erstattet. Ich möchte dieser Meldung nur hinzufügen, dass gerade dieser Exekution der große Forscher beigewohnt hat, von dessen unsere Kolonie so außerordentlich ehrendem Besuch Sie alle wissen. Auch unsere heutige Sitzung ist durch seine Anwesenheit in ihrer Bedeutung erhöht. Wollen wir nun nicht an diesen großen Forscher die Frage richten, wie er die Exekution nach altem Brauch und das Verfahren, das ihr vorausgeht, beurteilt?‘ Natürlich überall Beifallklatschen, allgemeine Zustimmung, ich bin der Lauteste. Der Kommandant verbeugt sich vor Ihnen und sagt: ‚Dann stelle ich im Namen aller die Frage.‘ Und nun treten Sie an die Brüstung. Legen Sie die Hände für alle sichtbar hin, sonst fassen sie die Damen und spielen mit den Fingern. – Und jetzt kommt endlich Ihr Wort. Ich weiß nicht, wie ich die Spannung der Stunden bis dahin ertragen werde. In Ihrer Rede müssen Sie sich keine Schranken setzen, machen Sie mit der Wahrheit Lärm, beugen Sie sich über die Brüstung, brüllen Sie, aber ja, brüllen Sie dem Kommandanten Ihre Meinung, Ihre unerschütterliche Meinung zu. Aber vielleicht wollen Sie das nicht, es entspricht nicht Ihrem Charakter, in Ihrer Heimat verhält man sich vielleicht in solchen Lagen anders, auch das ist richtig, auch das genügt vollkommen, stehen Sie gar nicht auf, sagen Sie nur ein paar Worte, flüstern Sie sie, dass sie gerade noch die Beamten unter Ihnen hören, es genügt, Sie müssen gar nicht selbst von der mangelnden Teilnahme an der Exekution, von dem kreischenden Rad, dem

zerrissenen Riemen, dem widerlichen Filz reden, nein, alles Weitere übernehme ich, und, glauben Sie, wenn meine Rede ihn nicht aus dem Saale jagt, so wird sie ihn auf die Knie zwingen, dass er bekennen muss: Alter Komman-
5 dant, vor dir beuge ich mich. – Das ist mein Plan; wollen Sie mir zu seiner Ausführung helfen? Aber natürlich wollen Sie, mehr als das, Sie müssen." Und der Offizier fasste den Reisenden an beiden Armen und sah ihm schwer atmend ins Gesicht. Die letzten Sätze hatte er so geschrien,
10 dass selbst der Soldat und der Verurteilte aufmerksam geworden waren; trotzdem sie nichts verstehen konnten, hielten sie doch im Essen inne und sahen kauend zum Reisenden hinüber.

Die Antwort, die er zu geben hatte, war für den Reisenden
15 von allem Anfang an zweifellos; er hatte in seinem Leben zu viel erfahren, als dass er hier hätte schwanken können; er war im Grunde ehrlich und hatte keine Furcht. Trotzdem zögerte er jetzt im Anblick des Soldaten und des Verurteilten einen Atemzug lang. Schließlich aber sagte er,
20 wie er musste: „Nein." Der Offizier blinzelte mehrmals mit den Augen, ließ aber keinen Blick von ihm. „Wollen Sie eine Erklärung?", fragte der Reisende. Der Offizier nickte stumm. „Ich bin ein Gegner dieses Verfahrens", sagte nun der Reisende, „noch ehe Sie mich ins Vertrauen
25 zogen – dieses Vertrauen werde ich natürlich unter keinen Umständen missbrauchen – habe ich schon überlegt, ob ich berechtigt wäre, gegen dieses Verfahren einzuschreiten und ob mein Einschreiten auch nur eine kleine Aussicht auf Erfolg haben könnte. An wen ich mich dabei
30 zuerst wenden müsste, war mir klar: an den Kommandanten natürlich. Sie haben es mir noch klarer gemacht, ohne aber etwa meinen Entschluss erst befestigt zu haben, im Gegenteil, Ihre ehrliche Überzeugung geht mir nahe, wenn sie mich auch nicht beirren kann."
35 Der Offizier blieb stumm, wendete sich der Maschine zu, fasste eine der Messingstangen und sah dann, ein wenig zurückgebeugt, zum Zeichner hinauf, als prüfe er, ob alles in Ordnung sei. Der Soldat und der Verurteilte schienen sich miteinander befreundet zu haben; der Verurteilte
40 machte, so schwierig dies bei der festen Einschnallung

In der Strafkolonie 65

durchzuführen war, dem Soldaten Zeichen; der Soldat beugte sich zu ihm; der Verurteilte flüsterte ihm etwas zu, und der Soldat nickte.

Der Reisende ging dem Offizier nach und sagte: „Sie wissen noch nicht, was ich tun will. Ich werde meine Ansicht über das Verfahren dem Kommandanten zwar sagen, aber nicht in einer Sitzung, sondern unter vier Augen; ich werde auch nicht so lange hier bleiben, dass ich irgendeiner Sitzung beigezogen werden könnte; ich fahre schon morgen früh weg oder schiffe mich wenigstens ein." Es sah nicht aus, als ob der Offizier zugehört hätte. „Das Verfahren hat Sie also nicht überzeugt", sagte er für sich und lächelte, wie ein Alter über den Unsinn eines Kindes lächelt und hinter dem Lächeln sein eigenes wirkliches Nachdenken behält.

„Dann ist es also Zeit", sagte er schließlich und blickte plötzlich mit hellen Augen, die irgendeine Aufforderung, irgendeinen Aufruf zur Beteiligung enthielten, den Reisenden an.

„Wozu ist es Zeit?", fragte der Reisende unruhig, bekam aber keine Antwort.

„Du bist frei", sagte der Offizier zum Verurteilten in dessen Sprache. Dieser glaubte es zuerst nicht. „Nun, frei bist du", sagte der Offizier. Zum ersten Mal bekam das Gesicht des Verurteilten wirkliches Leben. War es Wahrheit? War es nur eine Laune des Offiziers, die vorübergehen konnte? Hatte der fremde Reisende ihm Gnade erwirkt? Was war es? So schien sein Gesicht zu fragen. Aber nicht lange. Was immer es sein mochte, er wollte, wenn er durfte, wirklich frei sein und er begann sich zu rütteln, soweit es die Egge erlaubte.

„Du zerreißt mir die Riemen", schrie der Offizier, „sei ruhig! Wir öffnen sie schon." Und er machte sich mit dem Soldaten, dem er ein Zeichen gab, an die Arbeit. Der Verurteilte lachte ohne Worte leise vor sich hin, bald wendete er das Gesicht links zum Offizier, bald rechts zum Soldaten, auch den Reisenden vergaß er nicht.

„Zieh ihn heraus", befahl der Offizier dem Soldaten. Es musste hierbei wegen der Egge einige Vorsicht angewendet werden. Der Verurteilte hatte schon infolge seiner Un-

geduld einige kleine Risswunden auf dem Rücken. Von
jetzt ab kümmerte sich aber der Offizier kaum mehr um
ihn. Er ging auf den Reisenden zu, zog wieder die kleine
Ledermappe hervor, blätterte in ihr, fand schließlich das
Blatt, das er suchte, und zeigte es dem Reisenden. „Lesen
Sie", sagte er. „Ich kann nicht", sagte der Reisende, „ich
sagte schon, ich kann diese Blätter nicht lesen." „Sehen Sie
das Blatt doch genau an", sagte der Offizier und trat neben
den Reisenden, um mit ihm zu lesen. Als auch das nichts
half, fuhr er mit dem kleinen Finger in großer Höhe, als
dürfe das Blatt auf keinen Fall berührt werden, über das
Papier hin, um auf diese Weise dem Reisenden das Lesen
zu erleichtern. Der Reisende gab sich auch Mühe, um wenigstens darin dem Offizier gefällig sein zu können, aber
es war ihm unmöglich. Nun begann der Offizier die Aufschrift zu buchstabieren und dann las er sie noch einmal
im Zusammenhang. „‚Sei gerecht!' – heißt es", sagte er,
„jetzt können Sie es doch lesen." Der Reisende beugte sich
so tief über das Papier, dass der Offizier aus Angst vor
einer Berührung es weiter entfernte; nun sagte der Reisende zwar nichts mehr, aber es war klar, dass er es noch
immer nicht hatte lesen können. „‚Sei gerecht!' – heißt es",
sagte der Offizier nochmals. „Mag sein", sagte der Reisende, „ich glaube es, dass es dort steht." „Nun gut", sagte
der Offizier, wenigstens teilweise befriedigt, und stieg mit
dem Blatt auf die Leiter; er bettete das Blatt mit großer
Vorsicht im Zeichner und ordnete das Räderwerk scheinbar gänzlich um; es war eine sehr mühselige Arbeit, es
musste sich auch um ganz kleine Räder handeln, manchmal verschwand der Kopf des Offiziers völlig im Zeichner,
so genau musste er das Räderwerk untersuchen.
Der Reisende verfolgte von unten diese Arbeit ununterbrochen, der Hals wurde ihm steif, und die Augen
schmerzten ihn von dem mit Sonnenlicht überschütteten
Himmel. Der Soldat und der Verurteilte waren nur miteinander beschäftigt. Das Hemd und die Hose des Verurteilten, die schon in der Grube lagen, wurden vom Soldaten mit der Bajonettspitze herausgezogen, das Hemd war
entsetzlich schmutzig, und der Verurteilte wusch es in
dem Wasserkübel. Als er dann Hemd und Hose anzog,

In der Strafkolonie 67

musste der Soldat wie der Verurteilte laut lachen, denn die Kleidungsstücke waren doch hinten entzweigeschnitten. Vielleicht glaubte der Verurteilte, verpflichtet zu sein, den Soldaten zu unterhalten, er drehte sich in der zerschnittenen Kleidung im Kreise vor dem Soldaten, der auf dem Boden hockte und lachend auf seine Knie schlug. Immerhin bezwangen sie sich noch mit Rücksicht auf die Anwesenheit der Herren.

Als der Offizier oben endlich fertig geworden war, überblickte er noch einmal lächelnd das Ganze in allen seinen Teilen, schlug diesmal den Deckel des Zeichners zu, der bisher offen gewesen war, stieg hinunter, sah in die Grube und dann auf den Verurteilten, merkte befriedigt, dass dieser seine Kleidung herausgenommen hatte, ging dann zu dem Wasserkübel, um die Hände zu waschen, erkannte zu spät den widerlichen Schmutz, war traurig darüber, dass er nun die Hände nicht waschen konnte, tauchte sie schließlich – dieser Ersatz genügte ihm nicht, aber er musste sich fügen – in den Sand, stand dann auf und begann seinen Uniformrock aufzuknöpfen. Hierbei fielen ihm zunächst die zwei Damentaschentücher, die er hinter den Kragen gezwängt hatte, in die Hände. „Hier hast du deine Taschentücher", sagte er und warf sie dem Verurteilten zu. Und zum Reisenden sagte er erklärend: „Geschenke der Damen."

Trotz der offenbaren Eile, mit der er den Uniformrock auszog und sich dann vollständig entkleidete, behandelte er doch jedes Kleidungsstück sehr sorgfältig, über die Silberschnüre an seinem Waffenrock strich er sogar eigens mit den Fingern hin und schüttelte eine Troddel zurecht. Wenig passte es allerdings zu dieser Sorgfalt, dass er, sobald er mit der Behandlung eines Stückes fertig war, es dann sofort mit einem unwilligen Ruck in die Grube warf. Das Letzte, was ihm übrig blieb, war sein kurzer Degen mit dem Tragriemen. Er zog den Degen aus der Scheide, zerbrach ihn, fasste dann alles zusammen, die Degenstücke, die Scheide und den Riemen, und warf es so heftig weg, dass es unten in der Grube aneinanderklang.

Nun stand er nackt da. Der Reisende biss sich auf die Lippen und sagte nichts. Er wusste zwar, was geschehen

68 Verwalteter Horror

würde, aber er hatte kein Recht, den Offizier an irgendetwas zu hindern. War das Gerichtsverfahren, an dem der
Offizier hing, wirklich so nahe daran, behoben zu werden
– möglicherweise infolge des Einschreitens des Reisenden, zu dem sich dieser seinerseits verpflichtet fühlte –,
dann handelte jetzt der Offizier vollständig richtig; der
Reisende hätte an seiner Stelle nicht anders gehandelt.
Der Soldat und der Verurteilte verstanden zuerst nichts,
sie sahen anfangs nicht einmal zu. Der Verurteilte war sehr
erfreut darüber, die Taschentücher zurückerhalten zu haben, aber er durfte sich nicht lange an ihnen freuen, denn
der Soldat nahm sie ihm mit einem raschen, nicht vorher-
zusehenden Griff. Nun versuchte wieder der Verurteilte,
dem Soldaten die Tücher hinter dem Gürtel, hinter dem
er sie verwahrt hatte, hervorzuziehen, aber der Soldat war
wachsam. So stritten sie in halbem Scherz. Erst als der
Offizier vollständig nackt war, wurden sie aufmerksam.
Besonders der Verurteilte schien von der Ahnung irgendeines großen Umschwungs getroffen zu sein. Was
ihm geschehen war, geschah nun dem Offizier. Vielleicht
würde es so bis zum Äußersten gehen. Wahrscheinlich
hatte der fremde Reisende den Befehl dazu gegeben. Das
war also Rache. Ohne selbst bis zum Ende gelitten zu
haben, wurde er doch bis zum Ende gerächt. Ein breites,
lautloses Lachen erschien nun auf seinem Gesicht und
verschwand nicht mehr.
Der Offizier aber hatte sich der Maschine zugewendet.
Wenn es schon früher deutlich gewesen war, dass er die
Maschine gut verstand, so konnte es jetzt einen fast be-
stürzt machen, wie er mit ihr umging und wie sie ge-
horchte. Er hatte die Hand der Egge nur genähert, und sie
hob und senkte sich mehrmals, bis sie die richtige Lage
erreicht hatte, um ihn zu empfangen; er fasste das Bett nur
am Rande, und es fing schon zu zittern an; der Filzstumpf
kam seinem Mund entgegen, man sah, wie der Offizier ihn
eigentlich nicht haben wollte, aber das Zögern dauerte nur
einen Augenblick, gleich fügte er sich und nahm ihn auf.
Alles war bereit, nur die Riemen hingen noch an den Seiten
hinunter, aber sie waren offenbar unnötig, der Offizier
musste nicht angeschnallt sein. Da bemerkte der Verurteil-

In der Strafkolonie 69

te die losen Riemen, seiner Meinung nach war die Exekution nicht vollkommen, wenn die Riemen nicht festgeschnallt waren, er winkte eifrig dem Soldaten, und sie
liefen hin, den Offizier anzuschnallen. Dieser hatte schon
den einen Fuß ausgestreckt, um in die Kurbel zu stoßen, 5
die den Zeichner in Gang bringen sollte; da sah er, dass die
zwei gekommen waren, er zog daher den Fuß zurück und
ließ sich anschnallen. Nun konnte er allerdings die Kurbel
nicht mehr erreichen; weder der Soldat noch der Verurteilte würden sie auffinden, und der Reisende war entschlos- 10
sen, sich nicht zu rühren. Es war nicht nötig; kaum waren
die Riemen angebracht, fing auch schon die Maschine zu
arbeiten an; das Bett zitterte, die Nadeln tanzten auf der
Haut, die Egge schwebte auf und ab. Der Reisende hatte
schon eine Weile hingestarrt, ehe er sich erinnerte, dass ein 15
Rad im Zeichner hätte kreischen sollen; aber alles war still,
nicht das geringste Surren war zu hören.
Durch diese stille Arbeit entschwand die Maschine förmlich
der Aufmerksamkeit. Der Reisende sah zu dem Soldaten
und dem Verurteilten hinüber. Der Verurteilte war der Leb- 20
haftere, alles an der Maschine interessierte ihn, bald beugte
er sich nieder, bald streckte er sich, immerfort hatte er den
Zeigefinger ausgestreckt, um dem Soldaten etwas zu zeigen. Dem Reisenden war es peinlich. Er war entschlossen,
hier bis zum Ende zu bleiben, aber den Anblick der zwei 25
hätte er nicht lange ertragen. „Geht nach Hause", sagte er.
Der Soldat wäre dazu vielleicht bereit gewesen, aber der
Verurteilte empfand den Befehl geradezu als Strafe. Er bat
flehentlich mit gefalteten Händen, ihn hierzulassen, und als
der Reisende kopfschüttelnd nicht nachgeben wollte, knie- 30
te er sogar nieder. Der Reisende sah, dass Befehle hier nichts
halfen, er wollte hinüber und die zwei vertreiben. Da hörte
er oben im Zeichner ein Geräusch. Er sah hinauf. Störte also
das eine Zahnrad doch? Aber es war etwas anderes. Langsam hob sich der Deckel des Zeichners und klappte dann 35
vollständig auf. Die Zacken eines Zahnrades zeigten und
hoben sich, bald erschien das ganze Rad, es war, als presse
irgendeine große Macht den Zeichner zusammen, sodass
für dieses Rad kein Platz mehr übrig blieb, das Rad drehte
sich bis zum Rand des Zeichners, fiel hinunter, kollerte auf- 40

70 Verwalteter Horror

recht ein Stück im Sand und blieb dann liegen. Aber schon
stieg oben ein anderes auf, ihm folgten viele, große, kleine
und kaum zu unterscheidende, mit allen geschah dasselbe,
immer glaubte man, nun müsse der Zeichner jedenfalls
5 schon entleert sein, da erschien eine neue, besonders zahl-
reiche Gruppe, stieg auf, fiel hinunter, kollerte im Sand und
legte sich. Über diesen Vorgang vergaß der Verurteilte ganz
den Befehl des Reisenden, die Zahnräder entzückten ihn
völlig, er wollte immer eines fassen, trieb gleichzeitig den
10 Soldaten an, ihm zu helfen, zog aber erschreckt die Hand
zurück, denn es folgte gleich ein anderes Rad, das ihn, wenigstens im ersten Anrollen, erschreckte.
Der Reisende dagegen war sehr beunruhigt; die Maschine
ging offenbar in Trümmer; ihr ruhiger Gang war eine Täu-
15 schung; er hatte das Gefühl, als müsse er sich jetzt des
Offiziers annehmen, da dieser nicht mehr für sich selbst
sorgen konnte. Aber während der Fall der Zahnräder seine
ganze Aufmerksamkeit beanspruchte, hatte er versäumt,
die übrige Maschine zu beaufsichtigen; als er jedoch jetzt,
20 nachdem das letzte Zahnrad den Zeichner verlassen hatte,
sich über die Egge beugte, hatte er eine neue, noch ärgere
Überraschung. Die Egge schrieb nicht, sie stach nur, und
das Bett wälzte den Körper nicht, sondern hob ihn nur
zitternd in die Nadeln hinein. Der Reisende wollte eingrei-
25 fen, möglicherweise das Ganze zum Stehen bringen, das
war ja keine Folter, wie sie der Offizier erreichen wollte,
das war unmittelbarer Mord. Er streckte die Hände aus.
Da hob sich aber schon die Egge mit dem aufgespießten
Körper zur Seite, wie sie es sonst erst in der zwölften Stun-
30 de tat. Das Blut floss in hundert Strömen, nicht mit Wasser
vermischt, auch die Wasserröhrchen hatten diesmal versagt. Und nun versagte noch das Letzte, der Körper löste
sich von den langen Nadeln nicht, strömte sein Blut aus,
hing aber über der Grube, ohne zu fallen. Die Egge wollte
35 schon in ihre alte Lage zurückkehren, aber als merke sie
selbst, dass sie von ihrer Last noch nicht befreit sei, blieb
sie doch über der Grube. „Helft doch!", schrie der Reisende zum Soldaten und zum Verurteilten hinüber und fasste
selbst die Füße des Offiziers. Er wollte sich hier gegen die
40 Füße drücken, die zwei sollten auf der anderen Seite den

In der Strafkolonie 71

Kopf des Offiziers fassen, und so sollte er langsam von den
Nadeln gehoben werden. Aber nun konnten sich die zwei
nicht entschließen zu kommen; der Verurteilte drehte sich
geradezu um; der Reisende musste zu ihnen hinübergehen
und sie mit Gewalt zu dem Kopf des Offiziers drängen. 5
Hierbei sah er fast gegen Willen das Gesicht der Leiche. Es
war, wie es im Leben gewesen war; kein Zeichen der ver-
sprochenen Erlösung war zu entdecken; was alle anderen
in der Maschine gefunden hatten, der Offizier fand es
nicht; die Lippen waren fest zusammengedrückt, die Au- 10
gen waren offen, hatten den Ausdruck des Lebens, der
Blick war ruhig und überzeugt, durch die Stirn ging die
Spitze des großen eisernen Stachels.

Als der Reisende, mit dem Soldaten und dem Verurteilten 15
hinter sich, zu den ersten Häusern der Kolonie kam, zeigte
der Soldat auf eins und sagte: „Hier ist das Teehaus."
Im Erdgeschoss eines Hauses war ein tiefer, niedriger,
höhlenartiger, an den Wänden und an der Decke verräu-
cherter Raum. Gegen die Straße zu war er in seiner ganzen 20
Breite offen. Trotzdem sich das Teehaus von den übrigen
Häusern der Kolonie, die bis auf die Palastbauten der
Kommandantur alle sehr verkommen waren, wenig unterschied, übte es auf den Reisenden doch den Eindruck
einer historischen Erinnerung aus, und er fühlte die Macht 25
der früheren Zeiten. Er trat näher heran, ging, gefolgt von
seinen Begleitern, zwischen den unbesetzten Tischen hindurch, die vor dem Teehaus auf der Straße standen, und
atmete die kühle, dumpfige Luft ein, die aus dem Innern
kam. „Der Alte ist hier begraben", sagte der Soldat, „ein 30
Platz auf dem Friedhof ist ihm vom Geistlichen verwei-
gert worden. Man war eine Zeitlang unentschlossen, wo
man ihn begraben sollte, schließlich hat man ihn hier begraben. Davon hat Ihnen der Offizier gewiss nichts er-
zählt, denn dessen hat er sich natürlich am meisten ge- 35
schämt. Er hat sogar einige Mal in der Nacht versucht, den
Alten auszugraben, er ist aber immer verjagt worden."
„Wo ist das Grab?", fragte der Reisende, der dem Soldaten
nicht glauben konnte. Gleich liefen beide, der Soldat wie
der Verurteilte, vor ihm her und zeigten mit ausgestreck- 40

ten Händen dorthin, wo sich das Grab befinden sollte. Sie
führten den Reisenden bis zur Rückwand, wo an einigen
Tischen Gäste saßen. Es waren wahrscheinlich Hafenar-
beiter, starke Männer mit kurzen, glänzend schwarzen
Vollbärten. Alle waren ohne Rock, ihre Hemden waren
zerrissen, es war armes, gedemütigtes Volk. Als sich der
Reisende näherte, erhoben sich einige, drückten sich an
die Wand und sahen ihm entgegen. „Es ist ein Fremder",
flüsterte es um den Reisenden herum, „er will das Grab
ansehen." Sie schoben einen der Tische beiseite, unter dem
sich wirklich ein Grabstein befand. Es war ein einfacher
Stein, niedrig genug, um unter einem Tisch verborgen
werden zu können. Er trug eine Aufschrift mit sehr kleinen Buchstaben, der Reisende musste, um sie zu lesen,
niederknien. Sie lautete: „Hier ruht der alte Kommandant.
Seine Anhänger, die jetzt keinen Namen tragen dürfen,
haben ihm das Grab gegraben und den Stein gesetzt. Es
besteht eine Prophezeiung, dass der Kommandant nach
einer bestimmten Anzahl von Jahren auferstehen und aus
diesem Hause seine Anhänger zur Wiedereroberung der
Kolonie führen wird. Glaubet und wartet!" Als der Reisende das gelesen hatte und sich erhob, sah er rings um
sich die Männer stehen und lächeln, als hätten sie mit ihm
die Aufschrift gelesen, sie lächerlich gefunden und forder-
ten ihn auf, sich ihrer Meinung anzuschließen. Der Reisende tat, als merke er das nicht, verteilte einige Münzen
unter sie, wartete noch, bis der Tisch über das Grab geschoben war, verließ das Teehaus und ging zum Hafen.
Der Soldat und der Verurteilte hatten im Teehaus Bekannte gefunden, die sie zurückhielten. Sie mussten sich aber
bald von ihnen losgerissen haben, denn der Reisende befand sich erst in der Mitte der langen Treppe, die zu den
Booten führte, als sie ihm schon nachliefen. Sie wollten
wahrscheinlich den Reisenden im letzten Augenblick
zwingen, sie mitzunehmen. Während der Reisende unten
mit einem Schiffer wegen der Überfahrt zum Dampfer
unterhandelte, rasten die zwei die Treppe hinab, schwei-
gend, denn zu schreien wagten sie nicht. Aber als sie unten
ankamen, war der Reisende schon im Boot, und der Schiffer löste es gerade vom Ufer. Sie hätten noch ins Boot

springen können, aber der Reisende hob ein schweres, geknotetes Tau vom Boden, drohte ihnen damit und hielt sie dadurch von dem Sprunge ab.

Die Truppenaushebung

Die Truppenaushebungen, die oft nötig sind, denn die Grenzkämpfe hören niemals auf, finden auf folgende Weise statt:
Es ergeht der Auftrag, dass an einem bestimmten Tag in einem bestimmten Stadtteil alle Einwohner, Männer, Frauen, Kinder ohne Unterschied, in ihren Wohnungen bleiben müssen. Meist erst gegen Mittag erscheint am Eingang des Stadtteils, wo eine Soldatenabteilung, Fußsoldaten und Berittene, schon seit der Morgendämmerung wartet, der junge Adelige, der die Aushebung vornehmen soll. Es ist ein junger Mann, schmal, nicht groß, schwach, nachlässig angezogen, mit müden Augen. Unruhe überläuft ihn immerfort, wie einen Kranken das Frösteln. Ohne jemanden anzuschaun, macht er mit einer Peitsche, die seine ganze Ausrüstung bildet, ein Zeichen, einige Soldaten schließen sich ihm an und er betritt das erste Haus. Ein Soldat, der alle Einwohner dieses Stadtteils persönlich kennt, verliest das Verzeichnis der Hausgenossen. Gewöhnlich sind alle da, stehn schon in einer Reihe in der Stube, hängen mit den Augen an dem Adeligen, als seien sie schon Soldaten. Es kann aber auch geschehn, dass hie und da einer, immer sind das nur Männer, fehlt. Dann wird niemand eine Ausrede oder gar eine Lüge vorzubringen wagen, man schweigt, man senkt die Augen, man erträgt kaum den Druck des Befehles, gegen den man sich in diesem Haus vergangen hat, aber die stumme Gegenwart des Adeligen hält doch alle auf ihren Plätzen. Der Adelige gibt ein Zeichen, es ist nicht einmal ein Kopfnicken, es ist nur von den Augen abzulesen und zwei Soldaten fangen den Fehlenden zu suchen an. Das gibt gar keine Mühe. Niemals ist er außerhalb des Hauses, niemals beabsichtigt er, sich wirklich dem Truppendienst zu entziehn, nur aus Angst ist er nicht gekommen, aber es ist

74 Verwalteter Horror

auch nicht Angst vor dem Dienst, die ihn abhält, es ist
überhaupt Scheu davor, sich zu zeigen, der Befehl ist für
ihn förmlich zu groß, anstrengend groß, er kann nicht aus
eigener Kraft kommen. Aber deshalb flüchtet er nicht, er
5 versteckt sich bloß, und wenn er hört, dass der Adelige im
Haus ist, schleicht er sich wohl auch noch aus dem Versteck, schleicht zur Tür der Stube und wird sofort von den
heraustretenden Soldaten gepackt. Er wird vor den Adeligen geführt, der die Peitsche mit beiden Händen fasst –
10 er ist so schwach, mit einer Hand würde er gar nichts
ausrichten – und den Mann prügelt. Große Schmerzen
verursacht das kaum, dann lässt er halb aus Erschöpfung,
halb in Widerwillen die Peitsche fallen, der Geprügelte hat
sie aufzuheben und ihm zu reichen. Dann erst darf er in
15 die Reihe der Übrigen treten; es ist übrigens fast sicher,
dass er nicht assentiert[1] werden wird. Es geschieht aber
auch, und dieses ist häufiger, dass mehr Leute da sind, als
in dem Verzeichnis stehn. Ein fremdes Mädchen ist zum
Beispiel da und blickt den Adeligen an, sie ist von aus-
20 wärts, vielleicht aus der Provinz, die Truppenaushebung
hat sie hergelockt, es gibt viele Frauen, die der Verlockung
einer solchen fremden Aushebung – die häusliche hat eine
ganz andere Bedeutung – nicht widerstehn können. Und
es ist merkwürdig, es wird nichts Schimpfliches darin ge-
25 sehn, wenn eine Frau dieser Verlockung nachgibt, im Gegenteil, es ist irgendetwas, das nach der Meinung mancher
die Frauen durchmachen müssen, es ist eine Schuld, die
sie ihrem Geschlecht abzahlen. Es verläuft auch immer
gleichartig. Das Mädchen oder die Frau hört, dass irgend-
30 wo, vielleicht sehr weit, bei Verwandten oder Freunden,
Aushebung ist, sie bittet ihre Angehörigen um die Bewil-
ligung der Reise, man willigt ein, das kann man nicht
verweigern, sie zieht das Beste an, was sie hat, ist fröh-
licher als sonst, dabei ruhig und freundlich, gleichgültig
35 wie sie auch sonst sein mag, und hinter aller Ruhe und
Freundlichkeit unzugänglich wie etwa eine völlig Fremde, die in ihre Heimat fährt und nun an nichts anderes
mehr denkt. In der Familie, wo die Aushebung stattfinden

---

[1] (österr. veraltet) auf Militärdiensttauglichkeit hin untersuchen

soll, wird sie ganz anders empfangen als ein gewöhnlicher
Gast, alles umschmeichelt sie, alle Räume des Hauses
muss sie durchgehn, aus allen Fenstern sich beugen, und
legt sie jemandem die Hand auf den Kopf, ist es mehr als
der Segen des Vaters. Wenn sich die Familie zur Aushebung bereit macht, bekommt sie den besten Platz, das ist
der in der Nähe der Tür, wo sie vom Adeligen am besten
gesehn wird und am besten ihn sehen wird. So geehrt ist
sie aber nur bis zum Eintritt des Adeligen, von da an ver-
blüht sie förmlich. Er sieht sie ebenso wenig an wie die
andern, und selbst wenn er die Augen auf jemanden rich-
tet, fühlt sich dieser nicht angesehn. Das hat sie nicht erwartet oder vielmehr, sie hat es bestimmt erwartet, denn
es kann nicht anders sein, aber es war auch nicht die Er-
wartung des Gegenteils, die sie hergetrieben hat, es war
bloß etwas, das jetzt allerdings zu Ende ist. Scham fühlt
sie in einem Maße, wie sie vielleicht unsere Frauen niemals sonst fühlen, erst jetzt merkt sie eigentlich, dass sie
sich zu einer fremden Aushebung gedrängt hat, und wenn
der Soldat das Verzeichnis vorgelesen hat, ihr Name nicht
vorkam und einen Augenblick Stille ist, flüchtet sie zitternd und gebückt aus der Tür und bekommt noch einen
Faustschlag des Soldaten in den Rücken.
Ist es ein Mann, der überzählig ist, so will er nichts anderes als eben, obwohl er nicht in dieses Haus gehört, doch
mit ausgehoben werden. Auch das ist ja völlig aussichts-
los, niemals ist ein solcher Überzähliger ausgehoben worden und niemals wird etwas Derartiges geschehn.

Der Schlag ans Hoftor

Es war im Sommer, ein heißer Tag. Ich kam auf dem Nach-
hauseweg mit meiner Schwester an einem Hoftor vorüber.
Ich weiß nicht, schlug sie aus Mutwillen ans Tor oder aus
Zerstreutheit oder drohte sie nur mit der Faust und schlug
gar nicht. Hundert Schritte weiter an der nach links sich
wendenden Landstraße begann das Dorf. Wir kannten es
nicht, aber gleich nach dem ersten Haus kamen Leute hervor und winkten uns, freundschaftlich oder warnend,

76 Verwalteter Horror

selbst erschrocken, gebückt vor Schrecken. Sie zeigten nach
dem Hof, an dem wir vorübergekommen waren, und erin-
nerten uns an den Schlag ans Tor. Die Hofbesitzer werden
uns verklagen, gleich werde die Untersuchung beginnen.
5 Ich war sehr ruhig und beruhigte auch meine Schwester.
Sie hatte den Schlag wahrscheinlich gar nicht getan, und
hätte sie ihn getan, so wird deswegen nirgends auf der Welt
ein Beweis geführt. Ich suchte das auch den Leuten um uns
begreiflich zu machen, sie hörten mich an, enthielten sich
10 aber eines Urteils. Später sagten sie, nicht nur meine
Schwester, auch ich als Bruder werde angeklagt werden.
Ich nickte lächelnd. Alle blickten wir zum Hofe zurück, wie
man eine ferne Rauchwolke beobachtet und auf die Flam-
me wartet. Und wirklich, bald sahen wir Reiter ins weit
15 offene Hoftor einreiten. Staub erhob sich, verhüllte alles,
nur die Spitzen der hohen Lanzen blinkten. Und kaum war
die Truppe im Hof verschwunden, schien sie gleich die
Pferde gewendet zu haben und war auf dem Wege zu uns.
Ich drängte meine Schwester fort, ich werde alles allein ins
20 Reine bringen. Sie weigerte sich, mich allein zu lassen. Ich
sagte, sie solle sich aber wenigstens umkleiden, um in
einem besseren Kleid vor die Herren zu treten. Endlich
folgte sie und machte sich auf den langen Weg nach Hause.
Schon waren die Reiter bei uns, noch von den Pferden he-
25 rab fragten sie nach meiner Schwester. Sie ist augenblick-
lich nicht hier, wurde ängstlich geantwortet, werde aber
später kommen. Die Antwort wurde fast gleichgültig aufgenommen; wichtig schien vor allem, dass sie mich gefunden hatten. Es waren hauptsächlich zwei Herren, der Rich-
30 ter, ein junger, lebhafter Mann, und sein stiller Gehilfe, der
Aßmann genannt wurde. Ich wurde aufgefordert, in die
Bauernstube einzutreten. Langsam, den Kopf wiegend, an
den Hosenträgern rückend, setzte ich mich unter den
scharfen Blicken der Herren in Gang. Noch glaubte ich fast,
35 ein Wort werde genügen, um mich, den Städter, sogar noch
unter Ehren, aus diesem Bauernvolk zu befreien. Aber als
ich die Schwelle der Stube überschritten hatte, sagte der
Richter, der vorgesprungen war und mich schon erwartete:
„Dieser Mann tut mir leid." Es war aber über allem Zweifel,
40 dass er damit nicht meinen gegenwärtigen Zustand meinte,

sondern das, was mit mir geschehen würde. Die Stube sah einer Gefängniszelle ähnlicher als einer Bauernstube. Große Steinfliesen, dunkel, ganz kahle Wand, irgendwo eingemauert ein eiserner Ring, in der Mitte etwas, das halb Pritsche, halb Operationstisch war.

Könnte ich noch andere Luft schmecken als die des Gefängnisses? Das ist die große Frage oder vielmehr, sie wäre es, wenn ich noch Aussicht auf Entlassung hätte.

Fürsprecher

Es war sehr unsicher, ob ich Fürsprecher hatte, ich konnte nichts Genaues darüber erfahren, alle Gesichter waren abweisend, die meisten Leute, die mir entgegenkamen und die ich wieder und wieder auf den Gängen traf, sahen wie alte dicke Frauen aus, sie hatten große, den ganzen Körper bedeckende, dunkelblau und weiß gestreifte Schürzen, strichen sich den Bauch und drehten sich schwerfällig hin und her. Ich konnte nicht einmal erfahren, ob wir in einem Gerichtsgebäude waren. Manches sprach dafür, vieles dagegen. Über alle Einzelheiten hinweg erinnerte mich am meisten an ein Gericht ein Dröhnen, das unaufhörlich aus der Ferne zu hören war, man konnte nicht sagen, aus welcher Richtung es kam, es erfüllte so sehr alle Räume, dass man annehmen konnte, es komme von überall oder, was noch richtiger schien, gerade der Ort, wo man zufällig stand, sei der eigentliche Ort dieses Dröhnens, aber gewiss war das eine Täuschung, denn es kam aus der Ferne. Diese Gänge, schmal, einfach überwölbt, in langsamen Wendungen geführt, mit sparsam geschmückten hohen Türen, schienen sogar für tiefe Stille geschaffen, es waren die Gänge eines Museums oder einer Bibliothek. Wenn es aber kein Gericht war, warum forschte ich dann hier nach einem Fürsprecher? Weil ich überall einen Fürsprecher suchte, überall ist er nötig, ja man braucht ihn weniger bei Gericht als anderswo, denn das Gericht spricht sein Urteil nach dem Gesetz, sollte man annehmen. Sollte man annehmen, dass es hierbei ungerecht oder leichtfertig vorgehe, wäre ja kein Leben

möglich, man muss zum Gericht das Zutrauen haben,
dass es der Majestät des Gesetzes freien Raum gibt, denn
das ist seine einzige Aufgabe, im Gesetz selbst aber ist
alles Anklage, Fürspruch und Urteil, das selbständige
5 Sicheinmischen eines Menschen hier wäre Frevel. Anders
aber verhält es sich mit dem Tatbestand eines Urteils, dieser gründet sich auf Erhebungen hier und dort, bei Verwandten und Fremden, bei Freunden und Feinden, in der
Familie und in der Öffentlichkeit, in Stadt und Dorf, kurz
10 überall. Hier ist es dringend nötig, Fürsprecher zu haben,
Fürsprecher in Mengen, die besten Fürsprecher, einen eng
neben dem andern, eine lebende Mauer, denn die Fürsprecher sind ihrer Natur nach schwer beweglich, die Anklä-
ger aber, diese schlauen Füchse, diese flinken Wiesel, die
15 unsichtbaren Mäuschen, schlüpfen durch die kleinsten
Lücken, huschen zwischen den Beinen der Fürsprecher
durch. Also Achtung! Deshalb bin ich ja hier, ich sammle
Fürsprecher. Aber ich habe noch keinen gefunden, nur
diese alten Frauen kommen und gehen, immer wieder;
20 wäre ich nicht auf der Suche, es würde mich einschläfern.
Ich bin nicht am richtigen Ort, leider kann ich mich dem
Eindruck nicht verschließen, dass ich nicht am richtigen
Ort bin. Ich müsste an einem Ort sein, wo vielerlei Menschen zusammenkommen, aus verschiedenen Gegenden,
25 aus allen Ständen, aus allen Berufen, verschiedenen Al-
ters, ich müsste die Möglichkeit haben, die Tauglichen, die
Freundlichen, die, welche einen Blick für mich haben, vorsichtig auszuwählen aus einer Menge. Am besten wäre
dazu vielleicht ein großer Jahrmarkt geeignet. Stattdessen
30 treibe ich mich auf diesen Gängen umher, wo nur diese
alten Frauen zu sehn sind, und auch von ihnen nicht viele,
und immerfort die gleichen und selbst diese wenigen,
trotz ihrer Langsamkeit, lassen sich von mir nicht stellen,
entgleiten mir, schweben wie Regenwolken, sind von un-
35 bekannten Beschäftigungen ganz in Anspruch genommen. Warum eile ich denn blindlings in ein Haus, lese
nicht die Aufschrift über dem Tor, bin gleich auf den Gängen, setze mich hier mit solcher Verbohrtheit fest, dass ich
mich gar nicht erinnern kann, jemals vor dem Haus gewe-
40 sen, jemals die Treppen hinaufgelaufen zu sein. Zurück

aber darf ich nicht, diese Zeitversäumnis, dieses Einge-
stehn eines Irrwegs wäre mir unerträglich. Wie? In diesem
kurzen, eiligen, von einem ungeduldigen Dröhnen beglei-
teten Leben eine Treppe hinunterlaufen? Das ist unmöglich. Die dir zugemessene Zeit ist so kurz, dass du, wenn 5
du eine Sekunde verlierst, schon dein ganzes Leben verloren hast, denn es ist nicht länger, es ist immer nur so
lang, wie die Zeit, die du verlierst. Hast du also einen Weg
begonnen, setze ihn fort, unter allen Umständen, du
kannst nur gewinnen, du läufst keine Gefahr, vielleicht 10
wirst du am Ende abstürzen, hättest du aber schon nach
den ersten Schritten dich zurückgewendet und wärest die
Treppe hinuntergelaufen, wärst du gleich am Anfang ab-
gestürzt und nicht vielleicht, sondern ganz gewiss. Findest du also nichts hier auf den Gängen, öffne die Türen, 15
findest du nichts hinter diesen Türen, gibt es neue Stock-
werke, findest du oben nichts, es ist keine Not, schwinge
dich neue Treppen hinauf. Solange du nicht zu steigen
aufhörst, hören die Stufen nicht auf, unter deinen stei-
genden Füßen wachsen sie aufwärts.

Anpassung und ewiges Außenseitertum

Ein Bericht für eine Akademie

Hohe Herren von der Akademie!

Sie erweisen mir die Ehre, mich aufzufordern, der Akademie einen Bericht über mein äffisches Vorleben einzureichen.

5 In diesem Sinne kann ich leider der Aufforderung nicht nachkommen. Nahezu fünf Jahre trennen mich vom Affentum, eine Zeit, kurz vielleicht am Kalender gemessen, unendlich lang aber durchzugaloppieren, so wie ich es getan habe, streckenweise begleitet von vortrefflichen

10 Menschen, Ratschlägen, Beifall und Orchestralmusik, aber im Grunde allein, denn alle Begleitung hielt sich, um im Bilde zu bleiben, weit vor der Barriere. Diese Leistung wäre unmöglich gewesen, wenn ich eigensinnig hätte an meinem Ursprung, an den Erinnerungen der Jugend fest-

15 halten wollen. Gerade Verzicht auf jeden Eigensinn war das oberste Gebot, das ich mir auferlegt hatte; ich, freier Affe, fügte mich diesem Joch. Dadurch verschlossen sich mir aber ihrerseits die Erinnerungen immer mehr. War mir zuerst die Rückkehr, wenn die Menschen gewollt hätten,

20 freigestellt durch das ganze Tor, das der Himmel über der Erde bildet, wurde es gleichzeitig mit meiner vorwärtsgepeitschten Entwicklung immer niedriger und enger; wohler und eingeschlossener fühlte ich mich in der Menschenwelt; der Sturm, der mir aus meiner Vergangenheit

25 nachblies, sänftigte sich; heute ist es nur ein Luftzug, der mir die Fersen kühlt; und das Loch in der Ferne, durch das er kommt und durch das ich einstmals kam, ist so klein geworden, dass ich, wenn überhaupt die Kräfte und der Wille hinreichen würden, um bis dorthin zurückzulaufen,

30 das Fell vom Leib mir schinden müsste, um durchzukommen. Offen gesprochen, so gerne ich auch Bilder wähle für diese Dinge, offen gesprochen: Ihr Affentum, meine Herren, sofern Sie etwas Derartiges hinter sich haben, kann Ihnen nicht ferner sein als mir das meine. An der

35 Ferse aber kitzelt es jeden, der hier auf Erden geht: den

Ein Bericht für eine Akademie 81

kleinen Schimpansen wie den großen Achilles[1]. In einge-
schränktestem Sinn aber kann ich doch vielleicht Ihre An-
frage beantworten und ich tue es sogar mit großer Freude.
Das Erste, was ich lernte, war: den Handschlag geben;
Handschlag bezeugt Offenheit; mag nun heute, wo ich auf
dem Höhepunkt meiner Laufbahn stehe, zu jenem ersten
Handschlag auch das offene Wort hinzukommen. Es wird
für die Akademie nichts wesentlich Neues beibringen und
weit hinter dem zurückbleiben, was man von mir verlangt
hat und was ich beim besten Willen nicht sagen kann – immerhin, es soll die Richtlinie zeigen, auf welcher ein ge-
wesener Affe in die Menschenwelt eingedrungen ist und
sich dort festgesetzt hat. Doch dürfte ich selbst das Geringfügige, was folgt, gewiss nicht sagen, wenn ich meiner
nicht völlig sicher wäre und meine Stellung auf allen
großen Varietébühnen der zivilisierten Welt sich nicht bis
zur Unerschütterlichkeit gefestigt hätte:
Ich stamme von der Goldküste[2]. Darüber, wie ich eingefangen wurde, bin ich auf fremde Berichte angewiesen.
Eine Jagdexpedition der Firma Hagenbeck[3] – mit dem
Führer habe ich übrigens seither schon manche gute Flasche Rotwein geleert – lag im Ufergebüsch auf dem An-
stand, als ich am Abend inmitten eines Rudels zur Tränke
lief. Man schoss; ich war der Einzige, der getroffen wurde;
ich bekam zwei Schüsse.
Einen in die Wange; der war leicht; hinterließ aber eine
große ausrasierte rote Narbe, die mir den widerlichen,
ganz und gar unzutreffenden, förmlich von einem Affen
erfundenen Namen Rotpeter eingetragen hat, so als unterschiede ich mich von dem unlängst krepierten, hie und
da bekannten, dressierten Affentier Peter nur durch den
roten Fleck auf der Wange. Dies nebenbei.
Der zweite Schuss traf mich unterhalb der Hüfte. Er war
schwer, er hat es verschuldet, dass ich noch heute ein we-

---

[1] Figur aus der griechischen Mythologie; am ganzen Körper unver-
wundbar, außer an seiner Ferse
[2] Küstengebiet am Golf von Guinea und Ghana; benannt nach dem
Gold, das im Hinterland gefunden wurde
[3] Hamburger Tierhändler, gründete einen Tierpark und einen Zirkus

nig hinke. Letzthin las ich in einem Aufsatz irgendeines der zehntausend Windhunde, die sich in den Zeitungen über mich auslassen: meine Affennatur sei noch nicht ganz unterdrückt; Beweis dessen sei, dass ich, wenn Besucher kommen, mit Vorliebe die Hosen ausziehe, um die Einlaufstelle des Schusses zu zeigen. Dem Kerl sollte jedes Fingerchen seiner schreibenden Hand einzeln weggeknallt werden. Ich, ich darf meine Hosen ausziehen, vor wem es mir beliebt; man wird dort nichts finden als einen wohlgepflegten Pelz und die Narbe nach einem – wählen wir hier zu einem bestimmten Zwecke ein bestimmtes Wort, das aber nicht missverstanden werden wolle – die Narbe nach einem frevelhaften Schuss. Alles liegt offen zutage; nichts ist zu verbergen; kommt es auf Wahrheit an, wirft jeder Großgesinnte die allerfeinsten Manieren ab. Würde dagegen jener Schreiber die Hosen ausziehen, wenn Besuch kommt, so hätte dies allerdings ein anderes Ansehen, und ich will es als Zeichen der Vernunft gelten lassen, dass er es nicht tut. Aber dann mag er mir auch mit seinem Zartsinn vom Halse bleiben!

Nach jenen Schüssen erwachte ich – und hier beginnt allmählich meine eigene Erinnerung – in einem Käfig im Zwischendeck des Hagenbeck'schen Dampfers. Es war kein vierwandiger Gitterkäfig; vielmehr waren nur drei Wände an einer Kiste festgemacht; die Kiste also bildete die vierte Wand. Das Ganze war zu niedrig zum Aufrechtstehen und zu schmal zum Niedersitzen. Ich hockte deshalb mit eingebogenen, ewig zitternden Knien, und zwar, da ich zunächst wahrscheinlich niemanden sehen und immer nur im Dunkeln sein wollte, zur Kiste gewendet, während sich mir hinten die Gitterstäbe ins Fleisch einschnitten. Man hält eine solche Verwahrung wilder Tiere in der allerersten Zeit für vorteilhaft, und ich kann heute nach meiner Erfahrung nicht leugnen, dass dies im menschlichen Sinn tatsächlich der Fall ist.

Daran dachte ich aber damals nicht. Ich war zum ersten Mal in meinem Leben ohne Ausweg; zumindest geradeaus ging es nicht; geradeaus vor mir war die Kiste, Brett fest an Brett gefügt. Zwar war zwischen den Brettern eine durchlaufende Lücke, die ich, als ich sie zuerst entdeckte,

Ein Bericht für eine Akademie 83

mit dem glückseligen Heulen des Unverstandes begrüßte,
aber diese Lücke reichte bei weitem nicht einmal zum
Durchstecken des Schwanzes aus und war mit aller Affen-
kraft nicht zu verbreitern.
Ich soll, wie man mir später sagte, ungewöhnlich wenig
Lärm gemacht haben, woraus man schloss, dass ich entweder bald eingehen müsse oder dass ich, falls es mir
gelingt, die erste kritische Zeit zu überleben, sehr dressur-
fähig sein werde. Ich überlebte diese Zeit. Dumpfes
Schluchzen, schmerzhaftes Flöhesuchen, müdes Lecken
einer Kokosnuss, Beklopfen der Kistenwand mit dem
Schädel, Zungenblecken, wenn mir jemand nahe kam –
das waren die ersten Beschäftigungen in dem neuen Leben. In alledem aber doch nur das eine Gefühl: kein Ausweg. Ich kann natürlich das damals affenmäßig Gefühlte
heute nur mit Menschenworten nachzeichnen und ver-
zeichne es infolgedessen, aber wenn ich auch die alte Af-
fenwahrheit nicht mehr erreichen kann, wenigstens in der
Richtung meiner Schilderung liegt sie, daran ist kein
Zweifel.
Ich hatte doch so viele Auswege bisher gehabt und nun
keinen mehr. Ich war festgerannt. Hätte man mich an-
genagelt, meine Freizügigkeit wäre dadurch nicht kleiner
geworden. Warum das? Kratz dir das Fleisch zwischen
den Fußzehen auf, du wirst den Grund nicht finden. Drück
dich hinten gegen die Gitterstange, bis sie dich fast zwei-
teilt, du wirst den Grund nicht finden. Ich hatte keinen
Ausweg, musste mir ihn aber verschaffen, denn ohne ihn
konnte ich nicht leben. Immer an dieser Kistenwand – ich
wäre unweigerlich verreckt. Aber Affen gehören bei Hagenbeck an die Kistenwand – nun, so hörte ich auf, Affe
zu sein. Ein klarer, schöner Gedankengang, den ich irgendwie mit dem Bauch ausgeheckt haben muss, denn
Affen denken mit dem Bauch.
Ich habe Angst, dass man nicht genau versteht, was ich
unter Ausweg verstehe. Ich gebrauche das Wort in seinem
gewöhnlichsten und vollsten Sinn. Ich sage absichtlich
nicht Freiheit. Ich meine nicht dieses große Gefühl der
Freiheit nach allen Seiten. Als Affe kannte ich es vielleicht
und ich habe Menschen kennengelernt, die sich danach

sehnen. Was mich aber anlangt, verlangte ich Freiheit weder damals noch heute. Nebenbei: Mit Freiheit betrügt man sich unter Menschen allzu oft. Und so wie die Freiheit zu den erhabensten Gefühlen zählt, so auch die entsprechende Täuschung zu den erhabensten. Oft habe ich in den Varietés[1] vor meinem Auftreten irgendein Künstlerpaar oben an der Decke an Trapezen hantieren sehen. Sie schwangen sich, sie schaukelten, sie sprangen, sie schwebten einander in die Arme, einer trug den anderen an den Haaren mit dem Gebiss. ‚Auch das ist Menschenfreiheit‘, dachte ich, ‚selbstherrliche Bewegung.‘ Du Verspottung der heiligen Natur! Kein Bau würde standhalten vor dem Gelächter des Affentums bei diesem Anblick.

Nein, Freiheit wollte ich nicht. Nur einen Ausweg; rechts, links, wohin immer; ich stellte keine anderen Forderungen; sollte der Ausweg auch nur eine Täuschung sein; die Forderung war klein, die Täuschung würde nicht größer sein. Weiterkommen, weiterkommen! Nur nicht mit aufgehobenen Armen stillestehen, angedrückt an eine Kistenwand.

Heute sehe ich klar: Ohne größte innere Ruhe hätte ich nie entkommen können. Und tatsächlich verdanke ich vielleicht alles, was ich geworden bin, der Ruhe, die mich nach den ersten Tagen dort im Schiff überkam. Die Ruhe wiederum aber verdankte ich wohl den Leuten vom Schiff.

Es sind gute Menschen, trotz allem. Gerne erinnere ich mich noch heute an den Klang ihrer schweren Schritte, der damals in meinem Halbschlaf widerhallte. Sie hatten die Gewohnheit, alles äußerst langsam in Angriff zu nehmen. Wollte sich einer die Augen reiben, so hob er die Hand wie ein Hängegewicht. Ihre Scherze waren grob, aber herzlich. Ihr Lachen war immer mit einem gefährlich klingenden, aber nichts bedeutenden Husten gemischt. Immer hatten sie im Mund etwas zum Ausspeien, und wohin sie ausspien, war ihnen gleichgültig. Immer klagten sie, dass meine Flöhe auf sie übersprengen; aber doch waren sie mir deshalb niemals ernstlich böse; sie wussten eben, dass in

---

[1] Theater mit bunt wechselndem Programm artistischer, tänzerischer und gesanglicher Darbietungen

Ein Bericht für eine Akademie   85

meinem Fell Flöhe gedeihen und dass Flöhe Springer sind;
damit fanden sie sich ab. Wenn sie dienstfrei waren, setzten
sich manchmal einige im Halbkreis um mich nieder; spra-
chen kaum, sondern gurrten einander nur zu; rauchten,
auf Kisten ausgestreckt, die Pfeife; schlugen sich aufs
Knie, sobald ich die geringste Bewegung machte; und hie
und da nahm einer einen Stecken und kitzelte mich dort,
wo es mir angenehm war. Sollte ich heute eingeladen werden, eine Fahrt auf diesem Schiffe mitzumachen, ich würde die Einladung gewiss ablehnen, aber ebenso gewiss ist,
dass es nicht nur hässliche Erinnerungen sind, denen ich
dort im Zwischendeck nachhängen könnte.
Die Ruhe, die ich mir im Kreise dieser Leute erwarb, hielt
mich vor allem von jedem Fluchtversuch ab. Von heute
aus gesehen scheint es mir, als hätte ich zumindest geahnt,
dass ich einen Ausweg finden müsse, wenn ich leben wolle, dass dieser Ausweg aber nicht durch Flucht zu erreichen sei. Ich weiß nicht mehr, ob Flucht möglich war, aber
ich glaube es; einem Affen sollte Flucht immer möglich
sein. Mit meinen heutigen Zähnen muss ich schon beim
gewöhnlichen Nüsseknacken vorsichtig sein, damals aber
hätte es mir wohl im Lauf der Zeit gelingen müssen, das
Türschloss durchzubeißen. Ich tat es nicht. Was wäre damit auch gewonnen gewesen? Man hätte mich, kaum war
der Kopf hinausgesteckt, wieder eingefangen und in einen noch schlimmeren Käfig gesperrt; oder ich hätte mich
unbemerkt zu anderen Tieren, etwa zu den Riesenschlan-
gen mir gegenüber, flüchten können und mich in ihren
Umarmungen ausgehaucht; oder es wäre mir gar gelungen, mich bis aufs Deck zu stehlen und über Bord zu springen, dann hätte ich ein Weilchen auf dem Weltmeer ge-
schaukelt und wäre ersoffen. Verzweiflungstaten. Ich
rechnete nicht so menschlich, aber unter dem Einfluss
meiner Umgebung verhielt ich mich so, wie wenn ich ge-
rechnet hätte.
Ich rechnete nicht, wohl aber beobachtete ich in aller Ruhe.
Ich sah diese Menschen auf und ab gehen, immer die gleichen Gesichter, die gleichen Bewegungen, oft schien es
mir, als wäre es nur einer. Dieser Mensch oder diese Menschen gingen also unbehelligt. Ein hohes Ziel dämmerte

mir auf. Niemand versprach mir, dass, wenn ich so wie sie werden würde, das Gitter aufgezogen werde. Solche Versprechungen für scheinbar unmögliche Erfüllungen werden nicht gegeben. Löst man aber die Erfüllungen ein,
5 erscheinen nachträglich auch die Versprechungen genau dort, wo man sie früher vergeblich gesucht hat. Nun war an diesen Menschen an sich nichts, was mich sehr verlockte. Wäre ich ein Anhänger jener erwähnten Freiheit, ich hätte gewiss das Weltmeer dem Ausweg vorgezogen, der
10 sich mir im trüben Blick dieser Menschen zeigte. Jedenfalls aber beobachtete ich sie schon lange vorher, ehe ich an solche Dinge dachte, ja die angehäuften Beobachtungen drängten mich erst in die bestimmte Richtung.

Es war so leicht, die Leute nachzuahmen. Spucken konn-
15 te ich schon in den ersten Tagen. Wir spuckten einander dann gegenseitig ins Gesicht; der Unterschied war nur, dass ich mein Gesicht nachher reinleckte, sie ihres nicht. Die Pfeife rauchte ich bald wie ein Alter; drückte ich dann auch noch den Daumen in den Pfeifenkopf, jauchzte das
20 ganze Zwischendeck; nur den Unterschied zwischen der leeren und der gestopften Pfeife verstand ich lange nicht.

Die meiste Mühe machte mir die Schnapsflasche. Der Geruch peinigte mich; ich zwang mich mit allen Kräften; aber
25 es vergingen Wochen, ehe ich mich überwand. Diese inneren Kämpfe nahmen die Leute merkwürdigerweise ernster als irgendetwas sonst an mir. Ich unterscheide die Leute auch in meiner Erinnerung nicht, aber da war einer, der kam immer wieder, allein oder mit Kameraden, bei
30 Tag, bei Nacht, zu den verschiedensten Stunden; stellte sich mit der Flasche vor mich hin und gab mir Unterricht. Er begriff mich nicht, er wollte das Rätsel meines Seins lösen. Er entkorkte langsam die Flasche und blickte mich dann an, um zu prüfen, ob ich verstanden habe; ich geste-
35 he, ich sah ihm immer mit wilder, mit überstürzter Aufmerksamkeit zu; einen solchen Menschenschüler findet kein Menschenlehrer auf dem ganzen Erdenrund; nachdem die Flasche entkorkt war, hob er sie zum Mund; ich mit meinen Blicken ihm nach bis in die Gurgel; er nickte,
40 zufrieden mit mir, und setzt die Flasche an die Lippen; ich,

Ein Bericht für eine Akademie 87

entzückt von allmählicher Erkenntnis, kratze mich quiet-
schend der Länge und Breite nach, wo es sich trifft; er freut
sich, setzt die Flasche an und macht einen Schluck; ich,
ungeduldig und verzweifelt, ihm nachzueifern, verunrei-
nige mich in meinem Käfig, was wieder ihm große Genug- 5
tuung macht; und nun weit die Flasche von sich streckend
und im Schwung sie wieder hinaufführend, trinkt er sie,
übertrieben lehrhaft zurückgebeugt, mit einem Zuge leer.
Ich, ermattet von allzu großem Verlangen, kann nicht
mehr folgen und hänge schwach am Gitter, während er 10
den theoretischen Unterricht damit beendet, dass er sich
den Bauch streicht und grinst.
Nun erst beginnt die praktische Übung. Bin ich nicht
schon allzu erschöpft durch das Theoretische? Wohl, allzu
erschöpft. Das gehört zu meinem Schicksal. Trotzdem 15
greife ich, so gut ich kann, nach der hingereichten Flasche;
entkorke sie zitternd; mit dem Gelingen stellen sich allmählich neue Kräfte ein; ich hebe die Flasche, vom Origi-
nal schon kaum zu unterscheiden; setze sie an und – und
werfe sie mit Abscheu, mit Abscheu, trotzdem sie leer ist 20
und nur noch der Geruch sie füllt, werfe sie mit Abscheu
auf den Boden. Zur Trauer meines Lehrers, zur größeren
Trauer meiner selbst; weder ihn noch mich versöhne ich
dadurch, dass ich auch nach dem Wegwerfen der Flasche
nicht vergesse, ausgezeichnet meinen Bauch zu streichen 25
und dabei zu grinsen.
Allzu oft nur verlief so der Unterricht. Und zur Ehre
meines Lehrers: Er war mir nicht böse; wohl hielt er mir
manchmal die brennende Pfeife ans Fell, bis es irgendwo,
wo ich nur schwer hinreiche, zu glimmen anfing, aber 30
dann löschte er es selbst wieder mit seiner riesigen guten
Hand; er war mir nicht böse, er sah ein, dass wir auf der
gleichen Seite gegen die Affennatur kämpften und dass
ich den schwereren Teil hatte.
Was für ein Sieg dann allerdings für ihn wie für mich, als 35
ich eines Abends vor großem Zuschauerkreis – vielleicht
war ein Fest, ein Grammofon spielte, ein Offizier erging
sich zwischen den Leuten – als ich an diesem Abend, gerade unbeachtet, eine vor meinem Käfig versehentlich
stehen gelassene Schnapsflasche ergriff, unter steigender 40

Aufmerksamkeit der Gesellschaft sie schulgerecht entkorkte, an den Mund setzte und ohne Zögern, ohne
Mundverziehen, als Trinker vom Fach, mit rund gewälzten
Augen, schwappender Kehle, wirklich und wahrhaftig
leer trank; nicht mehr als Verzweifelter, sondern als Künstler die Flasche hinwarf; zwar vergaß, den Bauch zu streichen; dafür aber, weil ich nicht anders konnte, weil es
mich drängte, weil mir die Sinne rauschten, kurz und gut
„Hallo!" ausrief, in Menschenlaut ausbrach, mit diesem
Ruf in die Menschengemeinschaft sprang und ihr Echo:
„Hört nur, er spricht!" wie einen Kuss auf meinem ganzen
schweißtriefenden Körper fühlte.

Ich wiederhole: Es verlockte mich nicht, die Menschen
nachzuahmen; ich ahmte nach, weil ich einen Ausweg
suchte, aus keinem anderen Grund. Auch war mit jenem
Sieg noch wenig getan. Die Stimme versagte mir sofort
wieder; stellte sich erst nach Monaten ein; der Widerwille
gegen die Schnapsflasche kam sogar noch verstärkter.
Aber meine Richtung allerdings war mir ein für allemal
gegeben.

Als ich in Hamburg dem ersten Dresseur übergeben wurde, erkannte ich bald die zwei Möglichkeiten, die mir of-
fenstanden: Zoologischer Garten oder Varieté. Ich zögerte
nicht. Ich sagte mir: Setze alle Kraft an, um ins Varieté zu
kommen; das ist der Ausweg; Zoologischer Garten ist nur
ein neuer Gitterkäfig; kommst du in ihn, bist du verloren.
Und ich lernte, meine Herren. Ach, man lernt, wenn man
muss; man lernt, wenn man einen Ausweg will; man lernt
rücksichtslos. Man beaufsichtigt sich selbst mit der Peitsche; man zerfleischt sich beim geringsten Widerstand.
Die Affennatur raste, sich überkugelnd, aus mir hinaus
und weg, sodass mein erster Lehrer selbst davon fast äf-
fisch wurde, bald den Unterricht aufgeben und in eine
Heilanstalt gebracht werden musste. Glücklicherweise
kam er bald wieder hervor.

Aber ich verbrauchte viele Lehrer, ja sogar einige Lehrer
gleichzeitig. Als ich meiner Fähigkeiten schon sicherer geworden war, die Öffentlichkeit meinen Fortschritten folgte,
meine Zukunft zu leuchten begann, nahm ich selbst Lehrer
auf, ließ sie in fünf aufeinanderfolgenden Zimmern nie-

Ein Bericht für eine Akademie 89

dersetzen und lernte bei allen zugleich, indem ich ununterbrochen aus einem Zimmer ins andere sprang.

Diese Fortschritte! Dieses Eindringen der Wissensstrahlen von allen Seiten ins erwachende Hirn! Ich leugne nicht: Es beglückte mich. Ich gestehe aber auch ein: Ich überschätzte es nicht, schon damals nicht, wie viel weniger heute. Durch eine Anstrengung, die sich bisher auf der Erde nicht wiederholt hat, habe ich die Durchschnittsbildung eines Europäers erreicht. Das wäre an sich vielleicht gar nichts, ist aber insofern doch etwas, als es mir aus dem Käfig half und mir diesen besonderen Ausweg, diesen Menschenausweg verschaffte. Es gibt eine ausgezeichnete deutsche Redensart: sich in die Büsche schlagen; das habe ich getan, ich habe mich in die Büsche geschlagen. Ich hatte keinen anderen Weg, immer vorausgesetzt, dass nicht die Freiheit zu wählen war.

Überblicke ich meine Entwicklung und ihr bisheriges Ziel, so klage ich weder, noch bin ich zufrieden. Die Hände in den Hosentaschen, die Weinflasche auf dem Tisch, liege ich halb, halb sitze ich im Schaukelstuhl und schaue aus dem Fenster. Kommt Besuch, empfange ich ihn, wie es sich gebührt. Mein Impresario[1] sitzt im Vorzimmer; läute ich, kommt er und hört, was ich zu sagen habe. Am Abend ist fast immer Vorstellung, und ich habe wohl kaum mehr zu steigernde Erfolge. Komme ich spät nachts von Banketten, aus wissenschaftlichen Gesellschaften, aus gemütlichem Beisammensein nach Hause, erwartet mich eine kleine halbdressierte Schimpansin und ich lasse es mir nach Affenart bei ihr wohlgehen. Bei Tag will ich sie nicht sehen; sie hat nämlich den Irrsinn des verwirrten dressierten Tieres im Blick; das erkenne nur ich, und ich kann es nicht ertragen.

Im Ganzen habe ich jedenfalls erreicht, was ich erreichen wollte. Man sage nicht, es wäre der Mühe nicht wert gewesen. Im Übrigen will ich keines Menschen Urteil, ich will nur Kenntnisse verbreiten, ich berichte nur, auch Ihnen, hohe Herren von der Akademie, habe ich nur berichtet.

---

[1] Unternehmer, der für Künstler Gastspiele arrangiert

Der Steuermann

„Bin ich nicht Steuermann?", rief ich. „Du?", fragte ein dunkler hochgewachsener Mann und strich sich mit der Hand über die Augen, als verscheuche er einen Traum. Ich war am Steuer gestanden in der dunklen Nacht, die
5 schwachbrennende Laterne über meinem Kopf, und nun war dieser Mann gekommen und wollte mich beiseite-schieben. Und da ich nicht wich, setzte er mir den Fuß auf die Brust und trat mich langsam nieder, während ich noch immer an den Stäben des Steuerrades hing und beim Nie-
10 derfallen es ganz herumriss. Da aber fasste es der Mann, brachte es in Ordnung, mich aber stieß er weg. Doch ich besann mich bald, lief zu der Luke, die in den Mann-schaftsraum führte, und rief: „Mannschaft! Kameraden! Kommt schnell! Ein Fremder hat mich vom Steuer vertrie-
15 ben!" Langsam kamen sie, stiegen auf aus der Schiffstrep-pe, schwankende müde mächtige Gestalten. „Bin ich der Steuermann?", fragte ich. Sie nickten, aber Blicke hatten sie nur für den Fremden, im Halbkreis standen sie um ihn herum und, als er befehlend sagte: „Stört mich nicht",
20 sammelten sie sich, nickten mir zu und zogen wieder die Schiffstreppe hinab. Was ist das für Volk! Denken sie auch oder schlurfen sie nur sinnlos über die Erde?

Kinder auf der Landstraße

Ich hörte die Wagen an dem Gartengitter vorüberfahren, manchmal sah ich sie auch durch die schwach bewegten Lücken im Laub. Wie krachte in dem heißen Sommer das Holz in ihren Speichen und Deichseln! Arbeiter kamen
5 von den Feldern und lachten, dass es eine Schande war. Ich saß auf unserer kleinen Schaukel, ich ruhte mich gera-de aus zwischen den Bäumen im Garten meiner Eltern. Vor dem Gitter hörte es nicht auf. Kinder im Laufschritt waren im Augenblick vorüber; Getreidewagen mit Män-
10 nern und Frauen auf den Garben und rings herum ver-dunkelten die Blumenbeete; gegen Abend sah ich einen Herrn mit einem Stock langsam spazieren gehn, und ein

Kinder auf der Landstraße   91

paar Mädchen, die Arm in Arm ihm entgegenkamen, traten grüßend ins seitliche Gras.

Dann flogen Vögel wie sprühend auf, ich folgte ihnen mit den Blicken, sah, wie sie in einem Atemzug stiegen, bis ich nicht mehr glaubte, dass sie stiegen, sondern dass ich falle, und fest mich an den Seilen haltend, aus Schwäche ein wenig zu schaukeln anfing. Bald schaukelte ich stärker, als die Luft schon kühler wehte und statt der fliegenden Vögel zitternde Sterne erschienen.

Bei Kerzenlicht bekam ich mein Nachtmahl. Oft hatte ich beide Arme auf der Holzplatte und, schon müde, biss ich in mein Butterbrot. Die stark durchbrochenen Vorhänge bauschten sich im warmen Wind, und manchmal hielt sie einer, der draußen vorüberging, mit seinen Händen fest, wenn er mich besser sehen und mit mir reden wollte. Meistens verlöschte die Kerze bald und in dem dunklen Kerzenrauch trieben sich noch eine Zeitlang die versammelten Mücken herum. Fragte mich einer vom Fenster aus, so sah ich ihn an, als schaue ich ins Gebirge oder in die bloße Luft, und auch ihm war an einer Antwort nicht viel gelegen. Sprang dann einer über die Fensterbrüstung und meldete, die anderen seien schon vor dem Haus, so stand ich freilich seufzend auf.

„Nein, warum seufzt du so? Was ist denn geschehn? Ist es ein besonderes, nie gutzumachendes Unglück? Werden wir uns nie davon erholen können? Ist wirklich alles verloren?"

Nichts war verloren. Wir liefen vor das Haus. „Gott sei Dank, da seid ihr endlich!" – „Du kommst halt immer zu spät!" – „Wieso denn ich?" – „Gerade du, bleib zu Hause, wenn du nicht mitwillst." – „Keine Gnaden!" – „Was? Keine Gnaden? Wie redest du?"

Wir durchstießen den Abend mit dem Kopf. Es gab keine Tages- und keine Nachtzeit. Bald rieben sich unsere Westenknöpfe aneinander wie Zähne, bald liefen wir in gleichbleibender Entfernung, Feuer im Mund, wie Tiere in den Tropen. Wie Kürassiere[1] in alten Kriegen, stampfend und hoch in der Luft, trieben wir einander die kurze Gasse

---

[1] Reiter mit Brustpanzer

92 Anpassung und ewiges Außenseitertum

hinunter und mit diesem Anlauf in den Beinen die Landstraße weiter hinauf. Einzelne traten in den Straßengraben, kaum verschwanden sie vor der dunklen Böschung, standen sie schon wie fremde Leute oben auf dem Feld-
5 weg und schauten herab.

„Kommt doch herunter!" – „Kommt zuerst herauf!" – „Damit ihr uns herunterwerfet, fällt uns nicht ein, so gescheit sind wir noch." – „So feig seid ihr, wollt ihr sagen. Kommt nur, kommt!" – „Wirklich? Ihr? Gerade ihr werdet uns
10 hinunterwerfen? Wie müsstet ihr aussehen?"

Wir machten den Angriff, wurden vor die Brust gestoßen und legten uns in das Gras des Straßengrabens, fallend und freiwillig. Alles war gleichmäßig erwärmt, wir spürten nicht Wärme, nicht Kälte im Gras, nur müde wurde man.
15 Wenn man sich auf die rechte Seite drehte, die Hand unters Ohr gab, da wollte man gerne einschlafen. Zwar wollte man sich noch einmal aufraffen mit erhobenem Kinn, dafür aber in einen tieferen Graben fallen. Dann wollte man, den Arm quer vorgehalten, die Beine schiefgeweht, sich gegen
20 die Luft werfen und wieder bestimmt in einen noch tieferen Graben fallen. Und damit wollte man gar nicht aufhören. Wie man sich im letzten Graben richtig zum Schlafen aufs Äußerste strecken würde, besonders in den Knien, daran dachte man noch kaum und lag, zum Weinen aufgelegt,
25 wie krank, auf dem Rücken. Man zwinkerte, wenn einmal ein Junge, die Ellbogen bei den Hüften, mit dunklen Sohlen über uns von der Böschung auf die Straße sprang.

Den Mond sah man schon in einiger Höhe, ein Postwagen fuhr in seinem Licht vorbei. Ein schwacher Wind erhob
30 sich allgemein, auch im Graben fühlte man ihn, und in der Nähe fing der Wald zu rauschen an. Da lag einem nicht mehr so viel daran, allein zu sein.

„Wo seid ihr?" – „Kommt her!" – „Alle zusammen!" – „Was versteckst du dich, lass den Unsinn!" – „Wisst ihr
35 nicht, dass die Post schon vorüber ist?" – „Aber nein! Schon vorüber?" – „Natürlich, während du geschlafen hast, ist sie vorübergefahren." – „Ich habe geschlafen? Nein so etwas!" – „Schweig nur, man sieht es dir doch an." – „Aber ich bitte dich." – „Kommt!"
40 Wir liefen enger beisammen, manche reichten einander

Kinder auf der Landstraße 93

die Hände, den Kopf konnte man nicht genug hoch haben,
weil es abwärts ging. Einer schrie einen indianischen
Kriegsruf heraus, wir bekamen in die Beine einen Galopp
wie niemals, bei den Sprüngen hob uns in den Hüften der
Wind. Nichts hätte uns aufhalten können; wir waren so
im Laufe, dass wir selbst beim Überholen die Arme ver-
schränken und ruhig uns umsehen konnten.
Auf der Wildbachbrücke blieben wir stehn; die weiterge-
laufen waren, kehrten zurück. Das Wasser unten schlug
an Steine und Wurzeln, als wäre es nicht schon Spätabend.
Es gab keinen Grund dafür, warum nicht einer auf das
Geländer der Brücke sprang.
Hinter Gebüschen in der Ferne fuhr ein Eisenbahnzug
heraus, alle Kupees[1] waren beleuchtet, die Glasfenster sicher herabgelassen. Einer von uns begann einen Gassen-
hauer[2] zu singen, aber wir alle wollten singen. Wir sangen
viel rascher, als der Zug fuhr, wir schaukelten die Arme,
weil die Stimme nicht genügte, wir kamen mit unseren
Stimmen in ein Gedränge, in dem uns wohl war. Wenn
man seine Stimme unter andere mischt, ist man wie mit
einem Angelhaken gefangen.
So sangen wir, den Wald im Rücken, den fernen Reisenden
in die Ohren. Die Erwachsenen wachten noch im Dorfe,
die Mütter richteten die Betten für die Nacht.
Es war schon Zeit. Ich küsste den, der bei mir stand, reichte
den drei Nächsten nur so die Hände, begann, den Weg
zurückzulaufen, keiner rief mich. Bei der ersten Kreuzung,
wo sie mich nicht mehr sehen konnten, bog ich ein und
lief auf Feldwegen wieder in den Wald. Ich strebte zu der
Stadt im Süden hin, von der es in unserem Dorfe hieß:
„Dort sind Leute! Denkt euch, die schlafen nicht!"
„Und warum denn nicht?"
„Weil sie nicht müde werden."
„Und warum denn nicht?"
„Weil sie Narren sind."
„Werden denn Narren nicht müde?"
„Wie könnten Narren müde werden!"

---

[1] Eisenbahnabteile
[2] allbekanntes Lied

Todesangst

Der Bau

Ich habe den Bau eingerichtet und er scheint wohlge-
lungen. Von außen ist eigentlich nur ein großes Loch sichtbar, dieses führt aber in Wirklichkeit nirgends hin, schon
nach ein paar Schritten stößt man auf natürliches festes
5 Gestein. Ich will mich nicht dessen rühmen, diese List mit
Absicht ausgeführt zu haben, es war vielmehr der Rest
eines der vielen vergeblichen Bauversuche, aber schließlich schien es mir vorteilhaft, dieses eine Loch unverschüt-
tet zu lassen. Freilich manche List ist so fein, dass sie sich
10 selbst umbringt, das weiß ich besser als irgendwer sonst
und es ist gewiss auch kühn, durch dieses Loch überhaupt
auf die Möglichkeit aufmerksam zu machen, dass hier
etwas Nachforschungswertes vorhanden ist. Doch ver-
kennt mich, wer glaubt, dass ich feige bin und etwa nur
15 aus Feigheit meinen Bau anlege. Wohl tausend Schritte
von diesem Loch entfernt liegt, von einer abhebbaren
Moosschicht verdeckt, der eigentliche Zugang zum Bau,
er ist so gesichert, wie eben überhaupt auf der Welt etwas
gesichert werden kann, gewiss, es kann jemand auf das
20 Moos treten oder hineinstoßen, dann liegt mein Bau frei
da und wer Lust hat – allerdings sind, wohlgemerkt, auch
gewisse nicht allzu häufige Fähigkeiten dazu nötig –, kann
eindringen und für immer alles zerstören. Das weiß ich
wohl und mein Leben hat selbst jetzt auf seinem Höhe-
25 punkt kaum eine völlig ruhige Stunde, dort an jener Stelle im dunkeln Moos bin ich sterblich und in meinen Träumen schnuppert dort oft eine lüsterne Schnauze unaufhörlich herum. Ich hätte, wird man meinen, auch wirklich
dieses Eingangsloch zuschütten können, oben in dünner
30 Schicht und mit fester, weiter unten mit lockerer Erde,
sodass es mir immer nur wenig Mühe gegeben hätte, mir
immer wieder von Neuem den Ausweg zu erarbeiten. Es
ist aber doch nicht möglich, gerade die Vorsicht verlangt,
dass ich eine sofortige Auslaufmöglichkeit habe, gerade
35 die Vorsicht verlangt, wie leider so oft, das Risiko des

Der Bau

Lebens. Das alles sind recht mühselige Rechnungen, und die Freude des scharfsinnigen Kopfes an sich selbst ist manchmal die alleinige Ursache dessen, dass man weiterrechnet. Ich muss die sofortige Auslaufmöglichkeit haben, kann ich denn trotz aller Wachsamkeit nicht von ganz unerwarteter Seite angegriffen werden? Ich lebe im Innersten meines Hauses in Frieden und inzwischen bohrt sich langsam und still der Gegner von irgendwoher an mich heran. Ich will nicht sagen, dass er besseren Spürsinn hat als ich; vielleicht weiß er ebenso wenig von mir wie ich von ihm. Aber es gibt leidenschaftliche Räuber, die blindlings die Erde durchwühlen, und bei der ungeheuren Ausdehnung meines Baus haben selbst sie Hoffnung, irgendwo auf einen meiner Wege zu stoßen. Freilich, ich habe den Vorteil, in meinem Haus zu sein, alle Wege und Richtungen genau zu kennen. Der Räuber kann sehr leicht mein Opfer werden und ein süß schmeckendes. Aber ich werde alt, es gibt viele, die kräftiger sind als ich, und meiner Gegner gibt es unzählige, es könnte geschehen, dass ich vor einem Feinde fliehe und dem anderen in die Fänge laufe. Ach, was könnte nicht alles geschehen! Jedenfalls aber muss ich die Zuversicht haben, dass irgendwo vielleicht ein leicht erreichbarer, völlig offener Ausgang ist, wo ich, um hinauszukommen, gar nicht mehr zu arbeiten habe, sodass ich nicht etwa, während ich dort verzweifelt grabe, sei es auch in leichter Aufschüttung, plötzlich – bewahre mich der Himmel! – die Zähne des Verfolgers in meinen Schenkeln spüre. Und es sind nicht nur die äußeren Feinde, die mich bedrohen. Es gibt auch solche im Innern der Erde. Ich habe sie noch nie gesehen, aber die Sagen erzählen von ihnen und ich glaube fest an sie. Es sind Wesen der inneren Erde; nicht einmal die Sage kann sie beschreiben. Selbst wer ihr Opfer geworden ist, hat sie kaum gesehen; sie kommen, man hört das Kratzen ihrer Krallen knapp unter sich in der Erde, die ihr Element ist, und schon ist man verloren. Hier gilt auch nicht, dass man in seinem Haus ist, vielmehr ist man in ihrem Haus. Vor ihnen rettet mich auch jener Ausweg nicht, wie er mich ja wahrscheinlich überhaupt nicht rettet, sondern verdirbt, aber eine Hoffnung ist er und ich kann ohne ihn nicht le-

Todesangst

ben. Außer diesem großen Weg verbinden mich mit der
Außenwelt noch ganz enge, ziemlich ungefährliche Wege,
die mir gut atembare Luft verschaffen. Sie sind von den
Waldmäusen angelegt. Ich habe es verstanden, sie in mei-
5 nen Bau richtig einzubeziehen. Sie bieten mir auch die
Möglichkeit weitreichender Witterung und geben mir so
Schutz. Auch kommt durch sie allerlei kleines Volk zu mir,
das ich verzehre, sodass ich eine gewisse, für einen bescheidenen Lebensunterhalt ausreichende Niederjagd
10 haben kann, ohne überhaupt meinen Bau zu verlassen;
das ist natürlich sehr wertvoll.
Das Schönste an meinem Bau ist aber seine Stille. Freilich,
sie ist trügerisch. Plötzlich einmal kann sie unterbrochen
werden und alles ist zu Ende. Vorläufig aber ist sie noch
15 da. Stundenlang kann ich durch meine Gänge schleichen
und höre nichts als manchmal das Rascheln irgendeines
Kleintieres, das ich dann gleich auch zwischen meinen
Zähnen zur Ruhe bringe, oder das Rieseln der Erde, das
mir die Notwendigkeit irgendeiner Ausbesserung anzeigt;
20 sonst ist es still. Die Waldluft weht herein, es ist gleichzeitig warm und kühl. Manchmal strecke ich mich aus und
drehe mich in dem Gang rundum vor Behagen. Schön ist
es für das nahende Alter, einen solchen Bau zu haben, sich
unter Dach gebracht zu haben, wenn der Herbst beginnt.
25 Alle hundert Meter habe ich die Gänge zu kleinen runden
Plätzen erweitert, dort kann ich mich bequem zusammen-
rollen, mich an mir wärmen und ruhen. Dort schlafe ich
den süßen Schlaf des Friedens, des beruhigten Verlangens,
des erreichten Zieles des Hausbesitzes. Ich weiß nicht, ob
30 es eine Gewohnheit aus alten Zeiten ist oder ob doch die
Gefahren auch dieses Hauses stark genug sind, mich zu
wecken: Regelmäßig von Zeit zu Zeit schrecke ich auf aus
tiefem Schlaf und lausche, lausche in die Stille, die hier
unverändert herrscht bei Tag und Nacht, lächle beruhigt
35 und sinke mit gelösten Gliedern in noch tieferen Schlaf.
Arme Wanderer ohne Haus, auf Landstraßen, in Wäldern,
bestenfalls verkrochen in einen Blätterhaufen oder in
einem Rudel der Genossen, ausgeliefert allem Verderben
des Himmels und der Erde! Ich liege hier auf einem allseits
40 gesicherten Platz – mehr als fünfzig solcher Art gibt es in

Der Bau **97**

meinem Bau – und zwischen Hindämmern und bewusst-
losem Schlaf vergehen mir die Stunden, die ich nach
meinem Belieben dafür wähle.
Nicht ganz in der Mitte des Baues, wohlerwogen für den
Fall der äußersten Gefahr, nicht geradezu einer Verfol-
gung, aber einer Belagerung, liegt der Hauptplatz. Während alles andere vielleicht mehr eine Arbeit angestreng-
testen Verstandes als des Körpers ist, ist dieser Burgplatz
das Ergebnis allerschwerster Arbeit meines Körpers in
allen seinen Teilen. Einige Mal wollte ich in der Verzweiflung körperlicher Ermüdung von allem ablassen, wälzte
mich auf den Rücken und fluchte dem Bau, schleppte
mich hinaus und ließ den Bau offen daliegen. Ich konnte
es ja tun, weil ich nicht mehr zu ihm zurückkehren wollte,
bis ich dann nach Stunden oder Tagen reuig zurückkam,
fast einen Gesang erhoben hätte über die Unverletztheit
des Baues und in aufrichtiger Fröhlichkeit mit der Arbeit
von Neuem begann. Die Arbeit am Burgplatz erschwerte
sich auch unnötig (unnötig will sagen, dass der Bau von
der Leerarbeit keinen eigentlichen Nutzen hatte) dadurch,
dass gerade an der Stelle, wo der Ort planmäßig sein sollte, die Erde recht locker und sandig war, die Erde musste
dort geradezu festgehämmert werden, um den großen
schön gewölbten und gerundeten Platz zu bilden. Für eine solche Arbeit aber habe ich nur die Stirn. Mit der Stirn
also bin ich tausend- und tausendmal tage- und nächtelang gegen die Erde angerannt, war glücklich, wenn ich
sie mir blutig schlug, denn dies war ein Beweis der begin-
nenden Festigkeit der Wand, und habe mir auf diese Weise, wie man mir zugestehen wird, meinen Burgplatz wohl
verdient.
Auf diesem Burgplatz sammle ich meine Vorräte, alles,
was ich über meine augenblicklichen Bedürfnisse hinaus
innerhalb des Baus erjage, und alles, was ich von meinen
Jagden außer dem Hause mitbringe, häufe ich hier auf.
Der Platz ist so groß, dass ihn Vorräte für ein halbes Jahr
nicht füllen. Infolgedessen kann ich sie wohl ausbreiten,
zwischen ihnen herumgehen, mit ihnen spielen, mich an
der Menge und an den verschiedenen Gerüchen freuen
und immer einen genauen Überblick über das Vorhande-

ne haben. Ich kann dann auch immer Neuordnungen vornehmen und, entsprechend der Jahreszeit, die nötigen Vorausberechnungen und Jagdpläne machen. Es gibt Zeiten, in denen ich so wohlversorgt bin, dass ich aus Gleichgültigkeit gegen das Essen überhaupt das Kleinzeug, das hier herumhuscht, gar nicht berühre, was allerdings aus anderen Gründen vielleicht unvorsichtig ist. Die häufige Beschäftigung mit Verteidigungsvorbereitungen bringt es mit sich, dass meine Ansichten hinsichtlich der Ausnutzung des Baus für solche Zwecke sich ändern oder entwickeln, in kleinem Rahmen allerdings. Es scheint mir dann manchmal gefährlich, die Verteidigung ganz auf dem Burgplatz zu basieren, die Mannigfaltigkeit des Baus gibt mir doch auch mannigfaltigere Möglichkeiten und es scheint mir der Vorsicht entsprechender, die Vorräte ein wenig zu verteilen und auch manche kleine Plätze mit ihnen zu versorgen, dann bestimme ich etwa jeden dritten Platz zum Reservevorratsplatz oder jeden vierten Platz zu einem Haupt- und jeden zweiten zu einem Nebenvorratsplatz und dergleichen. Oder ich schalte manche Wege zu Täuschungszwecken überhaupt aus der Behäufung mit Vorräten aus oder ich wähle ganz sprunghaft, je nach ihrer Lage zum Hauptausgang, nur wenige Plätze. Jeder solche neue Plan verlangt allerdings schwere Lastträgerarbeit, ich muss die neue Berechnung vornehmen und trage dann die Lasten hin und her. Freilich kann ich das in Ruhe ohne Übereilung machen und es ist nicht gar so schlimm, die guten Dinge im Maule zu tragen, sich auszuruhen, wo man will und, was einem gerade schmeckt, zu naschen. Schlimmer ist es, wenn es mir manchmal, gewöhnlich beim Aufschrecken aus dem Schlafe, scheint, dass die gegenwärtige Aufteilung ganz und gar verfehlt ist, große Gefahren herbeiführen kann und sofort eiligst ohne Rücksicht auf Schläfrigkeit und Müdigkeit richtiggestellt werden muss; dann eile ich, dann fliege ich, dann habe ich keine Zeit zu Berechnungen; der ich gerade einen neuen, ganz genauen Plan ausführen will, fasse willkürlich, was mir unter die Zähne kommt, schleppe, trage, seufze, stöhne, stolpere und nur irgendeine beliebige Veränderung des gegenwärtigen, mir so übergefährlich scheinenden

Der Bau   99

Zustandes will mir schon genügen. Bis allmählich mit völligem Erwachen die Ernüchterung kommt, ich die Übereilung kaum verstehe, tief den Frieden meines Hauses einatme, den ich selbst gestört habe, zu meinem Schlafplatz zurückkehre, in neu gewonnener Müdigkeit sofort einschlafe und beim Erwachen als unwiderleglichen Beweis der schon fast traumhaft erscheinenden Nachtarbeit etwa noch eine Ratte an den Zähnen hängen habe. Dann gibt es wieder Zeiten, wo mir die Vereinigung aller Vorräte auf einen Platz das Allerbeste scheint. Was können mir die Vorräte auf den kleinen Plätzen helfen, wie viel lässt sich denn dort überhaupt unterbringen, und was immer man auch hinbringt, es verstellt den Weg und wird mich vielleicht einmal bei der Verteidigung, beim Laufen eher hindern. Außerdem ist es zwar dumm, aber wahr, dass das Selbstbewusstsein darunter leidet, wenn man nicht alle Vorräte beisammen sieht und so mit einem einzigen Blicke weiß, was man besitzt. Kann nicht auch bei diesen vielen Verteilungen vieles verloren gehen? Ich kann nicht immerfort durch meine Kreuz- und Quergänge galoppieren, um zu sehen, ob alles in richtigem Stande ist. Der Grundgedanke einer Verteilung der Vorräte ist ja richtig, aber eigentlich nur dann, wenn man mehrere Plätze von der Art meines Burgplatzes hat. Mehrere solche Plätze! Freilich! Aber wer kann das schaffen? Auch sind sie im Gesamtplan meines Baus jetzt nachträglich nicht mehr unterzubringen. Zugeben aber will ich, dass darin ein Fehler des Baus liegt, wie überhaupt dort immer ein Fehler ist, wo man von irgendetwas nur ein Exemplar besitzt. Und ich gestehe auch ein, dass in mir während des ganzen Baues dunkel im Bewusstsein, aber deutlich genug, wenn ich den guten Willen gehabt hätte, die Forderung nach mehreren Burgplätzen lebte, ich habe ihr nicht nachgegeben, ich fühlte mich zu schwach für die ungeheure Arbeit; ja, ich fühlte mich zu schwach, mir die Notwendigkeit der Arbeit zu vergegenwärtigen, irgendwie tröstete ich mich mit Gefühlen von nicht minderer Dunkelheit, nach denen das, was sonst nicht hinreichen würde, in meinem Fall einmal ausnahmsweise, gnadenweise, wahrscheinlich, weil der Vorsehung an der Erhaltung meiner Stirn, des Stampf-

hammers, besonders gelegen ist, hinreichen werde. Nun,
so habe ich nur einen Burgplatz, aber die dunklen Gefühle, dass der eine diesmal nicht hinreichen werde, haben
sich verloren. Wie es auch sei, ich muss mich mit dem einen begnügen, die kleinen Plätze können ihn unmöglich
ersetzen, und so fange ich dann, wenn diese Anschauung
in mir gereift ist, wieder an, alles aus den kleinen Plätzen
zum Burgplatz zurückzuschleppen. Für einige Zeit ist es
mir dann ein gewisser Trost, alle Plätze und Gänge frei zu
haben, zu sehen, wie auf dem Burgplatz sich die Mengen
des Fleisches häufen und weithin bis in die äußersten Gänge die Mischung der vielen Gerüche senden, von denen
jeder in seiner Art mich entzückt und die ich aus der Ferne genau zu sondern imstande bin. Dann pflegen besonders friedliche Zeiten zu kommen, in denen ich meine
Schlafplätze langsam, allmählich von den äußeren Kreisen nach innen verlege, immer tiefer in die Gerüche tau-
che, bis ich es nicht mehr ertrage und eines Nachts auf den
Burgplatz stürze, mächtig unter den Vorräten aufräume
und bis zur vollständigen Selbstbetäubung mit dem Besten, was ich liebe, mich fülle. Glückliche, aber gefährliche
Zeiten; wer sie auszunützen verstünde, könnte mich
leicht, ohne sich zu gefährden, vernichten. Auch hier wirkt
das Fehlen eines zweiten oder dritten Burgplatzes schädi-
gend mit, die große einmalige Gesamtanhäufung ist es,
die mich verführt. Ich suche mich verschiedentlich dagegen zu schützen, die Verteilung auf die kleinen Plätze ist
ja auch eine derartige Maßnahme, leider führt sie wie andere ähnliche Maßnahmen durch Entbehrung zu noch
größerer Gier, die dann mit Überrennung des Verstandes
die Verteidigungspläne zu ihren Zwecken willkürlich ändert.
Nach solchen Zeiten pflege ich, um mich zu sammeln, den
Bau zu revidieren und, nachdem die nötigen Ausbesse-
rungen vorgenommen sind, ihn öfters, wenn auch immer
nur für kurze Zeit, zu verlassen. Die Strafe, ihn lange zu
entbehren, scheint mir selbst dann zu hart, aber die Notwendigkeit zeitweiliger Ausflüge sehe ich ein. Es hat immer eine gewisse Feierlichkeit, wenn ich mich dem Ausgang nähere. In den Zeiten des häuslichen Lebens weiche

Der Bau 101

ich ihm aus, vermeide sogar den Gang, der zu ihm führt,
in seinen letzten Ausläufern zu begehen; es ist auch gar
nicht leicht, dort herumzuwandern, denn ich habe dort
ein volles kleines Zickzackwerk von Gängen angelegt;
dort fing mein Bau an, ich durfte damals noch nicht hof- 5
fen, ihn je so beenden zu können, wie er in meinem Plane
dastand, ich begann halb spielerisch an diesem Eckchen,
und so tobte sich dort die erste Arbeitsfreude in einem
Labyrinthbau aus, der mir damals die Krone aller Bauten
schien, den ich aber heute wahrscheinlich richtiger als 10
allzu kleinliche, des Gesamtbaus nicht recht würdige Bas-
telei beurteile, die zwar theoretisch vielleicht köstlich ist
– hier ist der Eingang zu meinem Haus, sagte ich damals
ironisch zu den unsichtbaren Feinden und sah sie schon
sämtlich in dem Eingangslabyrinth ersticken –, in Wirk- 15
lichkeit aber eine viel zu dünnwandige Spielerei darstellt,
die einem ernsten Angriff oder einem verzweifelt um sein
Leben kämpfenden Feind kaum widerstehen wird. Soll
ich diesen Teil deshalb umbauen? Ich zögere die Entscheidung hinaus und es wird wohl schon so bleiben, wie es 20
ist. Abgesehen von der großen Arbeit, die ich mir damit
zumuten würde, wäre es auch die gefährlichste, die man
sich denken kann. Damals, als ich den Bau begann, konnte ich dort verhältnismäßig ruhig arbeiten, das Risiko war
nicht viel größer als irgendwo sonst, heute aber hieße es 25
fast mutwillig auf den ganzen Bau aufmerksam machen
wollen, heute ist es nicht mehr möglich. Es freut mich fast,
eine gewisse Empfindsamkeit für dieses Erstlingswerk ist
ja auch vorhanden. Und wenn ein großer Angriff kommen
sollte, welcher Grundriss des Eingangs könnte mich ret- 30
ten? Der Eingang kann täuschen, ablenken, den Angreifer
quälen, das tut auch dieser zur Not. Aber einem wirklich
großen Angriff muss ich gleich mit allen Mitteln des Ge-
samtbaues und mit allen Kräften des Körpers und der
Seele zu begegnen suchen – das ist ja selbstverständlich. 35
So mag auch dieser Eingang schon bleiben. Der Bau hat
so viele von der Natur ihm aufgezwungene Schwächen,
mag er auch noch diesen von meinen Händen geschaffenen und wenn auch erst nachträglich, so doch genau
erkannten Mangel behalten. Mit alledem ist freilich nicht 40

gesagt, dass mich dieser Fehler nicht von Zeit zu Zeit oder vielleicht immer doch beunruhigt. Wenn ich bei meinen gewöhnlichen Spaziergängen diesem Teil des Baues ausweiche, so geschieht das hauptsächlich deshalb, weil mir sein Anblick unangenehm ist, weil ich nicht immer einen Mangel des Baues in Augenschein nehmen will, wenn dieser Mangel schon in meinem Bewusstsein mir allzu sehr rumort. Mag der Fehler dort oben am Eingang unausrottbar bestehen, ich aber mag, solange es sich vermeiden lässt, von seinem Anblick verschont bleiben. Gehe ich nur in der Richtung zum Ausgang, sei ich auch noch durch Gänge und Plätze von ihm getrennt, glaube ich schon in die Atmosphäre einer großen Gefahr zu geraten, mir ist manchmal, als verdünne sich mein Fell, als könnte ich bald mit bloßem kahlem Fleisch dastehen und in diesem Augenblick vom Geheul meiner Feinde begrüßt werden.

Gewiss, solche Gefühle bringt schon an und für sich der Ausgang selbst hervor, das Aufhören des häuslichen Schutzes, aber es ist doch auch dieser Eingangsbau, der mich besonders quält. Manchmal träume ich, ich hätte ihn umgebaut, ganz und gar geändert, schnell, mit Riesenkräften in einer Nacht, von niemandem bemerkt, und nun sei er uneinnehmbar; der Schlaf, in dem mir das geschieht, ist der süßeste von allen, Tränen der Freude und Erlösung glitzern noch an meinem Bart, wenn ich erwache.

Die Pein dieses Labyrinths muss ich also auch körperlich überwinden, wenn ich ausgehe, und es ist mir ärgerlich und rührend zugleich, wenn ich mich manchmal in meinem eigenen Gebilde für einen Augenblick verirre und das Werk sich also noch immer anzustrengen scheint, mir, dessen Urteil schon längst feststeht, doch noch seine Existenzberechtigung zu beweisen. Dann aber bin ich unter der Moosdecke, der ich manchmal Zeit lasse – so lange rühre ich mich nicht aus dem Hause –, mit dem übrigen Waldboden zusammengewachsen, und nun ist nur noch ein Ruck des Kopfes nötig und ich bin in der Fremde. Diese kleine Bewegung wage ich lange nicht auszuführen, hätte ich nicht wieder das Eingangslabyrinth zu überwinden, gewiss würde ich heute davon ablassen und wieder

Der Bau **103**

zurückwandern. Wie? Dein Haus ist geschützt, in sich abgeschlossen. Du lebst in Frieden, warm, gut genährt, Herr, alleiniger Herr über eine Vielzahl von Gängen und Plätzen, und alles dieses willst du hoffentlich nicht opfern, aber doch gewissermaßen preisgeben, hast zwar die Zuversicht, es zurückzugewinnen, aber lässt dich doch darauf ein, ein hohes, ein allzu hohes Spiel zu spielen? Es gäbe vernünftige Gründe dafür? Nein, für etwas Derartiges kann es keine vernünftigen Gründe geben. Aber dann hebe ich doch vorsichtig die Falltüre und bin draußen, lasse sie vorsichtig sinken und jage, so schnell ich kann, weg von dem verräterischen Ort.

Aber im Freien bin ich eigentlich nicht, zwar drücke ich mich nicht mehr durch die Gänge, sondern jage im offenen Wald, fühle in meinem Körper neue Kräfte, für die im Bau gewissermaßen kein Raum ist, nicht einmal auf dem Burgplatz, und wäre er zehnmal größer. Auch ist die Ernährung draußen eine bessere, die Jagd zwar schwieriger, der Erfolg seltener, aber das Ergebnis in jeder Hinsicht höher zu bewerten, das alles leugne ich nicht und verstehe es wahrzunehmen und zu genießen, zumindest so gut wie jeder andere, aber wahrscheinlich viel besser, denn ich jage nicht wie ein Landstreicher aus Leichtsinn oder Verzweiflung, sondern zweckvoll und ruhig. Auch bin ich nicht dem freien Leben bestimmt und ausgeliefert, sondern ich weiß, dass meine Zeit gemessen ist, dass ich nicht endlos hier jagen muss, sondern dass mich gewissermaßen, wenn ich will und des Lebens hier müde bin, jemand zu sich rufen wird, dessen Einladung ich nicht werde widerstehen können. Und so kann ich diese Zeit hier ganz auskosten und sorgenlos verbringen, vielmehr, ich könnte es und kann es doch nicht. Zu viel beschäftigt mich der Bau. Schnell bin ich vom Eingang fortgelaufen, bald aber komme ich zurück. Ich suche mir ein gutes Versteck und belauere den Eingang meines Hauses – diesmal von außen – tage- und nächtelang. Mag man es töricht nennen, es macht mir eine unsagbare Freude und es beruhigt mich. Mir ist dann, als stehe ich nicht vor meinem Haus, sondern vor mir selbst, während ich schlafe, und hätte das Glück, gleichzeitig tief zu schlafen und dabei mich scharf bewachen zu können.

Ich bin gewissermaßen ausgezeichnet, die Gespenster der Nacht nicht nur in der Hilflosigkeit und Vertrauensseligkeit des Schlafes zu sehen, sondern ihnen gleichzeitig in Wirklichkeit bei voller Kraft des Wachseins in ruhiger Urteilsfähigkeit zu begegnen. Und ich finde, dass es merkwürdigerweise nicht so schlimm mit mir steht, wie ich oft glaubte und wie ich wahrscheinlich wieder glauben werde, wenn ich in mein Haus hinabsteige. In dieser Hinsicht, wohl auch in anderer, aber in dieser besonders, sind diese Ausflüge wahrhaftig unentbehrlich. Gewiss, so sorgfältig ich den Eingang abseitsliegend gewählt habe – der Verkehr, der sich dort vollzieht, ist doch, wenn man die Beobachtungen einer Woche zusammenfasst, sehr groß, aber so ist es vielleicht überhaupt in allen bewohnbaren Gegenden und wahrscheinlich ist es sogar besser, einem größeren Verkehr sich auszusetzen, der infolge seiner Größe sich selbst mit weiterreißt, als in völliger Einsamkeit dem ersten besten, langsam suchenden Eindringling ausgeliefert zu sein. Hier gibt es viele Feinde und noch mehr Helfershelfer der Feinde, aber sie bekämpfen sich auch gegenseitig und jagen in diesen Beschäftigungen am Bau vorbei. Niemanden habe ich in der ganzen Zeit geradezu am Eingang forschen sehen, zu meinem und zu seinem Glück, denn ich hätte mich, besinnungslos vor Sorge um den Bau, gewiss an seine Kehle geworfen. Freilich, es kam auch Volk, in dessen Nähe ich nicht zu bleiben wagte und vor denen ich, wenn ich sie nur in der Ferne ahnte, fliehen musste, über ihr Verhalten zum Bau dürfte ich mich eigentlich mit Sicherheit nicht äußern, doch genügt es wohl zur Beruhigung, dass ich bald zurückkam, niemanden von ihnen mehr vorfand und den Eingang unverletzt. Es gab glückliche Zeiten, in denen ich mir fast sagte, dass die Gegnerschaft der Welt gegen mich vielleicht aufgehört oder sich beruhigt habe oder dass die Macht des Baues mich heraushebe aus dem bisherigen Vernichtungskampf. Der Bau schützt vielleicht mehr, als ich jemals gedacht habe oder im Innern des Baues zu denken wage. Es ging so weit, dass ich manchmal den kindischen Wunsch bekam, überhaupt nicht mehr in den Bau zurückzukehren, sondern hier in der Nähe des Eingangs mich einzurichten, mein Leben in der Beobachtung des Eingangs zu verbringen und immerfort mir vor Augen zu halten und darin mein Glück zu finden, wie fest mich der Bau, wäre ich darin, zu sichern imstande wäre. Nun, es gibt ein schnelles Aufschrecken aus kindischen Träumen. Was ist es denn für eine Sicherung, die ich hier beobachte? Darf ich denn die Gefahr, in welcher ich im Bau bin, überhaupt nach den Erfahrungen beurteilen, die ich hier draußen mache? Haben denn meine Feinde überhaupt die richtige Witterung, wenn ich nicht im Bau bin? Einige Witterung von mir haben sie gewiss, aber die volle nicht. Und ist nicht oft der Bestand der vollen Witterung die Voraussetzung der normalen Gefahr? Es sind also nur Halb- und Zehntelversuche, die ich hier anstelle, geeignet, mich zu beruhigen und durch falsche Beruhigung aufs Höchste zu gefährden. Nein, ich beobachte doch nicht, wie ich glaubte, meinen Schlaf, vielmehr bin ich es, der schläft, während der Verderber wacht. Vielleicht ist er unter denen, die achtlos am Eingang vorüberschlendern, sich immer nur vergewissern, nicht anders als ich, dass die Tür noch unverletzt ist und auf ihren Angriff wartet, und nur vorübergehen, weil sie wissen, dass der Hausherr nicht im Innern ist oder weil sie vielleicht gar wissen, dass er unschuldig nebenan im Gebüsch lauert. Und ich verlasse meinen Beobachtungsplatz und bin satt des Lebens im Freien, mir ist, als könnte ich nicht mehr hier lernen, nicht jetzt und nicht später. Und ich habe Lust, Abschied zu nehmen von allem hier, hinabzusteigen in den Bau und niemals mehr zurückzukommen, die Dinge ihren Lauf nehmen zu lassen und sie durch unnütze Beobachtungen nicht aufzuhalten. Aber verwöhnt dadurch, dass ich so lange alles gesehen habe, was über dem Eingang vor sich ging, ist es mir jetzt sehr quälend, die an sich geradezu Aufsehen machende Prozedur des Hinabsteigens durchzuführen und nicht zu wissen, was im ganzen Umkreis hinter meinem Rücken und dann hinter der wiedereingefügten Falltür geschehen wird. Ich versuche es zunächst in stürmischen Nächten mit dem schnellen Hineinwerfen der Beute, das scheint zu gelingen, aber ob es wirklich gelungen ist, wird sich erst zeigen, wenn ich selbst hineingestiegen bin, es wird sich zeigen, aber nicht

mehr mir, oder auch mir, aber zu spät. Ich lasse also ab
davon und steige nicht ein. Ich grabe, natürlich in genü-
gender Entfernung vom wirklichen Eingang, einen Ver-
suchsgraben, er ist nicht länger, als ich selbst bin, und auch
von einer Moosdecke abgeschlossen. Ich krieche in den
Graben, decke ihn hinter mir zu, warte sorgfältig, berechne
kürzere und längere Zeiten zu verschiedenen Tagesstun-
den, werfe dann das Moos ab, komme hervor und regis-
triere meine Beobachtungen. Ich mache die verschiedensten Erfahrungen guter und schlimmer Art, ein allgemeines
Gesetz oder eine unfehlbare Methode des Hinabsteigens
finde ich aber nicht. Ich bin infolgedessen noch nicht in den
wirklichen Eingang hinabgestiegen und verzweifelt, es
doch bald tun zu müssen. Ich bin nicht ganz fern von dem
Entschluss, in die Ferne zu gehen, das alte, trostlose Leben
wieder aufzunehmen, das gar keine Sicherheit hatte, das
eine einzige ununterscheidbare Fülle von Gefahren war
und infolgedessen die einzelne Gefahr nicht so genau seh-
en und fürchten ließ, wie es mich der Vergleich zwischen
meinem sicheren Bau und dem sonstigen Leben immerfort
lehrt. Gewiss, ein solcher Entschluss wäre eine völlige
Narrheit, hervorgerufen nur durch allzu langes Leben in
der sinnlosen Freiheit; noch gehört der Bau mir, ich habe
nur einen Schritt zu tun und bin gesichert. Und ich reiße
mich los von allen Zweifeln und laufe geradewegs bei hel-
lem Tag auf die Tür zu, um sie nun ganz gewiss zu heben,
aber ich kann es doch nicht, ich überlaufe sie und werfe
mich mit Absicht in ein Dornengebüsch, um mich zu strafen, zu strafen für eine Schuld, die ich nicht kenne. Dann
allerdings muss ich mir letzten Endes sagen, dass ich doch
Recht habe und dass es wirklich unmöglich ist, hinabzusteigen, ohne das Teuerste, was ich habe, allen ringsherum,
auf dem Boden, auf den Bäumen, in den Lüften wenigstens
für ein Weilchen offen preiszugeben. Und die Gefahr ist
keine eingebildete, sondern eine sehr wirkliche. Es muss
ja kein eigentlicher Feind sein, dem ich die Lust errege, mir
zu folgen, es kann recht gut irgendeine beliebige kleine
Unschuld, irgendein widerliches kleines Wesen sein, welches aus Neugier mir nachgeht und damit, ohne es zu
wissen, zur Führerin der Welt gegen mich wird, es muss

auch das nicht sein, vielleicht ist es, und das ist nicht weniger schlimm als das andere, in mancher Hinsicht ist es das Schlimmste – vielleicht ist es irgendjemand von meiner Art, ein Kenner und Schätzer von Bauten, irgendein Waldbruder, ein Liebhaber des Friedens, aber ein wüster Lump, der wohnen will, ohne zu bauen. Wenn er doch jetzt käme, wenn er doch mit seiner schmutzigen Gier den Eingang entdeckte, wenn er doch daran zu arbeiten begänne, das Moos zu heben, wenn es ihm doch gelänge, wenn er sich doch für mich hineinzwängte und schon darin so weit wäre, dass mir sein Hinterer für einen Augenblick gerade noch auftauchte, wenn das alles doch geschähe, damit ich endlich in einem Rasen hinter ihm her, frei von allen Bedenken, ihn anspringen könnte, ihn zerbeißen, zerfleischen, zerreißen und austrinken und seinen Kadaver gleich zur anderen Beute stopfen könnte, vor allem aber, das wäre die Hauptsache, endlich wieder in meinem Bau wäre, gern diesmal sogar das Labyrinth bewundern wollte, zunächst aber die Moosdecke über mich ziehen und ruhen wollte, ich glaube, den ganzen, noch übrigen Rest meines Lebens. Aber es kommt niemand und ich bleibe auf mich allein angewiesen. Ich verliere, immerfort nur mit der Schwierigkeit der Sache beschäftigt, viel von meiner Ängstlichkeit, ich weiche dem Eingang auch äußerlich nicht mehr aus, ihn in Kreisen zu umstreichen wird meine Lieblingsbeschäftigung, es ist schon fast so, als sei ich der Feind und spionierte die passende Gelegenheit aus, um mit Erfolg einzubrechen. Hätte ich doch irgendjemanden, dem ich vertrauen könnte, den ich auf meinen Beobachtungsposten stellen könnte, dann könnte ich wohl getrost hinabsteigen. Ich würde mit ihm, dem ich vertraue, vereinbaren, dass er die Situation bei meinem Hinabsteigen und eine lange Zeit hinterher genau beobachtet, im Falle von gefährlichen Anzeichen an die Moosdecke klopft, sonst aber nicht. Damit wäre über mir völlig reiner Tisch gemacht, es bliebe kein Rest, höchstens mein Vertrauensmann. – Denn wird er nicht eine Gegenleistung verlangen, wird er nicht wenigstens den Bau ansehen wollen? Schon dieses, jemanden freiwillig in meinen Bau zu lassen, wäre mir äußerst peinlich. Ich habe ihn für mich, nicht für Besu-

cher gebaut, ich glaube, ich würde ihn nicht einlassen;
selbst um den Preis, dass er es mir ermöglicht, in den Bau
zu kommen, würde ich ihn nicht einlassen. Aber ich könnte
ihn gar nicht einlassen, denn entweder müsste ich ihn allein hinablassen, und das ist doch außerhalb jeder Vorstellbarkeit, oder wir müssten gleichzeitig hinabsteigen, wodurch dann eben der Vorteil, den er mir bringen soll, hinter
mir Beobachtungen anzustellen, verloren ginge. Und wie
ist es mit dem Vertrauen? Kann ich dem, welchem ich Aug
in Aug vertraue, noch ebenso vertrauen, wenn ich ihn nicht
sehe und wenn die Moosdecke uns trennt? Es ist verhältnismäßig leicht, jemandem zu vertrauen, wenn man ihn
gleichzeitig überwacht oder wenigstens überwachen kann,
es ist vielleicht sogar möglich, jemandem aus der Ferne zu
vertrauen, aber aus dem Innern des Baues, also einer anderen Welt heraus, jemandem außerhalb völlig zu vertrau-
en, ich glaube, das ist unmöglich. Aber solche Zweifel sind
noch nicht einmal nötig, es genügt ja schon die Überlegung, dass während oder nach meinem Hinabsteigen alle
die unzähligen Zufälle des Lebens den Vertrauensmann
hindern können, seine Pflicht zu erfüllen, und was für un-
berechenbare Folgen kann seine kleinste Verhinderung für
mich haben. Nein, fasst man alles zusammen, muss ich es
gar nicht beklagen, dass ich allein bin und niemanden habe, dem ich vertrauen kann. Ich verliere dadurch gewiss
keinen Vorteil und erspare mir wahrscheinlich Schaden.
Vertrauen aber kann ich nur mir und dem Bau. Das hätte
ich früher bedenken und für den Fall, der mich jetzt so
beschäftigt, Vorsorge treffen sollen. Es wäre am Beginne
des Baues wenigstens zum Teile möglich gewesen. Ich hätte den ersten Gang so anlegen müssen, dass er, in gehö-
rigem Abstand voneinander, zwei Eingänge gehabt hätte,
sodass ich durch den einen Eingang mit aller unvermeid-
lichen Umständlichkeit hinabgestiegen wäre, rasch den
Anfangsgang bis zum zweiten Eingang durchlaufen, die
Moosdecke dort, die zu dem Zweck entsprechend hätte
eingerichtet sein müssen, ein wenig gelüftet und von dort
aus die Lage einige Tage und Nächte zu überblicken versucht hätte. So allein wäre es richtig gewesen. Zwar verdoppeln zwei Eingänge die Gefahr, aber dieses Bedenken

Der Bau 109

hätte hier schweigen müssen, zumal der eine Eingang, der
nur als Beobachtungsplatz gedacht war, ganz eng hätte
sein können. Und damit verliere ich mich in technische
Überlegungen, ich fange wieder einmal meinen Traum
eines ganz vollkommenen Baues zu träumen an, das beru- 5
higt mich ein wenig, entzückt sehe ich mit geschlossenen
Augen klare und weniger klare Baumöglichkeiten, um unbemerkt aus- und einschlüpfen zu können.
Wenn ich so daliege und daran denke, bewerte ich diese
Möglichkeiten sehr hoch, aber doch nur als technische 10
Errungenschaften, nicht als wirkliche Vorteile, denn dieses
ungehinderte Aus- und Einschlüpfen, was soll es? Es deutet auf unruhigen Sinn, auf unsichere Selbsteinschätzung,
auf unsaubere Gelüste, schlechte Eigenschaften, die noch
viel schlechter werden angesichts des Baues, der doch 15
dasteht und Frieden einzugießen vermag, wenn man sich
ihm nur völlig öffnet. Nun bin ich freilich jetzt außerhalb
seiner und suche eine Möglichkeit der Rückkehr; dafür
wären die nötigen technischen Einrichtungen sehr er-
wünscht. Aber vielleicht doch nicht gar so sehr. Heißt es 20
nicht in der augenblicklichen nervösen Angst den Bau
sehr unterschätzen, wenn man ihn nur als eine Höhlung
ansieht, in die man sich mit möglichster Sicherheit ver-
kriechen will? Gewiss, er ist auch diese sichere Höhlung
oder sollte es sein, und wenn ich mir vorstelle, ich sei 25
mitten in einer Gefahr, dann will ich mit zusammengebis-
senen Zähnen und mit aller Kraft des Willens, dass der
Bau nichts anderes sei als das für meine Lebensrettung
bestimmte Loch und dass er diese klar gestellte Aufgabe
mit möglichster Vollkommenheit erfülle, und jede andere 30
Aufgabe bin ich bereit, ihm zu erlassen. Nun verhält es
sich aber so, dass er in Wirklichkeit – und für die hat man
in der großen Not keinen Blick und selbst in gefährdeten
Zeiten muss man sich diesen Blick erst erwerben – zwar
viel Sicherheit gibt, aber durchaus nicht genug, hören 35
dann jemals die Sorgen völlig in ihm auf? Es sind andere,
stolzere, inhaltsreichere, oft weit zurückgedrängte Sorgen, aber ihre verzehrende Wirkung ist vielleicht die gleiche wie jene der Sorgen, die das Leben draußen bereitet.
Hätte ich den Bau nur zu meiner Lebenssicherung aufge- 40

führt, wäre ich zwar nicht betrogen, aber das Verhältnis zwischen der ungeheuren Arbeit und der tatsächlichen Sicherung, wenigstens soweit ich sie zu empfinden imstande bin und soweit ich von ihr profitieren kann, wäre ein für mich nicht günstiges. Es ist sehr schmerzlich, sich das einzugestehen, aber es muss geschehen, gerade angesichts des Eingangs dort, der sich jetzt gegen mich, den Erbauer und Besitzer abschließt, ja förmlich verkrampft. Aber der Bau ist eben nicht nur ein Rettungsloch. Wenn ich auf dem Burgplatz stehe, umgeben von den hohen Fleischvorräten, das Gesicht zugewandt den zehn Gängen, die von hier ausgehen, jeder besondere dem Gesamtplatz entsprechend gesenkt oder gehoben, gestreckt oder gerundet, sich erweiternd oder sich verengend und alle gleichmäßig still und leer, und bereit, jeder in seiner Art mich weiterzuführen zu den vielen Plätzen, und auch diese alle still und leer – dann liegt mir der Gedanke an Sicherheit fern, dann weiß ich genau, dass hier meine Burg ist, die ich durch Kratzen und Beißen, Stampfen und Stoßen dem widerspenstigen Boden abgewonnen habe, meine Burg, die auf keine Weise jemandem anderen angehören kann und die so sehr mein ist, dass ich hier letzten Endes ruhig von meinem Feind auch die tödliche Verwundung annehmen kann, denn mein Blut versickert hier in meinem Boden und geht nicht verloren. Und was anderes als dies ist denn auch der Sinn der schönen Stunden, die ich, halb friedlich schlafend, halb fröhlich wachend, in den Gängen zu verbringen pflege, in diesen Gängen, die ganz genau für mich berechnet sind, für wohliges Strecken, kindliches Sichwälzen, träumerisches Daliegen, seliges Entschlafen. Und die kleinen Plätze, jeder mir wohlbekannt, jeder trotz völliger Gleichheit von mir mit geschlossenen Augen schon nach dem Schwung der Wände deutlich unterschieden, sie umfangen mich friedlich und warm, wie kein Nest seinen Vogel umfängt. Und alles, alles still und leer.
Wenn es aber so ist, warum zögere ich dann, warum fürchte ich den Eindringling mehr als die Möglichkeit, vielleicht niemals meinen Bau wiederzusehen. Nun, dieses Letztere ist glücklicherweise eine Unmöglichkeit,

es wäre gar nicht nötig, mir durch Überlegungen erst
klarzumachen, was mir der Bau bedeutet; ich und der Bau
gehören so zusammen, dass ich ruhig, ruhig bei aller meiner Angst, mich hier niederlassen könnte, gar nicht versuchen müsste, mich zu überwinden, auch den Eingang 5
entgegen allen Bedenken zu öffnen, es würde durchaus
genügen, wenn ich untätig wartete, denn nichts kann uns
auf die Dauer trennen und irgendwie komme ich schließlich ganz gewiss hinab. Aber freilich, wie viel Zeit kann
bis dahin vergehen und wie viel kann in dieser Zeit sich 10
ereignen, hier oben sowohl wie dort unten? Und es liegt
doch nur an mir, diesen Zeitraum zu verkürzen und das
Notwendige gleich zu tun.
Und nun, schon denkunfähig vor Müdigkeit, mit hän-
gendem Kopf, unsicheren Beinen, halb schlafend, mehr 15
tastend als gehend, nähere ich mich dem Eingang, hebe
langsam das Moos, steige langsam hinab, lasse aus Zerstreutheit den Eingang überflüssig lange unbedeckt, erinnere mich dann an das Versäumte, steige wieder hinauf,
um es nachzuholen, aber warum denn hinaufsteigen? Nur 20
die Moosdecke soll ich zuziehen, gut, so steige ich wieder
hinunter und nun endlich ziehe ich die Moosdecke zu.
Nur in diesem Zustand, ausschließlich in diesem Zustand,
kann ich diese Sache ausführen. – Dann also liege ich unter dem Moos, oben auf der eingebrachten Beute, umflos- 25
sen von Blut und Fleischsäften, und könnte den ersehnten
Schlaf zu schlafen beginnen. Nichts stört mich, niemand
ist mir gefolgt, über dem Moos scheint es, wenigstens bis
jetzt, ruhig zu sein, und selbst wenn es nicht ruhig wäre,
ich glaube, ich könnte mich jetzt nicht mit Beobachtungen 30
aufhalten; ich habe den Ort gewechselt, aus der Oberwelt
bin ich in meinen Bau gekommen und ich fühle die Wirkung dessen sofort. Es ist eine neue Welt, die neue Kräfte
gibt, und was oben Müdigkeit ist, gilt hier nicht als solche.
Ich bin von einer Reise zurückgekehrt, besinnungslos mü- 35
de von den Strapazen, aber das Wiedersehen der alten
Wohnung, die Einrichtungsarbeit, die mich erwartet, die
Notwendigkeit, schnell alle Räume wenigstens oberflächlich zu besichtigen, vor allem aber eiligst zum Burgplatz
vorzudringen, das alles verwandelt meine Müdigkeit in 40

Unruhe und Eifer, es ist, als hätte ich während des Augen-
blicks, da ich den Bau betrat, einen langen und tiefen
Schlaf getan. Die erste Arbeit ist sehr mühselig und nimmt
mich ganz in Anspruch: die Beute nämlich durch die engen und schwachwandigen Gänge des Labyrinths zu
bringen. Ich drücke vorwärts mit allen Kräften und es geht
auch, aber mir viel zu langsam; um es zu beschleunigen,
reiße ich einen Teil der Fleischmassen zurück und dränge
mich über sie hinweg, durch sie hindurch, nun habe ich
bloß einen Teil vor mir, nun ist es leichter, ihn vorwärts zu
bringen, aber ich bin derart mitten darin in der Fülle des
Fleisches hier in den engen Gängen, durch die es mir,
selbst wenn ich allein bin, nicht immer leicht wird durchzukommen, dass ich recht gut in meinen eigenen Vorräten
ersticken könnte, manchmal kann ich mich schon nur
durch Fressen und Trinken vor ihrem Andrang bewahren.
Aber der Transport gelingt, ich beende ihn in nicht zu
langer Zeit, das Labyrinth ist überwunden, aufatmend
stehe ich in einem regelrechten Gang, treibe die Beute
durch einen Verbindungsgang in einen für solche Fälle
besonders vorgesehenen Hauptgang, der in starkem Ge-
fälle zum Burgplatz hinabführt. Nun ist es keine Arbeit
mehr, nun rollt und fließt das Ganze fast von selbst hinab.
Endlich auf meinem Burgplatz! Endlich werde ich ruhen
dürfen. Alles ist unverändert, kein größeres Unglück
scheint geschehen zu sein, die kleinen Schäden, die ich auf
den ersten Blick bemerke, werden bald verbessert sein,
nur noch vorher die lange Wanderung durch die Gänge,
aber das ist keine Mühe, das ist ein Plaudern mit Freunden, so wie ich es tat in alten Zeiten oder – ich bin noch
gar nicht so alt, aber für vieles trübt sich die Erinnerung
schon völlig – wie ich es tat oder wie ich hörte, dass es zu
geschehen pflegt. Ich beginne jetzt mit dem zweiten Gang
absichtlich langsam, nachdem ich den Burgplatz gesehen
habe, habe ich endlose Zeit – immer innerhalb des Baues
habe ich endlose Zeit –, denn alles, was ich dort tue, ist gut
und wichtig und sättigt mich gewissermaßen. Ich beginne
mit dem zweiten Gang und breche die Revision[1] in der

---

[1] Durchsicht, Nachprüfung

Der Bau 113

Mitte ab und gehe zum dritten Gang über und lasse mich
von ihm zum Burgplatz zurückführen und muss nun allerdings wieder den zweiten Gang von Neuem vornehmen und spiele so mit der Arbeit und vermehre sie und
lache vor mich hin und freue mich und werde ganz wirr 5
von der vielen Arbeit, aber lasse nicht von ihr ab. Euret-
wegen, ihr Gänge und Plätze und deine Fragen vor allem,
Burgplatz, bin ich ja gekommen, habe mein Leben für
nichts geachtet, nachdem ich lange Zeit die Dummheit
hatte, seinetwegen zu zittern und die Rückkehr zu euch 10
zu verzögern. Was kümmert mich die Gefahr, jetzt, da ich
bei euch bin. Ihr gehört zu mir, ich zu euch, verbunden
sind wir, was kann uns geschehen. Mag sich oben auch
das Volk schon drängen und die Schnauze bereit sein, die
das Moos durchstoßen wird. Und mit seiner Stummheit 15
und Leere begrüßt nun auch mich der Bau und bekräftigt,
was ich sage. – Nun aber überkommt mich doch eine gewisse Lässigkeit und auf einem Platz, der zu meinen Lieb-
lingen gehört, rolle ich mich ein wenig zusammen, noch
lange habe ich nicht alles besichtigt, aber ich will ja auch 20
noch weiter besichtigen bis zum Ende, ich will hier nicht
schlafen, nur der Lockung gebe ich nach, mich hier so
einzurichten, wie wenn ich schlafen wollte, nachsehen
will ich, ob das hier noch immer so gut gelingt wie früher.
Es gelingt, aber mir gelingt es nicht, mich loszureißen, ich 25
bleibe hier in tiefem Schlaf.
Ich habe wohl sehr lange geschlafen. Erst aus dem letzten
von selbst sich auflösenden Schlaf werde ich geweckt, der
Schlaf muss nun schon sehr leicht sein, denn ein an sich
kaum hörbares Zischen weckt mich. Ich verstehe es sofort, 30
das Kleinzeug, viel zu wenig von mir beaufsichtigt, viel
zu sehr von mir geschont, hat in meiner Abwesenheit irgendwo einen neuen Weg gebohrt, dieser Weg ist mit
einem alten zusammengestoßen, die Luft verfängt sich
dort und das ergibt das zischende Geräusch. Was für ein 35
unaufhörlich tätiges Volk das ist und wie lästig sein Fleiß!
Ich werde, genau horchend an den Wänden meines
Ganges, durch Versuchsgrabungen den Ort der Störung
erst feststellen müssen und dann erst das Geräusch beseitigen können. Übrigens kann der neue Graben, wenn er 40

114 Todesangst

irgendwie den Verhältnissen des Baues entspricht, als neue Luftzuführung mir auch willkommen sein. Aber auf die Kleinen will ich nun viel besser achten als bisher, keines darf geschont werden. Da ich große Übung in solchen
5 Untersuchungen habe, wird es wohl nicht lange dauern und ich kann gleich damit beginnen, es liegen zwar noch andere Arbeiten vor, aber diese ist die dringendste, es soll still sein in meinen Gängen. Dieses Geräusch ist übrigens ein verhältnismäßig unschuldiges; ich habe es gar nicht
10 gehört, als ich kam, obwohl es gewiss schon vorhanden war; ich musste erst wieder völlig heimisch werden, um es zu hören, es ist gewissermaßen nur mit dem Ohr des Hausbesitzers hörbar. Und es ist nicht einmal ständig, wie sonst solche Geräusche zu sein pflegen, es macht große
15 Pausen, das geht offenbar auf Anstauungen des Luftstroms zurück. Ich beginne die Untersuchung, aber es gelingt mir nicht, die Stelle, wo man eingreifen müsste, zu finden, ich mache zwar einige Grabungen, aber nur aufs Geratewohl; natürlich ergibt sich so nichts und die große
20 Arbeit des Grabens und die noch größere des Zuschüttens und Ausgleichens ist vergeblich. Ich komme gar nicht dem Ort des Geräusches näher, immer unverändert dünn klingt es in regelmäßigen Pausen, einmal wie Zischen, einmal aber wie Pfeifen. Nun, ich könnte es auch vorläufig
25 auf sich beruhen lassen, es ist zwar sehr störend, aber an der von mir angenommenen Herkunft des Geräusches kann kaum ein Zweifel sein, es wird sich also kaum verstärken, im Gegenteil, es kann auch geschehen, dass – bisher habe ich allerdings niemals so lange gewartet – solche
30 Geräusche im Laufe der Zeit durch die weitere Arbeit der kleinen Bohrer von selbst verschwinden, und, abgesehen davon, oft bringt ein Zufall leicht auf die Spur der Störung, während systematisches Suchen lange versagen kann. So tröste ich mich und wollte lieber weiter durch die Gänge
35 schweifen und die Plätze besuchen, von denen ich noch viele nicht einmal wiedergesehen habe, und dazwischen immer ein wenig mich auf dem Burgplatz tummeln, aber es lässt mich doch nicht, ich muss weiter suchen. Viel Zeit, viel Zeit, die besser verwendet werden könnte, kostet
40 mich das kleine Volk. Bei solchen Gelegenheiten ist es

Der Bau 115

gewöhnlich das technische Problem, das mich lockt, ich
stelle mir zum Beispiel nach dem Geräusch, das mein Ohr
in allen seinen Feinheiten zu unterscheiden die Eignung
hat, ganz genau aufzeichenbar, die Veranlassung vor, und
nun drängt es mich nachzuprüfen, ob die Wirklichkeit
dem entspricht. Mit gutem Grund, denn solange hier eine
Feststellung nicht erfolgt ist, kann ich mich auch nicht
sicher fühlen, selbst wenn es sich nur darum handeln würde, zu wissen, wohin ein Sandkorn, das eine Wand herab-
fällt, rollen wird. Und gar ein solches Geräusch, das ist in
dieser Hinsicht eine gar nicht unwichtige Angelegenheit.
Aber wichtig oder unwichtig, wie sehr ich auch suche, ich
finde nichts, oder vielmehr ich finde zu viel. Gerade auf
meinem Lieblingsplatz musste dies geschehen, denke ich,
gehe recht weit von dort weg, fast in die Mitte des Weges
zum nächsten Platz, das Ganze ist eigentlich ein Scherz,
so als wollte ich beweisen, dass nicht etwa gerade mein
Lieblingsplatz allein mir diese Störung bereitet hat, sondern dass es Störungen auch anderwärts gibt, und ich
fange lächelnd an zu horchen, höre aber bald zu lächeln
auf, denn wahrhaftig, das gleiche Zischen gibt es auch
hier. Es ist ja nichts, manchmal glaube ich, niemand außer
mir würde es hören, ich höre es freilich jetzt mit dem durch
die Übung geschärften Ohr immer deutlicher, obwohl es
in Wirklichkeit überall ganz genau das gleiche Geräusch
ist, wie ich mich durch Vergleichen überzeugen kann. Es
wird auch nicht stärker, wie ich erkenne, wenn ich, ohne
direkt an der Wand zu horchen, mitten im Gang lausche.
Dann kann ich überhaupt nur mit Anstrengung, ja mit
Versenkung hie und da den Hauch eines Lautes mehr
erraten als hören. Aber gerade dieses Gleichbleiben an
allen Orten stört mich am meisten, denn es lässt sich mit
meiner ursprünglichen Annahme nicht in Übereinstim-
mung bringen. Hätte ich den Grund des Geräusches richtig erraten, hätte es in größter Stärke von einem bestimmten Ort, der eben zu finden gewesen wäre, ausstrahlen
und dann immer kleiner werden müssen. Wenn aber meine Erklärung nicht zutraf, was war es sonst? Es bestand
doch die Möglichkeit, dass es zwei Geräuschzentren gab,
dass ich bis jetzt nur weit von den Zentren gehorcht hatte,

und dass, wenn ich mich dem einen Zentrum näherte,
zwar seine Geräusche zunahmen, aber infolge Abneh-
mens der Geräusche des anderen Zentrums das Gesamt-
ergebnis für das Ohr immer ein annähernd gleiches blieb.
Fast glaubte ich schon, wenn ich genau hinhorchte, Klang-
unterschiede, die der neuen Annahme entsprachen, wenn
auch nur sehr undeutlich, zu erkennen. Jedenfalls musste
ich das Versuchsgebiet viel weiter ausdehnen, als ich es
bisher getan hatte. Ich gehe deshalb den Gang abwärts bis
zum Burgplatz und beginne dort zu horchen. – Sonderbar,
das gleiche Geräusch auch hier. Nun, es ist ein Geräusch,
erzeugt durch die Grabungen irgendwelcher nichtiger
Tiere, die die Zeit meiner Abwesenheit in infamer Weise
ausgenützt haben, jedenfalls liegt ihnen eine gegen mich
gerichtete Absicht fern, sie sind nur mit ihrem Werk beschäftigt und, solange ihnen nicht ein Hindernis in den
Weg kommt, halten sie die einmal genommene Richtung
ein, das alles weiß ich, trotzdem ist es mir unbegreiflich
und erregt mich und verwirrt mir den für die Arbeit sehr
notwendigen Verstand, dass sie es gewagt haben, bis an
den Burgplatz heranzugehen. Ich will in der Hinsicht
nicht unterscheiden: War es die immerhin bedeutende
Tiefe, in welcher der Burgplatz liegt, war es seine große
Ausdehnung und die ihr entsprechende starke Luftbewe-
gung, welche die Grabenden abschreckte, oder war einfach die Tatsache, dass es der Burgplatz war, durch irgendwelche Nachrichten bis an ihren stumpfen Sinn gedrungen?
Grabungen hatte ich jedenfalls bisher in den Wänden des
Burgplatzes nicht beobachtet. Tiere kamen zwar, angezogen von den kräftigen Ausdünstungen, in Mengen her,
hier hatte ich meine feste Jagd, aber sie hatten sich irgendwo oben in meine Gänge durchgegraben und kamen
dann, beklommen zwar, aber mächtig angezogen, die
Gänge hergelaufen. Nun aber bohrten sie also auch in den
Gängen. Hätte ich doch wenigstens die wichtigsten Pläne
meines Jünglings- und früheren Mannesalters ausgeführt
oder vielmehr, hätte ich die Kraft gehabt, sie auszuführen,
denn an dem Willen hat es nicht gefehlt. Einer dieser Lieb-
lingspläne war es gewesen, den Burgplatz loszulösen von
der ihn umgebenden Erde, das heißt, seine Wände nur in

Der Bau 117

einer etwa meiner Höhe entsprechenden Dicke zu belassen, darüber hinaus aber rings um den Burgplatz bis auf ein kleines, von der Erde leider nicht loslösbares Fundament einen Hohlraum im Ausmaß der Wand zu schaffen. In diesem Hohlraum hatte ich mir immer, und wohl kaum mit Unrecht, den schönsten Aufenthaltsort vorgestellt, den es für mich geben konnte. Auf dieser Rundung hängen, hinauf sich ziehen, hinab zu gleiten, sich überschlagen und wieder Boden unter den Füßen haben, und alle diese Spiele förmlich auf dem Körper des Burgplatzes spielen und doch nicht in seinem eigentlichen Raum; den Burgplatz meiden können, die Augen ausruhen lassen können von ihm, die Freude, ihn zu sehen, auf eine spätere Stunde verschieben und doch ihn nicht entbehren müssen, sondern ihn förmlich fest zwischen den Krallen halten, etwas, was unmöglich ist, wenn man nur den einen gewöhnlichen offenen Zugang zu ihm hat; vor allem aber ihn bewachen können, für die Entbehrung seines Anblicks also derart entschädigt werden, dass man gewiss, wenn man zwischen dem Aufenthalt im Burgplatz oder im Hohlraum zu wählen hätte, den Hohlraum wählte für alle Zeit seines Lebens, nur immer dort auf- und abzuwandern und den Burgplatz zu schützen. Dann gäbe es keine Geräusche in den Wänden, keine frechen Grabungen bis an den Platz heran, dann wäre dort der Friede gewährleistet und ich wäre sein Wächter; nicht die Grabungen des kleinen Volkes hätte ich mit Widerwillen zu behorchen, sondern mit Entzücken etwas, was mir jetzt völlig entgeht: das Rauschen der Stille auf dem Burgplatz.

Aber alles dieses Schöne besteht nun eben nicht und ich muss an meine Arbeit, fast muss ich froh sein, dass sie nun auch in direkter Beziehung zum Burgplatz steht, denn das beflügelt mich. Ich brauche freilich, wie sich immer mehr herausstellt, alle meine Kräfte zu dieser Arbeit, die zuerst eine ganz geringfügige schien. Ich horche jetzt die Wände des Burgplatzes ab, und wo ich horche, hoch und tief, an den Wänden oder am Boden, an den Eingängen oder im Innern, überall, überall das gleiche Geräusch. Und wie viel Zeit, wie viel Anspannung erfordert dieses lange Horchen auf das pausenweise Geräusch. Einen kleinen Trost zur Selbsttäuschung kann man, wenn man will, darin finden, dass man hier auf dem Burgplatz, wenn man das Ohr vom Erdboden entfernt, zum Unterschied von den Gängen wegen der Größe des Platzes gar nichts hört. Nur zum Ausruhen, zum Selbstbesinnen mache ich häufig diese Versuche, horche angestrengt und bin glücklich, nichts zu hören. Aber im Übrigen, was ist denn geschehen? Vor dieser Erscheinung versagen meine ersten Erklärungen völlig. Aber auch andere Erklärungen, die sich mir anbieten, muss ich ablehnen. Man könnte daran denken, dass das, was ich höre, eben das Kleinzeug selbst bei seiner Arbeit ist. Das würde aber allen Erfahrungen widersprechen; was ich nie gehört habe, obwohl es immer vorhanden war, kann ich doch nicht plötzlich zu hören anfangen. Meine Empfindlichkeit gegen Störungen ist vielleicht im Bau größer geworden mit den Jahren, aber das Gehör ist doch keineswegs schärfer geworden. Es ist eben das Wesen des Kleinzeugs, dass man es nicht hört. Hätte ich es denn sonst jemals geduldet? Auf die Gefahr hin zu verhungern hätte ich es ausgerottet. Aber vielleicht, auch dieser Gedanke schleicht sich mir ein, handelt es sich hier um ein Tier, das ich noch nicht kenne. Möglich wäre es. Zwar beobachte ich schon lange und sorgfältig genug das Leben hier unten, aber die Welt ist mannigfaltig und an schlimmen Überraschungen fehlt es niemals. Aber es wäre ja nicht ein einzelnes Tier, es müsste eine große Herde sein, die plötzlich in mein Gebiet eingefallen wäre, eine große Herde kleiner Tiere, die zwar, da sie überhaupt hörbar sind, über dem Kleinzeug stehen, aber es doch nur wenig überragen, denn das Geräusch ihrer Arbeit ist an sich nur gering. Es könnten also unbekannte Tiere sein, eine Herde auf der Wanderschaft, die nur vorüberziehen, die mich stören, aber deren Zug bald ein Ende nehmen wird. So könnte ich also eigentlich warten und müsste schließlich keine überflüssige Arbeit tun. Aber wenn es fremde Tieren sind, warum bekomme ich sie nicht zu sehen? Nun habe ich schon viele Grabungen gemacht, um eines von ihnen zu fassen, aber ich finde keines. Es fällt mir ein, dass es vielleicht ganz winzige Tiere sind und viel kleiner als die, welche ich kenne, und dass nur das Ge-

räusch, welches sie machen, ein größeres ist. Ich unter-
suche deshalb die ausgegrabene Erde, ich werfe die Klum-
pen in die Höhe, dass sie in allerkleinste Teilchen zerfallen,
aber die Lärmmacher sind nicht darunter, ich sehe langsam ein, dass ich durch solche kleine Zufallsgrabungen
nichts erreichen kann, ich durchwühle damit nur die Wände meines Baues, scharre hier und dort in Eile, habe keine
Zeit, die Löcher zuzuschütten, an vielen Stellen sind schon
Erdhaufen, die den Weg und Ausblick verstellen. Freilich
stört mich das alles nur nebenbei, ich kann jetzt weder
wandern, noch umherschauen, noch ruhen, öfters bin ich
schon für ein Weilchen in irgendeinem Loch bei der Arbeit
eingeschlafen, die eine Pfote eingekrallt oben in der Erde,
von der ich im letzten Halbschlaf ein Stück niederreißen
wollte. Ich werden nun meine Methode ändern. Ich werde
in der Richtung zum Geräusch hin einen regelrechten
großen Graben bauen und nicht früher zu graben aufhören, bis ich, unabhängig von allen Theorien, die wirkliche
Ursache des Geräusches finde. Dann werde ich sie beseitigen, wenn es in meiner Kraft ist, wenn aber nicht, werde
ich wenigstens Gewissheit haben. Diese Gewissheit wird
mir entweder Beruhigung oder Verzweiflung bringen,
aber wie es auch sein wird, dieses oder jenes; es wird
zweifellos und berechtigt sein. Dieser Entschluss tut mir
wohl. Alles, was ich bisher getan habe, kommt mir übereilt
vor; in der Aufregung der Rückkehr, noch nicht frei von
den Sorgen der Oberwelt, noch nicht völlig aufgenommen
in den Frieden des Baues, überempfindlich dadurch gemacht, dass ich ihn so lange hatte entbehren müssen, habe
ich mich durch eine zugegebenerweise sonderbare Erscheinung um jede Besinnung bringen lassen. Was ist
denn? Ein leichtes Zischen, in langen Pausen nur hörbar,
ein Nichts, an das man sich, ich will nicht sagen, gewöhnen könnte; nein, gewöhnen könnte man sich daran nicht,
das man aber, ohne vorläufig geradezu etwas dagegen zu
unternehmen, eine Zeitlang beobachten könnte, das heißt,
alle paar Stunden gelegentlich hinhorchen und das Ergebnis geduldig registrieren, aber nicht, wie ich, das Ohr die
Wände entlang schleifen und fast bei jedem Hörbarwer-
den des Geräusches die Erde aufreißen, nicht um eigent-

lich etwas zu finden, sondern um etwas der inneren Unruhe Entsprechendes zu tun. Das wird jetzt anders werden, hoffe ich. Und hoffe es auch wieder nicht, – wie ich mit geschlossenen Augen, wütend über mich selbst, mir eingestehe – denn die Unruhe zittert in mir noch genauso wie seit Stunden, und wenn mich der Verstand nicht zurückhielte, würde ich wahrscheinlich am liebsten an irgendeiner Stelle, gleichgültig, ob dort etwas zu hören ist oder nicht, stumpfsinnig, trotzig, nur des Grabens wegen zu graben anfangen, schon fast ähnlich dem Kleinzeug, welches entweder ganz ohne Sinn gräbt oder nur, weil es die Erde frisst. Der neue vernünftige Plan lockt mich und lockt mich nicht. Es ist nichts gegen ihn einzuwenden, ich wenigstens weiß keinen Einwand, er muss, soweit ich es verstehe, zum Ziele führen. Und trotzdem glaube ich ihm im Grunde nicht, glaube ihm so wenig, dass ich nicht einmal die möglichen Schrecken seines Ergebnisses fürchte, nicht einmal an ein schreckliches Ergebnis glaube ich; ja, es scheint mir, ich hätte schon seit dem ersten Auftreten des Geräusches an ein solches konsequentes Graben gedacht, und nur weil ich kein Vertrauen dazu hatte, bisher damit nicht begonnen. Trotzdem werde ich natürlich den Graben beginnen, es bleibt mir keine andere Möglichkeit, aber ich werde nicht gleich beginnen, ich werde die Arbeit ein wenig aufschieben. Wenn der Verstand wieder zu Ehren kommen soll, soll es ganz geschehen, ich werde mich nicht in diese Arbeit stürzen. Jedenfalls werde ich vorher die Schäden gutmachen, die ich durch meine Wühlarbeit dem Bau verursacht habe; das wird nicht wenig Zeit kosten, aber es ist notwendig; wenn der neue Graben wirklich zu einem Ziele führen sollte, wird er wahrscheinlich lang werden, und wenn er zu keinem Ziele führen sollte, wird er endlos sein, jedenfalls bedeutet diese Arbeit ein längeres Fernbleiben vom Bau, kein so schlimmes wie jenes auf der Oberwelt, ich kann die Arbeit, wenn ich will, unterbrechen und zu Besuch nach Hause gehen, und selbst wenn ich das nicht tue, wird die Luft des Burgplatzes zu mir hinwehen und bei der Arbeit mich umgeben, aber eine Entfernung vom Bau und die Preisgabe an ein ungewisses Schicksal bedeutet es dennoch, des-

halb will ich hinter mir den Bau in guter Ordnung zurück-
lassen, es soll nicht heißen, dass ich, der ich um seine
Ruhe kämpfte, selbst sie gestört und sie nicht gleich wie-
derhergestellt habe. So beginne ich denn damit, die Erde
in die Löcher zurückzuscharren, eine Arbeit, die ich genau 5
kenne, die ich unzählige Mal fast ohne das Bewusstsein
einer Arbeit getan habe und die ich, besonders was das
letzte Pressen und Glätten betrifft –, es ist gewiss kein
bloßes Selbstlob, es ist einfach Wahrheit –, unübertrefflich
auszuführen imstande bin. Diesmal aber wird es mir 10
schwer, ich bin zu zerstreut, immer wieder mitten in der
Arbeit drücke ich das Ohr an die Wand und horche und
lasse gleichgültig unter mir die kaum gehobene Erde
wieder in den Hang zurückrieseln. Die letzten Verschöne-
rungsarbeiten, die eine stärkere Aufmerksamkeit erfor- 15
dern, kann ich kaum leisten. Hässliche Buckel, störende
Risse bleiben, nicht zu reden davon, dass sich auch im
Ganzen der alte Schwung einer derart geflickten Wand
nicht wieder einstellen will. Ich suche mich damit zu trösten, dass es nur eine vorläufige Arbeit ist. Wenn ich zu- 20
rückkomme, der Friede wieder verschafft ist, werde ich
alles endgültig verbessern, im Fluge wird sich das dann
alles machen lassen. Ja, im Märchen geht alles im Fluge
und zu den Märchen gehört auch dieser Trost. Besser wäre es, gleich jetzt vollkommene Arbeit zu tun, viel nütz- 25
licher, als sie immer wieder zu unterbrechen, sich auf
Wanderschaft durch die Gänge zu begeben und neue Ge-
räuschstellen festzustellen, was wahrhaftig sehr leicht ist,
denn es erfordert nichts, als an einem beliebigen Ort stehen zu bleiben und zu horchen. Und noch weitere unnüt- 30
ze Entdeckungen mache ich. Manchmal scheint es mir, als
habe das Geräusch aufgehört, es macht ja lange Pausen,
manchmal überhört man ein solches Zischen, allzusehr
klopft das eigene Blut im Ohr, dann schließen sich zwei
Pausen zu einer zusammen und ein Weilchen lang glaubt 35
man, das Zischen sei für immer zu Ende. Man horcht nicht
mehr weiter, man springt auf, das ganze Leben macht eine
Umwälzung, es ist, als öffne sich die Quelle, aus welcher
die Stille des Baues strömt. Man hütet sich, die Entdeckung gleich nachzuprüfen, man sucht jemanden, dem 40

122 Todesangst

man sie vorher unangezweifelt anvertrauen könne, man
galoppiert deshalb zum Burgplatz, man erinnert sich, da
man mit allem, was man ist, zu neuem Leben erwacht ist,
dass man schon lange nichts gegessen hat, man reißt irgendetwas von den unter der Erde halb verschütteten
Vorräten hervor und schlingt daran noch, während man
zu dem Ort der unglaublichen Entdeckung zurückläuft,
man will sich zuerst nur nebenbei, nur flüchtig wahrend
des Essens von der Sache nochmals überzeugen, man
horcht, aber das flüchtige Hinhorchen zeigt sofort, dass
man sich schmählich geirrt hat, unerschüttert zischt es
dort weit in der Ferne. Und man speit das Essen aus und
möchte es in den Boden stampfen und man geht zu seiner
Arbeit zurück, weiß gar nicht, zu welcher; irgendwo, wo
es nötig zu sein scheint, und solcher Orte gibt es genug,
fängt man mechanisch etwas zu tun an, so als sei nur der
Aufseher gekommen und man müsse ihm eine Komödie
vorspielen. Aber kaum hat man ein Weilchen derart gearbeitet, kann es geschehen, dass man eine neue Entdeckung
macht. Das Geräusch scheint stärker geworden, nicht viel
stärker natürlich, hier handelt es sich immer nur um feins-
te Unterschiede, aber ein wenig stärker doch, deutlich
dem Ohre erkennbar. Und dieses Stärkerwerden scheint
ein Näherkommen, noch viel deutlicher als man das Stärkerwerden hört, sieht man förmlich den Schritt, mit dem
es näher kommt. Man springt von der Wand zurück, man
sucht mit einem Blick alle Möglichkeiten zu übersehen,
welche diese Entdeckung zur Folge haben wird. Man hat
das Gefühl, als hätte man den Bau niemals eigentlich zur
Verteidigung gegen einen Angriff eingerichtet, die Absicht
hatte man, aber entgegen aller Lebenserfahrung erschien
einem die Gefahr eines Angriffs und daher die Einrichtungen der Verteidigung fernliegend – oder nicht fernliegend (wie wäre das möglich!), aber im Rang tief unter den
Einrichtungen für ein friedliches Leben, denen man deshalb im Bau überall den Vorzug gab. Vieles hätte in jener
Richtung eingerichtet werden können, ohne den Grund-
plan zu stören, es ist in einer unverständlichen Weise versäumt worden. Ich habe viel Glück gehabt in allen diesen
Jahren, das Glück hat mich verwöhnt, unruhig war ich

gewesen, aber Unruhe innerhalb des Glücks führt zu nichts.

Was jetzt zunächst zu tun wäre, wäre eigentlich, den Bau genau auf die Verteidigung und auf alle bei ihr vorstellbaren Möglichkeiten hin zu besichtigen, einen Verteidigungs- und einen zugehörigen Bauplan auszuarbeiten und dann mit der Arbeit gleich, frisch wie ein Junger, zu beginnen. Das wäre die notwendige Arbeit, für die es, nebenbei gesagt, natürlich viel zu spät ist, aber die notwendige Arbeit wäre es, und keineswegs die Grabung irgendeines großen Forschungsgrabens, der eigentlich nur den Zweck hat, verteidigungslos mich mit allen meinen Kräften auf das Aufsuchen der Gefahr zu verlegen, in der närrischen Befürchtung, sie könne nicht bald genug selbst herankommen. Ich verstehe plötzlich meinen früheren Plan nicht. Ich kann in dem ehemals Verständigen nicht den geringsten Verstand finden, wieder lasse ich die Arbeit und lasse auch das Horchen, ich will jetzt keine weiteren Verstärkungen entdecken, ich habe genug der Entdeckungen, ich lasse alles, ich wäre schon zufrieden, wenn ich mir den inneren Widerstreit beruhigte. Wieder lasse ich mich von meinen Gängen wegführen, komme in immer entferntere, seit meiner Rückkehr noch nicht gesehene, von meinen Scharrpfoten noch völlig unberührte, deren Stille aufwacht bei meinem Kommen und sich über mich senkt. Ich gebe mich nicht hin, ich eile hindurch, ich weiß gar nicht, was ich suche, wahrscheinlich nur Zeitaufschub. Ich irre so weit ab, dass ich bis zum Labyrinth komme, es lockt mich, an der Moosdecke zu horchen, so ferne Dinge, für den Augenblick so ferne, haben mein Interesse. Ich dringe bis hinauf vor und horche. Tiefe Stille; wie schön es hier ist, niemand kümmert sich dort um meinen Bau, jeder hat seine Geschäfte, die keine Beziehung zu mir haben, wie habe ich es angestellt, das zu erreichen. Hier an der Moosdecke ist vielleicht jetzt die einzige Stelle an meinem Bau, wo ich stundenlang vergebens horchen kann. – Eine völlige Umkehrung der Verhältnisse im Bau, der bisherige Ort der Gefahr ist ein Ort des Friedens geworden, der Burgplatz aber ist hineingerissen worden in den Lärm der Welt und ihrer Gefahren. Noch schlimmer, auch hier ist in Wirklichkeit kein Frieden, hier hat sich nichts verändert, ob still, ob lärmend, die Gefahr lauert wie früher über dem Moos, aber ich bin unempfindlich gegen sie geworden, allzu sehr in Anspruch genommen bin ich von dem Zischen in meinen Wänden.

5 Bin ich davon in Anspruch genommen? Es wird stärker, es kommt näher, ich aber schlängle mich durch das Labyrinth und lagere mich hier oben unter dem Moos, es ist ja fast, als überließe ich dem Zischer schon das Haus, zufrieden, wenn ich nur hier oben ein wenig Ruhe habe. Dem Zi-

10 scher? Habe ich etwa eine neue bestimmte Meinung über die Ursache des Geräusches? Das Geräusch stammt doch wohl von den Rinnen, welche das Kleinzeug gräbt? Ist das nicht meine bestimmte Meinung? Von ihr scheine ich doch noch nicht abgegangen zu sein. Und wenn es nicht direkt

15 von den Rinnen stammt, so irgendwie indirekt. Und wenn es gar nicht mit ihnen zusammenhängen sollte, dann lässt sich von vornherein wohl gar nichts annehmen und man muss warten, bis man die Ursache vielleicht findet oder sie selbst sich zeigt. Mit Annahmen spielen könnte man frei-

20 lich auch noch jetzt, es ließe sich zum Beispiel sagen, dass irgendwo in der Ferne ein Wassereinbruch stattgefunden hat, und das, was mir Pfeifen oder Zischen scheint, wäre dann eigentlich ein Rauschen. Aber abgesehen davon, dass ich in dieser Hinsicht gar keine Erfahrungen habe – das

25 Grundwasser, das ich zuerst gefunden habe, habe ich gleich abgeleitet und es ist nicht wiedergekommen in diesem sandigen Boden –, abgesehen davon ist es eben ein Zischen und in ein Rauschen nicht umzudeuten. Aber was helfen alle Mahnungen zur Ruhe, die Einbildungskraft

30 will nicht stillstehen und ich halte tatsächlich dabei zu glauben – es ist zwecklos, sich das selbst abzuleugnen –, das Zischen stamme von einem Tier, und zwar nicht von vielen und kleinen, sondern von einem einzigen großen. Es spricht manches dagegen. Dass das Geräusch überall

35 zu hören ist und immer in gleicher Stärke, und überdies regelmäßig bei Tag und Nacht. Gewiss, zuerst müsste man eher dazu neigen, viele kleine Tiere anzunehmen, da ich sie aber bei meinen Grabungen hätte finden müssen und nichts gefunden habe, bleibt nur die Annahme der Exis-

40 tenz des großen Tieres, zumal das, was der Annahme zu

widersprechen scheint, bloß Dinge sind, welche das Tier
nicht unmöglich, sondern nur über alle Vorstellbarkeit hinaus gefährlich machen. Nur deshalb habe ich mich gegen
die Annahme gewehrt. Ich lasse von dieser Selbsttäuschung ab. Schon lange spiele ich mit dem Gedanken, dass
es deshalb selbst auf große Entfernung hin zu hören ist,
weil es rasend arbeitet, es gräbt sich so schnell durch die
Erde, wie ein Spaziergänger im freien Gange geht, die Erde
zittert bei seinem Graben, auch wenn es schon vorüber ist,
dieses Nachzittern und das Geräusch der Arbeit selbst ver-
einigen sich in der großen Entfernung und ich, der ich nur
das letzte Verebben des Geräusches höre, höre es überall
gleich. Dabei wirkt mit, dass das Tier nicht auf mich zu-
geht, darum ändert sich das Geräusch nicht, es liegt vielmehr ein Plan vor, dessen Sinn ich nicht durchschaue, ich
nehme nur an, dass das Tier, wobei ich gar nicht behaupten
will, dass es von mir weiß, mich einkreist, wohl einige
Kreise hat es schon um meinen Bau gezogen, seit ich es
beobachte. – Viel zu denken gibt mir die Art des Geräusches, das Zischen oder Pfeifen. Wenn ich in meiner Art
in der Erde kratze und scharre, ist es doch ganz anders
anzuhören. Ich kann mir das Zischen nur so erklären, dass
das Hauptwerkzeug des Tieres nicht seine Krallen sind,
mit denen es vielleicht nur nachhilft, sondern seine Schnauze oder sein Rüssel, die allerdings, abgesehen von ihrer
ungeheuren Kraft, wohl auch irgendwelche Schärfen haben. Wahrscheinlich bohrt es mit einem einzigen mäch-
tigen Stoß den Rüssel in die Erde und reißt ein großes Stück
heraus, während dieser Zeit höre ich nichts, das ist die
Pause, dann aber zieht es wieder Luft ein zum neuen Stoß.
Dieses Einziehen der Luft, das ein die Erde erschütternder
Lärm sein muss, nicht nur wegen der Kraft des Tieres,
sondern auch wegen seiner Eile, seines Arbeitseifers, diesen Lärm höre ich dann als leises Zischen. Gänzlich unverständlich bleibt mir allerdings seine Fähigkeit, unaufhörlich zu arbeiten; vielleicht enthalten die kleinen Pausen
auch die Gelegenheit für ein winziges Ausruhen, aber zu
einem wirklichen großen Ausruhen ist es scheinbar noch
nicht gekommen, Tag und Nacht gräbt es immer in gleicher Kraft und Frische, seinen eiligst auszuführenden Plan

vor Augen, den zu verwirklichen es alle Fähigkeiten besitzt. Nun, einen solchen Gegner habe ich nicht erwarten können. Aber abgesehen von seinen Eigentümlichkeiten ereignet sich jetzt doch nur etwas, was ich eigentlich immer zu befürchten gehabt hätte, etwas, wogegen ich hätte immer Vorbereitungen treffen sollen: Es kommt jemand heran! Wie kam es nur, dass so lange Zeit alles still und glücklich verlief? Wer hat die Wege der Feinde gelenkt, dass sie den großen Bogen machten um meinen Besitz? Warum wurde ich so lange beschützt, um jetzt so geschreckt zu werden? Was waren alle kleinen Gefahren, mit deren Durchdenken ich die Zeit hinbrachte gegen diese eine! Hoffte ich als Besitzer des Baues die Übermacht zu haben gegen jeden, der käme? Eben als Besitzer dieses großen empfindlichen Werkes bin ich wohlverstanden gegenüber jedem ernsteren Angriff wehrlos. Das Glück eines Besitzes hat mich verwöhnt, die Empfindlichkeit des Baues hat mich empfindlich gemacht, seine Verletzungen schmerzen mich, als wären es die meinen. Eben dieses hätte ich voraussehen müssen, nicht nur an meine eigene Verteidigung denken – und wie leichthin und ergebnislos habe ich selbst das getan –, sondern an die Verteidigung des Baues. Es müsste vor allem Vorsorge dafür getroffen sein, dass einzelne Teile des Baues, und möglichst viele einzelne Teile, wenn sie von jemandem angegriffen werden, durch Erdverschüttungen, die in kürzester Zeit erzielbar sein müssten, von den weniger gefährdeten Teilen getrennt werden, und zwar durch solche Erdmassen, und derart wirkungsvoll getrennt werden könnten, dass der Angreifer gar nicht ahnte, dass dahinter erst der eigentliche Bau ist. Noch mehr, diese Erdverschüttungen müssten geeignet sein, nicht nur den Bau zu verbergen, sondern auch den Angreifer zu begraben. Nicht den kleinsten Anlauf zu etwas Derartigem habe ich gemacht, nichts, gar nichts ist in dieser Richtung geschehen, leichtsinnig wie ein Kind bin ich gewesen, meine Mannesjahre habe ich mit kindlichen Spielen verbracht, selbst mit den Gedanken an die Gefahren habe ich nur gespielt, an die wirklichen Gefahren wirklich zu denken, habe ich versäumt. Und an Mahnungen hat es nicht gefehlt.

Etwas, was an das Jetzige heranreichen würde, ist allerdings nicht geschehen, aber doch immerhin etwas Ähnliches in den Anfangszeiten des Baues. Der Hauptunterschied war eben, dass es die Anfangszeiten des Baues waren … Ich arbeitete damals, förmlich als kleiner Lehrling, noch am ersten Gang, das Labyrinth war erst in grobem Umriss entworfen, einen kleinen Platz hatte ich schon ausgehöhlt, aber er war im Ausmaß und in der Wandbehandlung ganz misslungen; kurz, alles war derartig am Anfang, dass es überhaupt nur als Versuch gelten konnte, als etwas, das man, wenn einmal die Geduld reißt, ohne großes Bedauern plötzlich liegen lassen könnte. Da geschah es, dass ich einmal in der Arbeitspause – ich habe in meinem Leben immer zu viel Arbeitspausen gemacht – zwischen meinen Erdhaufen lag und plötzlich ein Geräusch in der Ferne hörte. Jung wie ich war, wurde ich dadurch mehr neugierig als ängstlich. Ich ließ die Arbeit und verlegte mich aufs Horchen, immerhin horchte ich und lief nicht oben unter das Moos, um mich dort zu strecken und nicht horchen zu müssen. Wenigstens horchte ich. Ich konnte recht wohl unterscheiden, dass es sich um ein Graben handelte, ähnlich dem meinen, etwas schwächer klang es wohl, aber wie viel davon der Entfernung zuzusprechen war, konnte man nicht wissen, ich war gespannt, aber sonst kühl und ruhig. Vielleicht bin ich in einem fremden Bau, dachte ich, und der Besitzer gräbt sich jetzt an mich heran. Hätte sich die Richtigkeit dieser Annahme herausgestellt, wäre ich, da ich niemals eroberungssüchtig oder angriffslustig gewesen bin, weggezogen, um anderswo zu bauen. Aber freilich, ich war noch jung und hatte noch keinen Bau, ich konnte noch kühl und ruhig sein. Auch der weitere Verlauf der Sache brachte mir keine wesentliche Aufregung, nur zu deuten war er nicht leicht. Wenn der, welcher dort grub, wirklich zu mir hinstrebte, weil er mich graben gehört hatte, so war es, wenn er, wie es jetzt tatsächlich geschah, die Richtung änderte, nicht festzustellen, ob er dies tat, weil ich durch meine Arbeitspause ihm jeden Anhaltspunkt für seinen Weg nahm, oder vielmehr, weil er selbst seine Absicht änderte. Vielleicht aber hatte ich mich überhaupt getäuscht und er

hatte sich niemals geradezu gegen mich gerichtet, jedenfalls verstärkte sich das Geräusch noch eine Zeitlang, so
als nähere er sich, ich Junger wäre damals vielleicht gar
nicht damit unzufrieden gewesen, den Graber plötzlich
aus der Erde hervortreten zu sehen, es geschah aber nichts
dergleichen, von einem bestimmten Punkte an begann
sich das Graben abzuschwächen, es wurde leiser und leiser, so als schwenke der Graber allmählich von seiner ersten Richtung ab und auf einmal brach er ganz ab, als habe
er sich jetzt zu einer völlig entgegengesetzten Richtung
entschlossen und rücke geradewegs von mir weg in die
Ferne. Lange horchte ich ihm noch in die Stille nach, ehe
ich wieder zu arbeiten begann. Nun, diese Mahnung war
deutlich genug, aber bald vergaß ich sie und auf meine
Baupläne hat sie kaum einen Einfluss gehabt.
Zwischen damals und heute liegt mein Mannesalter; ist es
aber nicht so, als läge gar nichts dazwischen? Noch immer
mache ich eine große Arbeitspause und horche an der
Wand und der Graber hat neuerlich seine Absicht geändert, er hat kehrtgemacht, er kommt zurück von seiner
Reise, er glaubt, er hätte mir inzwischen genug Zeit gelas-
sen, mich für seinen Empfang einzurichten. Aber auf meiner Seite ist alles weniger eingerichtet, als es damals war,
der große Bau steht da, wehrlos, und ich bin kein kleiner
Lehrling mehr, sondern ein alter Baumeister und, was ich
an Kräften noch habe, versagt mir, wenn es zur Entscheidung kommt, aber wie alt ich auch bin, es scheint mir, dass
ich recht gern noch älter wäre, als ich bin, so alt, dass ich
mich gar nicht mehr erheben könnte von meinem Ruhe-
lager unter dem Moos. Denn in Wirklichkeit ertrage ich es
hier doch nicht, erhebe mich und jage, als hätte ich mich
hier statt mit Ruhe mit neuen Sorgen erfüllt, wieder hinunter ins Haus. – Wie standen die Dinge zuletzt? Das
Zischen war schwächer geworden? Nein, es war stärker
geworden. Ich horche an zehn beliebigen Stellen und
merke die Täuschung deutlich, das Zischen ist gleich geblieben, nichts hat sich geändert. Dort drüben gehen keine
Veränderungen vor sich, dort ist man ruhig und über die
Zeit erhaben, hier aber rüttelt jeder Augenblick am Horcher. Und ich gehe wieder den langen Weg zum Burgplatz

zurück, alles ringsherum scheint mir erregt, scheint mich anzusehen, scheint dann auch gleich wieder wegzusehen, um mich nicht zu stören, und strengt sich doch wieder an, von meinen Mienen die rettenden Entschlüsse abzulesen. Ich schüttle den Kopf, ich habe noch keine. Auch zum Burgplatz gehe ich nicht, um dort irgendeinen Plan auszuführen. Ich komme an der Stelle vorüber, wo ich den Forschungsgraben hatte anlegen wollen, ich prüfe sie nochmals, es wäre eine gute Stelle gewesen, der Graben hätte in der Richtung geführt, in welcher die meisten kleinen Luftzuführungen liegen, die mir die Arbeit sehr erleichtert hätten, vielleicht hätte ich gar nicht sehr weit graben müssen, hätte mich gar nicht herangraben müssen an den Ursprung des Geräusches, vielleicht hätte das Horchen an den Zuführungen genügt. Aber keine Überlegung ist stark genug, um mich zu dieser Grabungsarbeit aufzumuntern. Dieser Graben soll mir Gewissheit bringen? Ich bin so weit, dass ich Gewissheit gar nicht haben will. Auf dem Burgplatz wähle ich ein schönes Stück enthäuteten roten Fleisches aus und verkrieche mich damit in einem der Erdhaufen, dort wird jedenfalls Stille sein, soweit es hier überhaupt eigentliche Stille noch gibt. Ich lecke und nasche am Fleisch, denke abwechselnd einmal an das fremde Tier, das in der Ferne seinen Weg zieht, und dann wieder daran, dass ich, solange ich noch die Möglichkeit habe, ausgiebigst meine Vorräte genießen sollte. Dieses Letztere ist wahrscheinlich der einzige ausführbare Plan, den ich habe. Im Übrigen suche ich den Plan des Tieres zu enträtseln. Ist es auf Wanderschaft oder arbeitet es an seinem eigenen Bau? Ist es auf Wanderschaft, dann wäre vielleicht eine Verständigung mit ihm möglich. Wenn es wirklich bis zu mir durchbricht, gebe ich ihm einiges von meinen Vorräten und es wird weiterziehen. Wohl, es wird weiterziehen. In meinen Erdhaufen kann ich natürlich von allem träumen, auch von Verständigung, obwohl ich genau weiß, dass es etwas Derartiges nicht gibt und dass wir in dem Augenblick, wenn wir einander sehen, ja wenn wir einander nur in der Nähe ahnen, gleich besinnungslos, keiner früher, keiner später, mit einem neuen anderen Hunger, auch wenn wir sonst völlig satt sind, Krallen und

Zähne gegeneinander auftun werden. Und wie immer, so auch hier mit vollem Recht, denn wer, wenn er auch auf Wanderschaft ist, würde angesichts des Baues seine Reise- und Zukunftspläne nicht ändern? Aber vielleicht gräbt das Tier in seinem eigenen Bau, dann kann ich von einer Verständigung nicht einmal träumen. Selbst wenn es ein so sonderbares Tier wäre, dass sein Bau eine Nachbar- schaft vertragen würde, mein Bau verträgt sie nicht, zu- mindest eine hörbare Nachbarschaft verträgt er nicht. Nun scheint das Tier freilich sehr weit entfernt, wenn es sich nur noch ein wenig weiter zurückziehen würde, wür- de wohl auch das Geräusch verschwinden, vielleicht könnte dann noch alles gut werden wie in den alten Zeiten, es wäre dann nur eine böse, aber wohltätige Erfahrung, sie würde mich zu den verschiedensten Verbesserungen anregen; wenn ich Ruhe habe und die Gefahr nicht unmit- telbar drängt, bin ich noch zu allerlei ansehnlicher Arbeit sehr wohl fähig, vielleicht verzichtet das Tier angesichts der ungeheuren Möglichkeiten, die es bei seiner Arbeits- kraft zu haben scheint, auf die Ausdehnung seines Baues in der Richtung gegen den meinen und entschädigt sich auf einer anderen Seite dafür. Auch das lässt sich natürlich nicht durch Verhandlungen erreichen, sondern nur durch den eigenen Verstand des Tieres oder durch einen Zwang, der von meiner Seite ausgeübt würde. In beider Hinsicht wird entscheidend sein, ob und was das Tier von mir weiß. Je mehr ich darüber nachdenke, desto unwahrscheinlicher scheint es mir, dass das Tier mich überhaupt gehört hat, es ist möglich, wenn auch mir unvorstellbar, dass es sonst irgendwelche Nachrichten über mich hat, aber gehört hat es mich wohl nicht. Solange ich nichts von ihm wusste, kann es mich überhaupt nicht gehört haben, denn da ver- hielt ich mich still, es gibt nichts Stilleres als das Wieder- sehen mit dem Bau, dann, als ich die Versuchsgrabungen machte, hätte es mich wohl hören können, obwohl meine Art zu graben sehr wenig Lärm macht; wenn es mich aber gehört hätte, hätte doch auch ich etwas davon bemerken müssen, es hätte doch wenigstens in der Arbeit öfters in- nehalten müssen und horchen. – Aber alles blieb unver- ändert. – –

Kleine Fabel

„Ach", sagte die Maus, „die Welt wird enger mit jedem Tag. Zuerst war sie so breit, dass ich Angst hatte, ich lief weiter und war glücklich, dass ich endlich rechts und links in der Ferne Mauern sah, aber diese langen Mauern eilen so schnell aufeinander zu, dass ich schon im letzten Zim- 5 mer bin, und dort im Winkel steht die Falle, in die ich laufe." – „Du musst nur die Laufrichtung ändern", sagte die Katze und fraß sie.

Der Geier

Es war ein Geier, der hackte in meine Füße. Stiefel und Strümpfe hatte er schon aufgerissen, nun hackte er schon in die Füße selbst. Immer schlug er zu, flog dann unruhig mehrmals um mich und setzte dann die Arbeit fort. Es kam ein Herr vorüber, sah ein Weilchen zu und fragte dann, 5 warum ich den Geier dulde. „Ich bin ja wehrlos", sagte ich, „er kam und fing zu hacken an, da wollte ich ihn natürlich wegtreiben, versuchte ihn sogar zu würgen, aber ein sol- ches Tier hat große Kräfte, auch wollte er mir schon ins Gesicht springen, da opferte ich lieber die Füße. Nun sind 10 sie schon fast zerrissen." „Dass Sie sich so quälen lassen", sagte der Herr, „ein Schuss und der Geier ist erledigt." „Ist das so?", fragte ich, „und wollen Sie das besorgen?" „Gern", sagte der Herr, „ich muss nur nach Hause gehen und mein Gewehr holen. Können Sie noch eine halbe Stun- 15 de warten?" „Das weiß ich nicht", sagte ich und stand eine Weile starr vor Schmerz, dann sagte ich: „Bitte, versuchen Sie es für jeden Fall." „Gut", sagte der Herr, „ich werde mich beeilen." Der Geier hatte während des Gespräches ruhig zugehört und die Blicke zwischen mir und dem 20 Herrn wandern lassen. Jetzt sah ich, dass er alles verstan- den hatte, er flog auf, weit beugte er sich zurück, um genug Schwung zu bekommen, und stieß dann wie ein Speerwer- fer den Schnabel durch meinen Mund tief in mich. Zurück- fallend fühlte ich befreit, wie er in meinem alle Tiefen fül- 25 lenden, alle Ufer überfließenden Blut unrettbar ertrank.

Anhang

1. Annäherung an Franz Kafka

- starrer Blick
- gerade Haltung
- abwesend
- gut gekleidet
- nachdenklich
- sympathisch
- zielstrebig

Kafka zur Zeit der Promotion
(um 1906)

Die Mutter: Julie, geb. Löwy
(um 1883)

- Kaiserschnurrbart

Der Vater: Hermann Kafka
(um 1883)

Anhang 133

Oliver Jahraus: Lebenslauf

Dieser Textabschnitt fasst die wichtigsten Lebensstationen Kafkas zusammen und vermittelt Ihnen einen ersten Eindruck von den Themen und Motiven, die auch Kafkas Schreiben bestimmen. Wie sein Leben, so ist auch sein Werk geprägt vom Zwiespalt zwischen Brotberuf und literarischer Berufung, von seiner halb sehnsüchtigen, halb ängstlichen Einstellung zu Frauen und – nicht zuletzt – vom Konflikt mit dem Vater.

Franz Kafka wurde am 3. Juli 1883 als erstes Kind der Eheleute Hermann Kafka (1852–1931) und Julie Kafka, geborene Löwy (1856–1934), in Prag geboren. Die entscheidenden biografischen Daten sind schnell aufgelistet. Von 1889 bis 1893 besuchte Franz Kafka die „Deutsche Knabenschule" 5 am Fleischmarkt, von 1893 bis 1901 das „Altstädter Deutsche Gymnasium". Das Gymnasium war im Kinsky-Palais untergebracht, in dem sich zu dieser Zeit auch die Wohnung der Kafkas befand. Am 13. Juni 1896 wurde seine Bar-Mizwa[1] gefeiert, die, vergleichbar der evangelischen Konfirma- 10 tion, Volljährigkeit in der Religionsgemeinschaft markiert. Hermann Kafka zeigte diese Feier offiziell als „Confirmation" an, eine Tatsache, die den Grad der Assimilation[2] der jüdischen Familie Kafka an die deutsche Mittel- und Oberschicht zeigt. Von 1901 bis 1906 studierte Kafka an der 15 deutschen Karls-Ferdinand-Universität in Prag Jura, nachdem er sich zunächst für Chemie und länger für Germanistik interessiert hatte. 1906 wurde er zum Doktor der Rechte promoviert[3] und begann das in der Ausbildung vorgeschriebene gerichtspraktische Jahr. Am 1. Oktober 20 1907 trat Kafka seine erste Anstellung als Versicherungsbeamter bei dem großen, noch heute tätigen, in Triest ansässigen Versicherungskonzern „Assicurazioni Generali" an. Diese Anstellung war ein aufreibender – wie man heute sagen würde – *full time job*, den Kafka deshalb kaum ein Jahr 25 später aufgab. Er trat in die halbstaatliche „Arbeiter-Unfall-

---

[1] feierliche Einführung des jüdischen Jungen in die jüdische Glaubensgemeinschaft
[2] Angleichung, Anpassung
[3] die Doktorwürde erlangen

Versicherungsanstalt für das Königreich Böhmen" ein. Dort
war seine Tätigkeit auf die Dienststunden von 8 bis 14 Uhr
begrenzt, was Kafka mehr Zeit für das Schreiben ließ. Er
sollte diese Stelle behalten, bis er aus Gesundheitsgründen
zum 1. Juli 1922 vorzeitig pensioniert wurde.
Seine Aufgabe bestand darin, Versicherungsfälle, die in den
Zuständigkeitsbereich dieser wie eine Behörde arbeitenden
Institution fielen, zu bearbeiten, und später, mit mehr Kom-
petenz und Befugnis, auch Richtlinien für eine Unfallverhü-
tung in Fabriken zu entwerfen, umzusetzen und ihre Einhal-
tung zu überprüfen. Kafka klagte immer wieder über die
Arbeit, schilderte für ihn peinliche Situationen und behaup-
tete, ständig überfordert zu werden. Dennoch machte er
Karriere. Das lässt sich nicht zuletzt an den beamtenrecht-
lichen Rangbezeichnungen seiner jeweiligen Position able-
sen. Als Kafka endgültig ausschied, bekleidete er immerhin
den Rang eines Obersekretärs. Seine relativ hohe Stellung
zeigt sich auch an den verantwortungsvollen Aufgaben, mit
denen er selbstständig betraut wurde, und an der Wert-
schätzung, die seine Vorgesetzten ihm entgegenbrachten.
Um 1908 begann die eigentliche schriftstellerische Laufbahn
Franz Kafkas. Unseld berichtet, dass Kafka sich bereits 1906
an einer literarischen Preisausschreibung – allerdings erfolg-
los – beteiligt habe. Dies sei jedoch nur ein „missglückter
Auftakt" gewesen. 1908 jedenfalls veröffentlichte er acht
kleine Prosastücke in der Zeitschrift *Hyperion*. Ein Jahr später begann er Tagebuch zu schreiben. Das Jahr 1912 wurde
zum Durchbruchsjahr für Kafka, dem Wagenbach entsprechend ein eigenes Kapitel in seiner Kafka-Biografie widmet
und das nach Stachs Einschätzung in der Mitte der Jahre der
Entscheidungen von 1910 bis 1915 liegt. Er veröffentlichte
nicht nur sein erstes Buch *Betrachtung* im Ernst Rowohlt
Verlag in Leipzig und schrieb nicht nur seine erste, ihn selbst
zufriedenstellende Erzählung *Das Urteil*, sondern er lernte
auch Felice Bauer kennen und begann die Korrespondenz
mit ihr. Man sollte hierin nicht ein zeitliches Zusammentref-
fen entscheidender Lebensereignisse sehen, sondern die
Verklammerung eines literarischen und biografischen Kom-
plexes, der Kafkas Schreiben insgesamt charakterisiert. Am
1. Juli 1914 verlobte er sich zum ersten Mal mit Felice Bau-

er; die Verlobung wurde nur 12 Tage später wieder gelöst.
1916 näherten sich die beiden wieder stärker an und verlobten sich ein zweites Mal, doch Kafka löste die Verbindung,
allerdings erst am 25. Dezember 1917, nachdem seine Lun-
genkrankheit in der Nacht vom 12. auf den 13. August mit 5
einem Blutsturz offen ausgebrochen war.
Aufgrund seiner Erkrankung bekam Kafka immer wieder
Erholungsurlaub oder Kuraufenthalte genehmigt. Ein Antrag
auf Pensionierung wurde vom Arbeitgeber 1918 und später
mehrfach abgelehnt. Die Gründe hierfür sind offensichtlich: 10
Man wollte einen solch hervorragenden Mitarbeiter wie
Kafka nicht gehen lassen und hoffte vielmehr auf seine Ge-
nesung. Selbst als die k. u. k. Monarchie[1] nach dem Ersten
Weltkrieg 1918 zusammenbrach und die Anstalt in die Ver-
antwortung des neuen tschechoslowakischen Staates über- 15
ging, konnte Kafka seinen Arbeitsplatz behalten. Trotz aus-
ufernder Fehlzeiten wurde er auch weiterhin befördert.
Kafka verließ erst 1914 die elterliche Wohnung und zog
zunächst in die Wohnung seiner Schwester Valli, dann in die
seiner Schwester Elli. Beide Wohnungen standen leer, da die 20
Schwestern, nachdem ihre Ehemänner zum Kriegsdienst ein-
gezogen worden waren, wieder zu den Eltern zurückgekehrt
waren. Von da an standen Kafka immer wieder eigene Zimmer zur Verfügung: 1916 im Alchimistengässchen, 1917 im
Schönborn-Palais und ab dem 12. September 1917 ein Zim- 25
mer außerhalb Prags in Zürau bei seiner Schwester Ottla.
In den letzten Jahren prägten drei Beziehungen Kafkas Bio-
grafie. Auf einem Genesungsurlaub in Schelesen lernte er
Julie Wohryzek (1891 – Todesdatum unbekannt) kennen,
mit der er sich verlobte. Kafkas Vater war gegen eine ehe- 30
liche Verbindung, weil er diese Beziehung für unstandesge-
mäß hielt. Er, der selbst „nach oben" geheiratet hatte, konnte es nicht akzeptieren, dass sein Sohn sich gesellschaftlich
„nach unten" orientierte. Die Beziehung seines Sohnes zu
Julie Wohryzek musste die endgültige Entfremdung von sei- 35
nem Sohn nach sich gezogen haben. 1920 begann Kafkas
Beziehung zu Milena Jesenská (1896 – 1944). Sie war, anders

---

[1] kaiserliche und königliche Monarchie Österreich-Ungarn
(1867 – 1918)

136 Anhang

als Felice Bauer oder Julie Wohryzek, eine Intellektuelle. Die Bekanntschaft kam zustande, als Jesenská bei Kafka anfragte, ob sie den Text *Der Heizer* ins Tschechische übersetzen dürfe. Aus dieser Bekanntschaft ging abermals ein umfang-
5 reicher Briefwechsel hervor, der jedoch anders als derjenige mit Felice Bauer ausgerichtet ist. War es im früheren Briefwechsel oft um einen schriftstellerischen Selbstentwurf gegangen, so diente der Briefwechsel mit Jesenská nicht zuletzt dazu, die eigene Situation bezüglich solcher Themen
10 wie Schreiben, Familie, Krankheit von außen zu reflektieren. Kafka selbst scheint abgeklärter geworden zu sein und die Situation als zwangloser empfunden zu haben. Detlev Arens bringt es auf den Punkt, Kafka begreife Felice Bauer „als Teil des Zwangssystems, Milena steht außerhalb". Der Brief-
15 wechsel mit Jesenská gestaltete sich wesentlich offener, kritischer, aber auch intimer und zeigte weniger Vorbehalte. Doch auch die Beziehung zu Jesenská endete nach kurzer Zeit, weil weder sie noch er eine Perspektive für ein gemeinsames Leben sahen.
20 Gegen Ende seines Lebens schaffte es Kafka schließlich doch noch, wenigstens für kurze Zeit mit einer Frau zusammenzuleben. 1923 lernte er in Müritz bei einem Kuraufenthalt Dora Diamant (1898–1952) kennen. Beide zogen nach Berlin, wo sie innerhalb kurzer Zeit dreimal die Wohnung wechseln
25 mussten. Im Laufe des Jahres 1924 verschlechterte sich der gesundheitliche Zustand Kafkas zusehends. Er kehrte nach Prag zurück, fuhr noch im April zur Kur, wurde dort nacheinander in verschiedene Krankenhäuser eingewiesen und starb am 3. Juni 1924 an Lungen- und Kehlkopftuberkulose.

Aus: Oliver Jahraus: Kafka. Leben, Schreiben, Machtapparate. Stuttgart 2006, S. 98–103

Gustav Janouch: Ein Gespräch mit Kafka

In dieser Erinnerung eines Freundes wird Kafkas Bild vom Schriftsteller – und damit auch sein Bild über sich selbst – deutlich. Besonders plastisch werden Kafkas Beschreibungen durch seinen Vergleich mit einer Dohle, die im Tschechischen „kavka" heißt. (Das Geschäftsemblem des väterlichen Betriebs war dementsprechend ein solcher Vogel.)

Vater Kafkas Geschäftsemblem: die Dohle (kavka)

Im Mai 1921 schrieb ich ein Sonett, das Ludwig Winder in der Sonntagsbeilage der *Bohemia* veröffentlichte.
Kafka sagte bei dieser Gelegenheit: „Sie beschreiben den Dichter als einen wunderbar großen Menschen, dessen Füße sich auf der Erde befinden, während der Kopf in den Wolken schwindet. Das ist natürlich ein ganz gewöhnliches Bild im Vorstellungsrahmen der kleinbürgerlichen Konvention. Es ist eine Illusion verborgener Wünsche, die mit der Wirklichkeit nichts Gemeinsames hat. In Wirklichkeit ist der Dichter immer viel kleiner und schwächer als der gesellschaftliche Durchschnitt. Er empfindet darum die Schwere des Erdendaseins viel intensiver und stärker als die anderen Menschen. Sein Gesang ist für ihn persönlich nur ein Schreien. Die Kunst ist für den Künstler ein Leid, durch das er sich für ein neues Leid befreit. Er ist kein Riese, sondern nur ein mehr oder weniger bunter Vogel im Käfig seiner Existenz."
„Sie auch?", fragte ich.
„Ich bin ein ganz unmöglicher Vogel", sagte Franz Kafka. „Ich bin eine Dohle – eine kavka. Der Kohlenhändler im Teinhof hat eine. Haben Sie sie gesehen?"

„Ja, sie läuft vor dem Geschäft herum."

„Ja, meiner Verwandten geht es besser als mir. Es ist zwar wahr, sie hat die Flügel beschnitten. In meinem Falle war es aber überhaupt nicht notwendig, da meine Flügel verküm-
5 mert sind. Aus diesem Grunde gibt es für mich keine Höhen und Weiten. Verwirrt hüpfe ich zwischen den Menschen herum. Sie betrachten mich voller Misstrauen. Ich bin doch ein gefährlicher Vogel, ein Dieb, eine Dohle. Das ist aber nur Schein. In Wirklichkeit fehlt mir der Sinn für glänzende
10 Dinge. Aus dem Grunde habe ich nicht einmal glänzende schwarze Federn. Ich bin grau wie Asche. Eine Dohle, die sich danach sehnt, zwischen den Steinen zu verschwinden. Aber das ist nur so ein Scherz, damit Sie nicht merken, wie schlecht es mir heute geht."

Aus: Gustav Janouch: Gespräche mit Kafka. Frankfurt a. M., S. 19 f.

Thomas Anz: Kafka und seine Interpreten

Der Autor, selbst Literaturwissenschaftler und Kafka-Exper-
te, beschreibt hier in durchaus kritischer Weise das asym-
metrische Verhältnis zwischen Kafkas recht schmalem Werk
und der kaum noch überschaubaren Sekundärliteratur. Die
Philosophen, die im Text genannt werden und aus deren
Perspektive Kafkas Texte wiederholt interpretiert wurden,
gehören zu den wichtigsten Denkern des 19. resp. des
20. Jahrhunderts. Vielleicht haben Sie Lust und Interesse, in
Lexika oder im Internet nach mehr Informationen über sie
zu suchen?

Wer war Franz Kafka? Geboren am 3. Juli 1883 in Prag, hat er knapp 41 Jahre lang gelebt. Seit dem 3. Juni 1924 ist er tot und daher endgültig abwesend. Gegenwärtig bleibt er uns nur noch in Form von Fotos und vor allem als Schrift,
5 als Schrift von ihm und als Schrift über ihn, wobei die Masse dessen, was über ihn geschrieben wurde, die relativ kleine Menge dessen, was er selbst geschrieben hat, jedenfalls in quantitativer Hinsicht um ein Vielfaches überragt. Kafka, so befand schon vor geraumer Zeit die amerikanische Kritike-
10 rin Susan Sontag in ihrem berühmten Essay „Against Inter-

pretation", sei mittlerweile „zum Opfer einer Massenverge-
waltigung" geworden, einer Vergewaltigung nämlich durch
eine Armee von Interpreten. Was seinerzeit, Mitte der sech-
ziger Jahre, der Kafka-Forscher Heinz Politzer über die Interpreten Kafkas sagte, trifft noch heute weitgehend zu: 5
„Kafkas Gleichnisse sind so vielschichtig wie die Parabeln
der Bibel. Ungleich den biblischen Parabeln jedoch sind Kafkas Gleichnisse auch noch vieldeutig. Im Grunde werden sie
ebenso viele Deutungen wie Leser finden. Die Offenheit
ihrer Form erlaubt dem Leser eine totale Projektion seines 10
eigenen Dilemmas auf die Seiten Franz Kafkas. Diese Parabeln sind ‚Rorschach-Tests'[1] der Literatur und ihre Deutung
sagt mehr über den Charakter ihrer Deuter als über das
Wesen ihres Schöpfers."
Kafkas Schrift bleibt unveränderlich, die Meinungen über sie 15
wechseln, und zwar nicht zuletzt mit dem Wechsel der intellektuellen Moden, denen die Nachgeborenen huldigen.
„Er wird eingeordnet in eine etablierte Denkrichtung, an-
statt dass man bei dem beharrte, was die Einordnung er-
schwert", kritisierte Adorno in seinen „Aufzeichnungen zu 20
Kafka". Jede Zeit, jede Generation, jede Gruppierung im
intellektuellen Kräftefeld hatte und hat ihren eigenen Kafka:
einen, der wie Kierkegaard philosophiert, wie Heidegger
denkt, wie der junge Marx die Entfremdung beschreibt, wie
Freud den ödipalen Konflikt psychoanalysiert, wie Foucault 25
die Mechanismen der Macht durchschaut oder wie Derrida
die metaphysischen Sinngebungen zerstört.
Oft stehen die Autoritäten, auf die sich die Interpreten
berufen, mit Kafka in einem geschichtlichen Zusammenhang,
sodass die Berufungen auf sie historisch durchaus gerecht- 30
fertigt werden können. Kafka hat sich, wie so viele seiner
Generation, mit Kierkegaard intensiv auseinandergesetzt; er
hat in einer Epoche geschrieben, in die auch die Entstehung
der Existenzphilosophie Heideggers fällt; er ist zusammen
mit seinen expressionistischen Zeitgenossen von der Psy- 35
choanalyse angeregt worden; er war wie fast alle Autoren
dieser Jahre mit den Schriften Nietzsches vertraut, die wie-

---

[1] ein psychologisches Testverfahren zur Ermittlung der Persönlich-
keitsstruktur

derum zu den Quellen sowohl von Michel Foucaults Macht-
theorie als auch von Jacques Derridas Dekonstruktionen
abendländischer Metaphysik gehören.

Dennoch wächst der Überdruss an der Masse der Kafka-
Interpretationen. Er ist häufig so groß wie die Faszination,
die Kafkas Texte selbst nach wie vor ausüben. Die Kafka-
Forschung mag einem zuweilen lästig sein, weil sie den
gleichsam naiven Zugang zum Werk versperrt; dennoch hat
sie vielfach Nützliches, zum Teil Hervorragendes geleistet.
Sie ist in ihren Bemühungen um diesen Autor in den letzten
Jahrzehnten nicht bloß auf der Stelle getreten, sondern hat
Zusammenhänge (oder auch Brüche) innerhalb von Kafkas
Werk sowie zwischen diesem und diversen Kontexten auf-
gezeigt, von deren Kenntnis die Lektüre zweifellos profitie-
ren kann.

Aus: Thomas Anz: Franz Kafka. München 1989, S. 7f.

Aage A. Hansen-Löve: Über „Vor dem Gesetz"

*Dieser kurze Text betont nicht nur die literatur- und kultur-
geschichtliche Bedeutung der wohl bekanntesten Parabel
Kafkas, sondern liefert darüber hinaus auch eine Begründung,
weshalb sie – wie Kafkas gesamtes Werk – derart rätselhaft
und dunkel erscheint. Durch die Annäherung an diese Parabel
nähern Sie sich gleichfalls auch der Welt und dem Denken
Kafkas. Achten Sie bei der Lektüre darauf, mit welchen Metaphern und Vergleichen die Parabel beschrieben wird und
aus welchen Bereichen sie stammen.*

K.s Türhüter-Parabel gehört gewiss zu den meistinterpre-
tierten unseres Jahrhunderts, vielleicht ist sie die Parabel,
das Gleichnis dieses Jahrhunderts – vergleichbar in ihrer
Allverwendbarkeit nur mit H. C. Andersens Märchen „Des
Kaisers neue Kleider" – dem Gleichnis des 19. Jahrhunderts.
Während es damals um eine im wörtlichen Sinne vorgeführ-
te Apokalypse (oder war es ein *strip tease*) der Repräsenta-
tion und ihrer Machthaber (also der Zeichen-Träger) ging,
fängt sich in K.s Parabol-Spiegel[1] das imaginäre Sinn-Bild des

---

[1] Hohlspiegel

tautologischen[1] Macht-Prozesses selbst – sei es als unendlich
sich fortspiegelndes Haus im Haus (der Justizpalast im Dom,
die Legende im Roman, der Text im Text), sei es als nacktes
Gleichnis seiner selbst, als Meta- und Megagleichnis für jeg-
liche Sinnproduktion, wie sie K.s „Gleichnis von den Gleichnissen" parodiert.

Wie jede Parabel provoziert jene K.s beim Leser den Eindruck: Das kenne ich doch, diese Geschichte habe ich schon
einmal gehört. Vielleicht auch so: Dieser Text ist so gebaut,
dass der Eindruck entstehen muss, ihm schon einmal begegnet zu sein. Wir erkennen den Text unwillkürlich wieder,
die dazugehörige Melodie aber fehlt noch. Die muss wohl
jeder selbst beisteuern.

Gleichzeitig kennen wir den Text nicht, und wenn wir ihn
nicht ganz genau betrachten – also ernst nehmen –, entge-
hen wir auch nicht wirklich seiner Bedrohung. K.s Parabel
ist eine Falle, genauer: eine Interpretationsfalle – bestehend
aus Wörtern und Sätzen, Argumenten und Kalkülen[2]. Indem
wir sie interpretieren, befinden wir uns schon im Räderwerk
ihres unerbittlichen Mechanismus, im parabolischen Brenn-
punkt einer paradoxalen[3] Logik, die unseren Lebensnerv
trifft.

Das, was die Parabel paralysiert[4], ist der Interpretationsbe-
trieb des menschlichen Bewusstseins selbst. Die Gestik, die
Gewohnheitsbewegung des deutenden Verstandes selbst ist
es, die *ad absurdum*[5] geführt wird. Eine Interpretationsver-
meidung ist es also, die gefragt wäre, oder genauer: die
Auflösung der Interpretation im Verlaufe ihrer Anwendung.
Restlos verbraucht sich der Text während seiner Auflösung;
was bleibt, ist die Wucht seiner Verweigerung: statt Erlösung – Auflösung, statt kathartischer[6] Wiedergeburt – End-
losigkeit, statt (froher) Botschaft – eine Flut von Prozessen.
Statt Hermeneutik[7] – Hermetik.

---

[1] aufgrund der zugrunde liegenden Sachverhalte immer wahr
[2] durch ein System von Regeln festgelegte Methode
[3] scheinbar widersinnig
[4] lähmt, schwächt
[5] bis zur Widersinnigkeit
[6] reinigend
[7] Auslegekunst

Wenn der Text eine Falle ist, in die der Hörer automatisch gerät, sobald er ihn auch nur betritt, dann können wir gleich einleitend zugeben: Wir alle sitzen immer schon selbst in der Falle, jetzt, hier. [...]

Aus: Aage A. Hansen-Löve: Vor dem Gesetz. In: Michael Müller (Hrsg.): Franz Kafka. Romane und Erzählungen. Interpretationen. Stuttgart 2003, S. 146f.

Einen Text beschreiben und deuten (analysieren)

Um sich dem Werk eines Schriftstellers zu nähern, bedarf es bestimmter Methoden der Textanalyse. Ein paar dieser Methoden, die sich auch und gerade für die Deutung der meist sehr rätselhaften Texte Kafkas eignen, werden Ihnen im Folgenden vorgestellt.

Auswahl einer geeigneten Analysemethode

Texte können auf unterschiedliche Weise analysiert werden. Im Wesentlichen geht es dabei um zwei Methoden:

a) Die Linearanalyse
   Der Text wird von oben nach unten bzw. vom Beginn bis zum Ende bearbeitet. Dabei geht man nicht Satz für Satz vor, sondern kennzeichnet zunächst den Aufbau des Textes und bearbeitet (analysiert) die einzelnen Abschnitte nacheinander. Der Vorteil dieser Methode besteht darin, dass ein Text sehr detailliert und genau bearbeitet wird. Vor allem bei kürzeren Texten ist diese Analysemethode zu empfehlen.
   Man kann sich jedoch auch im Detail verlieren und die eigentlichen Deutungsschwerpunkte zu sehr in den Hintergrund drängen. Der Zusammenhang gerät leicht aus dem Auge, wenn man zu kleinschrittig vorgeht.

b) Die aspektgeleitete Analyse
   Der Schreiber oder die Schreiberin legt vorab bestimmte Untersuchungsaspekte fest und arbeitet diese nacheinander am Text ab. Der Vorteil dieser Methode besteht darin, dass der eigene Text einen klaren Aufbau erhält und der Leser/die Leserin von Beginn an auf die wesentlichen Untersuchungsaspekte hingewiesen werden kann.

Ein Nachteil kann darin bestehen, dass einige Deutungs-aspekte, die als nicht so gewichtig angesehen werden, unter den Tisch fallen. Prinzipiell sollten Sie bei längeren Texten oder Textauszügen die aspektgeleitete Analyse der Linearanalyse vorziehen, da sie mehr Orientierung im Dickicht der einzelnen Details bietet. Dazu bedarf es aber auch erhöhter Konzentration und Fähigkeit zur Fo-kussierung oder Verdichtung auf den Kern des Problems, den Sie vorab identifizieren müssen. Der Arbeit vor dem eigentlichen Schreiben kommt hier eine besondere Be-deutung zu.

Der Aufbau einer Linearanalyse

1. Einleitung: Autor, Textart, Titel, Erscheinungsjahr; evtl. über den historischen Hintergrund informieren; Ort, Zeit und Personen des zu behandelnden Textes angeben; kur-ze Inhaltsübersicht darbieten

2. Zusammenfassende Aussagen zum inhaltlichen Aufbau, zu den Textabschnitten (kann auch in den folgenden Teil einfließen)

3. Genaue Beschreibung und Deutung der Textabschnitte
   • Aussage zum Inhalt des jeweiligen Abschnitts
   • Aussagen zur Deutung
   • Aussagen zur sprachlichen Gestaltung als Beleg für die Deutungen
   • Überleitung zum nächsten Textabschnitt

4. Evtl. Erläuterungen zur Textart (kann auch zuvor einflie-ßen)

5. Schlussteil: Zusammenfassung der Analyseergebnisse, Einordnung der Analyseergebnisse in einen größeren Zu-sammenhang und in den zeitgeschichtlichen Hintergrund (falls nicht im Rahmen der Linearanalyse erfolgt), persön-liche Wertungen ...

Der Aufbau einer aspektgeleiteten Analyse

Die zuvor aufgelisteten Punkte 1., 4. und 5. gelten auch für diese Analysemethode. Es ändern sich jedoch die Punkte 2. und 3.:

2. Kennzeichnung der Aspekte im Überblick, die im Folgenden detailliert am Text untersucht werden sollen

3. Analyse des Textes entsprechend den zuvor genannten Schwerpunkten
   - Nennen des Untersuchungsaspektes
   - Kennzeichnung des inhaltlichen Zusammenhangs, in dem er relevant ist
   - Aussagen zur Deutung
   - Aussagen zur sprachlichen Gestaltung als Beleg für die Deutungen

Auch das sind wichtige Tipps für eine Textanalyse

- Achten Sie in Texten mit hohen Gesprächsanteilen darauf, wie die Dialogpartner miteinander sprechen, welche Gesten sie vollführen und welche Beziehung sie zueinander verdeutlichen. Berücksichtigen Sie dabei auch Ihnen bekannte Kommunikationsmodelle.
- Belegen Sie Ihre Deutungsaussagen mit dem Wortmaterial des Textes. Verweisen Sie entweder auf sprachliche Besonderheiten oder arbeiten Sie mit Zitaten.
- Verwenden Sie für die Beschreibung des Wortmaterials die entsprechenden Fachausdrücke (Wortarten, Satzglieder, rhetorische Figuren …).
- Bauen Sie Zitate korrekt in Ihren eigenen Satzbau ein oder arbeiten Sie mit Redeeinleitungen. Vergessen Sie nicht, die Fundstelle anzugeben.
- Schreiben Sie im Zusammenhang. Verlieren Sie den „roten Faden" nicht aus dem Auge. Folgt ein neuer Gesichtspunkt, formulieren Sie nach Möglichkeit eine Überleitung.
- Machen Sie die gedankliche Gliederung Ihres Textes auch äußerlich durch Absätze deutlich.

2. Der ewige Sohn: „Das Urteil"

Elias Canetti:
Kafkas Briefwechsel mit Felice Bauer

Elias Canetti, Literatur-Nobelpreisträger von 1981, hat über Kafkas Briefwechsel mit Felice Bauer das Buch „Der andere Prozeß" geschrieben. In dem hier abgedruckten Abschnitt aus der Einleitung betont er nicht nur die Bedeutung dieser Korrespondenz, sondern beschreibt auch die erste Begegnung zwischen Kafka und Felice – eine Begegnung, der die Geschichte „Das Urteil" ihre Entstehung verdankt.

Nun sind sie also publiziert, diese Briefe einer fünfjährigen Qual, in einem Band von 750 Seiten, der Name der Verlobten, während vieler Jahre diskret als F. mit einem Punkt bezeichnet, ähnlich wie K., sodass man lange nicht einmal wusste, wie dieser Name lautete, und oft darüber grübelte und 5 unter allen Namen, die man erwog, nie auf den richtigen kam, es wäre ganz unmöglich gewesen, auf ihn zu kommen –, dieser Name steht in großen Lettern auf dem Buch. Die Frau, an die diese Briefe gerichtet waren, ist seit acht Jahren tot. Fünf Jahre vor ihrem Tod hat sie sie an Kafkas Verleger 10 verkauft, und wie immer man darüber denkt, Kafkas „liebste Geschäftsfrau" hat ihre Tüchtigkeit, die ihm viel bedeutete und die ihm sogar Zärtlichkeit entlockte, noch zum Schluss bewiesen.
Es ist wahr, dass er schon 43 Jahre tot war, als diese Briefe 15 erschienen, und doch war die erste Regung, die man verspürte – man war sie der Ehrfurcht für ihn und sein Unglück schuldig –, eine der Peinlichkeit und Beschämung. Ich kenne Menschen, deren Beschämung beim Lesen der Briefe wuchs, die das Gefühl nicht loswurden, dass sie gerade hier nicht 20 eindringen dürften.
Ich achte sie dafür sehr, aber ich gehöre nicht zu ihnen. Ich habe diese Briefe mit einer Ergriffenheit gelesen, wie ich sie seit Jahren bei keinem literarischen Werk erlebt habe. [...]
Von einem Dokument hier zu sprechen, wäre zu wenig, es 25 sei denn, man gebrauchte dasselbe Wort für die Zeugnisse

des Daseins von Pascal[1], Kierkegaard[2] und Dostojewski[3]. Ich
für mich kann nur sagen, dass diese Briefe in mich eingegangen
sind wie ein eigentliches Leben, und sie sind mir nun so rätselhaft und so vertraut, als gehörten sie mir seit jeher schon
5 an, seit ich versucht habe, Menschen ganz in mich aufzunehmen, um sie immer wieder von Neuem zu begreifen. –
In der Wohnung der Familie Brod lernte Kafka am späten
Abend des 13. August 1912 Felice Bauer kennen. Es gibt, aus
dieser Zeit, mehrere Äußerungen von ihm über diese Be-
10 gegnung. Die erste Erwähnung findet sich in einem Brief an
Max Brod[4] vom 14. August. Es ist die Rede vom Manuskript
der „Betrachtung", das er am Abend vorher zu Brod mitge-
bracht hatte, um es mit ihm zusammen endgültig zu ordnen.
15 „Ich stand gestern beim Ordnen der Stückchen unter dem
Einfluss des Fräuleins, es ist leicht möglich, dass irgendeine
Dummheit, eine vielleicht nur im Geheimen komische Auf-
einanderfolge dadurch entstanden ist." Er bittet Brod, nach
dem Rechten zu sehen, und dankt ihm dafür. Tags darauf,
20 am 15. August, findet sich folgender Satz im Tagebuch: „Viel
an … was für eine Verlegenheit vor dem Aufschreiben von
Namen … F. B. gedacht."
Dann, am 20. August, eine Woche nach der Begegnung,
sucht er zu einer objektiven Schilderung des ersten Ein-
25 drucks zu gelangen. Er beschreibt ihr Aussehen und spürt,
dass er sich ihr ein wenig entfremdet, indem er ihr, eben in
dieser Schilderung, „zu nahe an den Leib rückt". Er habe es
natürlich gefunden, dass sie, eine Fremde, in diesem Kreis
dasaß. Er habe sich sofort mit ihr abgefunden. „Während ich
30 mich setzte, sah ich sie zum ersten Mal genauer an, als ich
saß, hatte ich schon ein unerschütterliches Urteil." Mitten
im nächsten Satz bricht die Eintragung ab. Alles Wichtigere
wäre noch gekommen, und wie viel noch gekommen wäre,
wird erst später ersichtlich werden.

---

[1] Blaise Pascal (1623–1662), franz. Mathematiker, Literat und Philosoph
[2] Søren Kierkegaard (1813–1855), dänischer Philosoph
[3] Fjodor Michailowitsch Dostojewski (1821–1881), russischer
Schriftsteller
[4] einer der engsten Freunde Kafkas

Anhang 147

Kafka mit Felice Bauer, kurz nach der zweiten Verlobung (1917)

148 Anhang

Er schreibt ihr zum ersten Mal am 20. September und bringt sich – es sind immerhin fünf Wochen seit der Begegnung vergangen – als der Mensch in Erinnerung, der ihr bei Brods über den Tisch hin eine Fotografie nach der anderen reichte
5 und der „schließlich in dieser Hand, mit der er jetzt die Tasten schlägt, Ihre Hand hielt, mit der Sie das Versprechen bekräftigten, im nächsten Jahr eine Palästinareise mit ihm machen zu wollen".
Die Raschheit dieses Versprechens, die Sicherheit, mit der
10 sie es gab, ist das, was ihm zuerst den größten Eindruck gemacht hat. Er empfindet diesen Handschlag wie ein Gelöbnis, das Wort Verlobung birgt sich nah dahinter, und ihn, der so langsam von Entschluss ist, dem jedes Ziel, auf das er zugehen möchte, sich durch tausend Zweifel entfernt, statt
15 sich zu nähern, muss Raschheit faszinieren.

Aus: Elias Canetti: Der andere Prozeß. Kafkas Briefe an Felice. München 1977, S. 7–9

Reiner Stach: Über die Entstehung des „Urteils"

Dieser Textabschnitt vermittelt Ihnen sehr eindrücklich, welche Bedeutung „Das Urteil" für Kafkas Selbstverständnis als Literat hat. Nur wenige Tage nachdem er Felice Bauer kennengelernt hat, schreibt Kafka diese Geschichte in nur einer Nacht – für ihn der Beginn seiner eigentlichen schriftstellerischen Tätigkeit.

[...]
Kafka war sich der Gewalt dieser Dynamik, die ihn, wenn nicht in die Ehe, so doch in eine völlig veränderte innere Szenerie schleudern würde, noch nicht bewusst. Den fol-
5 genden Sonntag verbrachte er in äußerst depressiver Stimmung – wieder einmal war lästige Verwandtschaft zu Besuch, Kafka zum *small talk* gänzlich unfähig –, und als er sich am Abend gegen 22 Uhr, als endlich Ruhe in der Wohnung einkehrte, an den Schreibtisch setzte und das Tagebuch
10 aufschlug, hatte er alles andere im Sinn als die literarische „Verarbeitung" dessen, was ihn umtrieb. Er wollte, wie er später an Felice schrieb, „einen Krieg beschreiben, ein junger Mann sollte aus seinem Fenster eine Menschenmenge über die Brücke herankommen sehn, dann aber drehte sich
15 mir alles unter den Händen", und im Laufe der Nacht wur-

Innentitel der Erstausgabe des „Urteils" in der Buchreihe „Der jüngste Tag"

de eine Erzählung daraus, in der jener junge Mann, eine sozial angepasste, doch charakterlich fragwürdige Existenz, vom eigenen Vater per Todesurteil aus dem Leben gefegt wird: DAS URTEIL.

„Diese Geschichte ‚das Urteil' habe ich in der Nacht vom 22. zum 23. von 10 Uhr abends bis 6 Uhr früh in einem Zug geschrieben. Die vom Sitzen steif gewordenen Beine konnte ich kaum unter dem Schreibtisch hervorziehn. Die fürchterliche Anstrengung und Freude, wie sich die Geschichte vor mir entwickelte, wie ich in einem Gewässer vorwärtskam. Mehrmals in dieser Nacht trug ich mein Gewicht auf dem Rücken. Wie alles gewagt werden kann, wie für alle, für die fremdesten Einfälle ein großes Feuer bereitet ist, in dem sie vergehn und auferstehn. Wie es vor dem Fenster blau wurde. Ein Wagen fuhr. Zwei Männer über die Brücke gingen. Um 2 Uhr schaute ich zum letzten Mal auf die Uhr. Wie das Dienstmädchen zum ersten Mal durchs Vorzimmer ging, schrieb ich den letzten Satz nieder. Auslöschen der Lampe und Tageshelle. Die leichten Herzschmerzen. Die in der Mitte der Nacht vergehende Müdigkeit. Das zitternde Eintreten ins Zimmer der Schwestern. Vorlesung. Vorher das Sichstrecken vor dem Dienstmädchen und Sagen: ‚Ich habe bis jetzt geschrieben.' Das Aussehn des unberührten Bettes, als sei es jetzt hereingetragen worden. Die bestätigte Überzeugung, dass ich mich mit meinem Romanschreiben in schändlichen Niederungen des Schreibens befinde. Nur so kann geschrieben werden, nur in einem solchen Zusammenhang, mit solcher vollständigen Öffnung des Leibes und der Seele."

In welcher Euphorie[1] sich Kafka an diesem Morgen befunden haben muss, kann man nicht nur daran ermessen, dass er
5 erstmals detailliert die Umstände festhielt, unter denen ein Text entstanden war; vor allem, dass er – sonst verzweifelt unsicher gegenüber allem, was er zu Papier gebracht hatte – diese Erzählung *sofort* vorlas, beim ersten Tageslicht und offenbar sogar noch vor eigener gründlicher Lektüre, be-
10 weist, dass er sich diesmal seiner Sache völlig sicher war. Endlich wusste er, worauf er gewartet hatte, und er feierte diesen Augenblick rückhaltlos, um nicht zu sagen: hemmungslos.

Man muss, um Kafkas Glück über diesen produktiven Schub
15 recht zu ermessen, sich noch einmal vor Augen halten, wie lang der Anlauf gewesen war, welche unabsehbare Folge von Fehlversuchen vorangegangen war und welches unerhörte Beharrungsvermögen hier letztendlich belohnt wurde. Kafkas „Frühwerk", von dem wir nur eine dürftige und zufällige
20 Auswahl in Händen halten, bestand ja in Wahrheit aus Tausenden von Manuskriptseiten, die innerhalb von nahezu einenhalb Jahrzehnten entstanden und im Kafka'schen Wohnzimmerofen wieder verschwunden waren: die Ernte der gesamten ersten Hälfte seiner literarisch produktiven Le-
25 benszeit. Allein die erste Fassung des VERSCHOLLENEN war mittlerweile auf 200 große Heftseiten angeschwollen: die Arbeit mindestens eines Dreivierteljahres, die, wie er nun mit Bestimmtheit wusste, gleichfalls vergeblich gewesen war. Denn dass von nun an nichts mehr akzeptabel war, was
30 hinter den mit dem URTEIL gesetzten ästhetischen Standard zurückfiel, dazu bedurfte es keines ausdrücklichen Entschlusses. Für Kafka war es einfach undenkbar, sich nach dieser Nacht mit dem bloßen Ausbessern unzulänglicher Fingerübungen zu beschäftigen.
35 Was ihn zunächst begeisterte, war der selbstvergessene, halluzinatorische und doch konzentrierte und kontrollierte

---

[1] Hochgefühl

mentale[1] Zustand, den er bis zur Niederschrift des letzten
Satzes hatte aufrechterhalten können. DAS URTEIL war im
„Zusammenhang" entstanden; schon dies schien ihm ein
wesentliches Indiz für die Geschlossenheit und Authentizi-
tät[2] des Geschaffenen, und dass ihm an dieser nächtlichen
Vision auch später keine Zweifel kamen, obwohl er sie nicht
zu deuten vermochte, lag vor allem daran, dass sie ihm auf
eine neue Stufe schöpferischer Intensität verholfen hatte.
Dass sich jedoch, wie spätestens seit dem Vorliegen des
Gesamtwerks augenfällig ist, auch formal, stilistisch und mo-
tivlich mit dem URTEIL ein unumkehrbarer Sprung vollzogen
hatte, scheint dem Autor erst allmählich bewusst geworden
zu sein, und zwar bezeichnenderweise beim Vorlesen, zu dem
ihn diesmal niemand nötigen musste. Schon am 24. September las er die Geschichte einer kleinen Gesellschaft vor, die
sich in der Wohnung Oskar Baums versammelt hatte – darunter wiederum Ottla und Valli –, und was ihn diesmal
körperlich „öffnete", war nicht die Wirkung des Schreibens,
sondern die des Geschriebenen: „Gegen Schluss fuhr mir
meine Hand unregiert und wahrhaftig vor dem Gesicht herum. Ich hatte Tränen in den Augen. Die Zweifellosigkeit
der Geschichte bestätigte sich." [...]
Es war eine Eruption[3], die in der Weltliteratur ihresgleichen
sucht: Mit einem Schlag, scheinbar geschichts- und voraus-
setzungslos, war der Kafka-Kosmos präsent, schon vollständig möbliert mit jenem „kafkaesken" Inventar, das dem
Werk eine unverwechselbare serielle Einheit aufprägt: die
übermächtige und zugleich „schmutzige" Vater-Instanz, die
ausgehöhlte Rationalität der Perspektivfigur, die Überlage-
rung des Alltags durch juridische[4] Strukturen, die Traumlo-
gik der Handlung und nicht zuletzt der den Erwartungen und
Hoffnungen des Helden stets entgegengerichtete Sog des Er-
zählflusses. [...]

Aus: Reiner Stach: Kafka. Die Jahre der Entscheidungen. Frankfurt a. M. 2003,
S. 114–117

---

[1] geistig
[2] Echtheit
[3] (vulkanischer) Ausbruch
[4] (österr. für) juristisch

3. Lebensverzicht und Absolutheitsanspruch: „Ein Hungerkünstler"

Gerhard Neumann: Über Hungerkünstler

Entlang diesem Text soll deutlich werden, dass Kafka mit Elementen seiner Erzählung „Ein Hungerkünstler" an eine jahrhundertealte Tradition des Schauhungerns anknüpft. Demnach verbindet Kafka religiöse und medizinische Aspekte dieser Tradition mit der Gegenwart des Varietés seiner Zeit, um das problematisch gewordene Bild des modernen Künstlers darzustellen.

Zunächst: Die Geschichte der Hungerkunst ist lang; bemerkenswert ist schon im 16. Jahrhundert das Phänomen der Fastenwunder und Hungermädchen. Einblattdrucke sind Zeugnisse des Aufsehens, das jene Frauen erregten, die ihr
5 eigenes Fasten als eine Form göttlicher Wunder zur Schau stellten. Namentlich zwei Merkmale dieser Fastenwunder sind hervorzuheben. Auf der einen Seite die enge Bindung solcher Veranstaltungen an die Eucharistie[1]. Einzige Nahrung der Schausteller war eine vom Himmel herabschwe
10 bende Hostie[2], das ins Wort Gottes verwandelte Brot. Andererseits ist von Belang, dass Vorstellungen dieser Art […] sich als Ereignisse in der „Nachfolge Christi" verstanden, der vierzig Tage in der Wüste gehungert hatte (Matth. 4,2–4). Das Schauhungern spielte Christi Versuchung durch
15 Satan nach, der diesem die Verwandlung von Steinen in Brot als Zeichen seiner Allmacht abverlangte und mit jenem Satz widerlegt wurde, der das (für den hier behandelten Zusammenhang wesentliche) Prinzip der „Transsubstantiation"[3] vorwegnehmend ausspricht:

20 Es steht geschrieben: Der Mensch lebt nicht vom Brot allein, sondern von jedem Worte, das aus dem Munde Gottes kommt.

---

[1] Abendmahl
[2] geweihtes Abendmahlsbrot
[3] die Wandlung von Brot und Wein in Leib und Blut Christi beim Abendmahl

Anhang **153**

Ein weiterer, für das Verständnis des Schauhungerns bedeutender Umstand liegt darin, dass von Anfang an, also schon
im 16. Jahrhundert, Rituale dieser Art von Ärzten überwacht
wurden. Bei Entdeckung eines Betrugs drohte die Todesstrafe. Im 19. Jahrhundert ist das Schauhungern dann aus [5]
dem theologischen Bereich herausgetreten und in den der
Naturwissenschaft und Medizin überführt worden. Darin
deutet sich ein Wechsel der Legitimationsordnungen[1] des
Weltverstehens an. An die Stelle der Theologie als Begrün-
dungsrahmen tritt die Naturwissenschaft. Hungern wird als [10]
medizinisches Experiment unter ärztlicher Aufsicht durch-
geführt: als Probe auf die Grenzen menschlicher Leistungs-
kraft. Im 20. Jahrhundert wird schließlich die medizinische
Dimension noch um die trivialästhetische[2] erweitert. Das
Schauhungern, nach wie vor als naturwissenschaftliches Pro- [15]
blem definiert, findet Aufnahme in das Repertoire der Ver-
gnügungsindustrie. In den Veranstaltungen, wie sie die Varietés, der Zirkus und die Monstrositätenschaus zeigen, finden
sich nun alle Elemente bezeugt, die Kafka in seinem Text
benutzt: Glaskästen, Zellen, isolierte Räume (keine Käfige), [20]
Plakate und Anzeigetafeln, Lorbeer- und Blumenbekränzung,
militärisches und medizinisches Zeremoniell, Gespräche mit
den Wächtern, die Figur des „Impresario"[3], Wutanfälle des
Hungerkünstlers, Wetten auf die Leistungsfähigkeit des
Protagonisten. [25]
Wichtig ist schließlich, dass einige Merkmale solchen Schauhungerns durchgängig seit dem 16. Jahrhundert gelten. Da
ist zunächst das Problem des Betrugs. Die Geschichte der
Hungerkunst ist im Grunde eine Geschichte wechselnder
Betrugsstrategien und Entlarvungsskandale. Der „Hunger- [30]
künstler" unterscheidet sich damit wesentlich von Artisten
anderer Art, deren Leistungen in ihrer „Fehlerlosigkeit" unmittelbar evident[4] werden – so die Übungen von Equilibris-
ten[5], Trapezkünstlern (Kafka macht einen von ihnen in der
Erzählung „Erstes Leid" zum Helden) oder Jongleuren. Ein [35]

---

[1] Begründungsweise
[2] vergnügungskünstlerisch, boulevardesk
[3] Unternehmer, der für Künstler Gastspiele arrangiert
[4] offenkundig, augenscheinlich
[5] Seiltänzer

Zweites ist die traditionelle Begrenzung der Hungerzeit:
Nach dem Vorbild vierzigtägigen Fastens von Christus, Mose und Elia erfolgte die Übertragung dieses Moments aus
Zusammenhängen der Nahrungsverweigerung sogar auch
auf andere sozialgeschichtliche Moratorien diätetischer[1]
Art. Der Begriff „Quarantäne"[2] ist erstmals im Jahre 1374
belegt. Hinzu kommt als Drittes der Bezug auf mythische
Vorbilder: Dabei ist nicht nur Christus das Modell für Schaustellungen dieser Art; es wird auch auf andere historische
und literarische Figuren Bezug genommen. So trat der bekannte Hungerkünstler Succi – nach Dantes Darstellung im
33. Gesang des „Inferno" – als Ugolino auf und ließ sich in
einer Rüstung einmauern. Schließlich muss noch die Ökonomisierung des Vorgangs hervorgehoben werden: Die
Schaustellungen erfolgten von Anfang an gegen Bezahlung
und standen im Zeichen von Wettabschlüssen.
Als Fazit der Betrachtung dieser […] Darstellungsschicht im
„Hungerkünstler" ergibt sich:

1. Kafka setzt […] einen Argumentationszusammenhang. Es
ist der in der Darstellung eingeführte Bezug auf das sozialhistorisch ritualisierte Paradigma[3] des „Hungerns" in dreifacher Weise: erstens als Form der Nachfolge Christi
(Transsubstantiation von Speise in Logos[4]), zweitens als
Form medizinischer Selbstvergewisserung des Menschen, als
im Ritual gezeigter Sieg des Geistes und Willens über den
Körper im Zeichen des wissenschaftlichen Experiments;
drittens als Form trivialästhetischer Schaustellungen, als ritualisierte Selbsterfahrung des Menschen im Spiel artistischer Leistungen, wie sie im Zirkus und im Varieté gezeigt
werden.

2. Kafka nutzt mit großer Bewusstheit die traditionell ambivalente[5] Struktur dieses Rituals. Es erscheint nicht als ein
die Wahrheit des Geschehens verbürgender Legitimations-

---

[1] diätetisches Moratorium: Aufschub der Nahrungsaufnahme mittels
    einer Diät
[2] Isolierung, Absonderung
[3] Muster
[4] göttliche Vernunft
[5] widersprüchlich, doppeldeutig

Anhang 155

Akrobaten auf der Völkerkunde-Ausstellung 1895

rahmen, sondern ist zwischen göttlicher Wahrheit und Teufelstrug, zwischen medizinischer Wahrheit und faulem Trick, zwischen ethischer Leistung und Publikumstäuschung angesiedelt. Es ist von höchster Bedeutung für die von mir angeschnittenen Zusammenhänge, dass das Schauhungern offenbar von Anfang an die Dubiosität[1] menschlicher Selbsterfahrung zwischen Bewahrheitung und Scharlatanerie in Szene setzt. Dabei zeigt sich, dass Kafka alle „Künstlerfiguren" seines Werkes in dieses Zwielicht rückte: den Maler Titorelli aus dem „Proceß", den Affen Rotpeter aus dem „Bericht für eine Akademie", den Trapezkünstler aus dem „Ersten Lied", die Maus Josefine, Titelfigur der Erzählung „Josefine, die Sängerin".
3. Kafka benutzt seine genaue Kenntnis der historischen und zeitgenössischen Erscheinungsweisen der „Hungerkunst", um daraus eine kulturgeschichtliche Diagnose über die Kernwerte seiner eigenen Situation als Künstler zu ent-

---
[1] Zweifelhaftigkeit

wickeln. „Der Hungerkünstler" gibt das Modell einer sozialen Lage, in der das Verhältnis von Wunsch und Gesetz, von Wahrheit und Betrug, von Kunst und Scharlatanerie auf beunruhigende Weise diffus[1] geworden ist.

Aus: Gerhard Neumann: Hungerkünstler und Menschenfresser. In: Wolf Kittler, Gerhard Neumann (Hrsg.): Franz Kafka: Schriftverkehr. Freiburg i. Br. 1990, S. 406–408

Reiner Stach: Kafkas Lebensprogramm

Der Autor schildert hier, wie sich Kafka als Außenseiter ebenso erlebt wie stilisiert. Beachten Sie hierbei die geschilderte Mischung aus Einsamkeit und Stolz, die auch in der Erzählung „Ein Hungerkünstler" sichtbar wird.

„In mir kann ganz gut eine Konzentration auf das Schreiben hin erkannt werden. Als es in meinem Organismus klar geworden war, dass das Schreiben die ergiebigste Richtung meines Wesens sei, drängte sich alles hin und ließ alle Fä-
5 higkeiten leer stehn, die sich auf die Freuden des Geschlechtes, des Essens, des Trinkens, des philosophischen Nachdenkens, der Musik zuallererst richteten. Ich magerte nach allen diesen Richtungen ab. Das war notwendig, weil meine Kräfte in ihrer Gesamtheit so gering waren, dass sie
10 nur gesammelt dem Zweck des Schreibens halbwegs dienen konnten, ich habe diesen Zweck natürlich nicht selbstständig und bewusst gefunden, er fand sich selbst und wird jetzt nur noch durch das Bureau, aber hier von Grund aus gehindert. Jedenfalls darf ich aber dem nicht nachweinen, dass ich kei-
15 ne Geliebte ertragen kann, dass ich von Liebe fast genauso viel wie von Musik verstehe und mit den oberflächlichsten angeflogenen Wirkungen mich begnügen muss …"

Kafka notierte dies Anfang 1912: die für ihn typische Bilanz zum Jahreswechsel. Von Ehe ist keine Rede, selbst Sexualität
20 erscheint hier nur als libidinöse[2] Leistung unter gleichberechtigten anderen. Es ist sein Lebensprogramm, das Kafka

---

[1] verschwommen, unklar
[2] triebhaft

hier erstmals präzis formuliert, zugleich die Keimzelle eines inneren Mythos, an dem er festhalten und den er konsequent entfalten wird: Nicht er selbst ist es, der die letzte Entscheidung trifft, sondern sein „Organismus", also seine Konstitution, also etwas Unabänderliches. Diese Entscheidung aber ist bereits gefallen, Kafka buchstabiert sie nach, verliest sie gleichsam – mit vernehmbarem Stolz auf die eigene Entschlossenheit, die geforderten Opfer klaglos zu erbringen.

Das erscheint frivol[1]. Ein Achtundzwanzigjähriger mag den Genüssen des Lebens abschwören, in Form eines mehr oder weniger gewaltsamen Willensakts: Das haben aus religiösen Gründen Tausende vor ihm getan. Kafka aber gründet seinen Verzicht auf nichts als ein inneres Selbstbild. Ob gut oder schlecht: So bin ich, und darum kommt all dies für mich nicht mehr in Frage. Eine fahrige, vorschnelle Geste, die auch dadurch nicht überzeugender wird, dass Kafka das Vakuum sofort auffüllt und seinem Leben einen ganz anderen Sinn zuordnet. Er spricht vom „Nachweinen". Das klingt nicht, als wisse er den Wert dessen, was er verwirft, wirklich einzuschätzen.

Tatsächlich hatte Kafka noch keine konkrete Erfahrung mit einem Leben, das auf den Akt des Schreibens radikal zugespitzt war; er kannte weder die Qualen endgültigen Verzichts, noch konnte er ahnen, wie nahe ihm die große Probe schon bevorstand. Doch es kann keine Rede davon sein, dass er die langfristigen Konsequenzen nicht durchdacht hätte. Er hatte sie, was mehr ist, imaginativ[2] längst durchlebt, er hatte sie abgewogen gegen seine Sehnsucht nach sozialer und intimer Nähe, und er hatte es sich auch nicht erspart, eine Außenansicht von forcierter[3] Trostlosigkeit zu entwerfen.

„Es scheint so arg, Junggeselle zu bleiben, als alter Mann unter schwerer Wahrung der Würde um Aufnahme zu bitten, wenn man einen Abend mit Menschen verbringen will,

---

[1] leichtfertig, frech
[2] in der Einbildung
[3] gewaltsam, unnatürlich

krank zu sein und aus dem Winkel seines Bettes wochenlang
das leere Zimmer anzusehn, immer vor dem Haustor Abschied zu nehmen, niemals neben seiner Frau sich die Treppe hinaufzudrängen, in seinem Zimmer nur Seitentüren zu
haben, die in fremde Wohnungen führen, sein Nachtmahl in
einer Hand nach Hause zu tragen, fremde Kinder anstaunen
zu müssen und nicht immerfort wiederholen zu dürfen: ‚Ich
habe keine‘, sich im Aussehn und Benehmen nach ein oder
zwei Junggesellen der Jugenderinnerungen auszubilden.
So wird es sein, nur dass man auch in Wirklichkeit heute
und später selbst dastehen wird, mit einem Körper und
einem wirklichen Kopf, also auch einer Stirn, um mit der
Hand an sie zu schlagen.“

DAS UNGLÜCK DES JUNGGESELLEN lautet der Titel dieses Pro-
sastücks; verfasst hat es Kafka bereits im November 1911,
Wochen vor seiner Lebensbilanz im Tagebuch. Es ist ein
Selbstporträt im strengen Sinn des Wortes: nicht „so werde
ich sein“, sondern „so werde ich aussehen“. Ausgespart bleibt
alles, was die Einsamkeit kompensieren[1] könnte: Dieser ima-
ginierte[2] Junggeselle ist völlig unschöpferisch, er schreibt
nicht, liest nicht, musiziert nicht, und über klägliche Hobbys
werden auch Kafkas künftige Helden, allesamt Junggesellen,
niemals hinauskommen. Denn *nichts* vermag an die Stelle des
Lebens zu treten.
Kafka hält sich einen Spiegel vor, doch er versagt sich jeden
Appell[3]. Er weiß, die soziale Gemeinschaft ist keineswegs
verpflichtet, sein „Unglück“ zu lindern. Denn die Gemeinschaft spricht mit der Stimme des Lebens selbst, der Junggeselle aber hat dem Leben gekündigt. Diese Drohung, eines
Tages nicht mehr als Mitglied der menschlichen Familie be-
trachtet zu werden, stand Kafka längst vor Augen und war
keineswegs die hypochondrische Marotte[4] des Jünglings, der
sich Sorgen um seine Rente macht. Ein „älterer“ oder ein
„alter“ Junggeselle: darunter verstand man nicht unbedingt

---

[1] ausgleichen
[2] vorgestellte
[3] Hilferuf
[4] Schrulle oder Laune, Beschwerden überzubewerten oder krankhaft
die eigenen Körperfunktionen zu beobachten

einen biologisch alten Mann, sondern jemanden, der den richtigen Zeitpunkt versäumt hatte, eine Familie zu gründen. Blumfeld, jener „ältere Junggeselle", dessen Aufstieg zu seiner trostlosen Kammer Kafka in einem längeren Fragment schildern wird, hat zwanzig Jahre Büroarbeit hinter sich und rechnet mit weiteren drei Jahrzehnten Einsamkeit. Ein etwa Vierzigjähriger also. Noch in Hofmannsthals DER SCHWIERIGE, entstanden 1921, wird der neununddreißigjährige Protagonist als „ältlicher Junggeselle" bezeichnet: ein Brandzeichen, eine Art sozialer Schuld, die früh zu wachsen beginnt und niemals vergeben wird.

Kafka hatte Zweifel, so alt überhaupt je zu werden. Da er mit demografischen Statistiken[1] häufig zu tun hatte, wusste er, dass er sich der Mitte seines Lebens näherte; es war hohe Zeit, an die zweite Hälfte zu denken. Doch „mit einem solchen Körper lässt sich nichts erreichen", notierte er im Tagebuch nur eine Woche nach dem UNGLÜCK DES JUNGGESELLEN. Er empfand sich als schwächlich, störanfällig, zermürbt von fortwährenden, über den ganzen Körper wandernden Spannungen und Insuffizienzen[2], und dass er kein Mann in der Blütezeit seiner Entwicklung war, sah anscheinend jeder ihm an. Kafka wirkte jugendlich, es kam vor, dass man ihn, den promovierten Beamten, für einen Schüler hielt. Das war komisch, aber es war auch widernatürlich. Ein Junggeselle in Gestalt eines Kindes: ein soziales Monstrum. Kafka hat dieses Brandzeichen nicht nur bereitwillig empfangen, er hat sich auch in solchem Maße damit identifiziert, dass ein radikaler Wechsel der Lebensperspektive ihm schließlich undenkbar wurde. Er war noch nicht dreißig, da er das Schreckbild des älteren Junggesellen auf sich selbst projizierte. Die Furcht davor, bis ans Ende allein zu bleiben, schlug um in die Gewissheit, dass er nicht die Kraft hatte, diesem Schicksal auszuweichen. Dabei entging ihm keineswegs das Moment von Autonomie[3], das die Gemeinschaft insgeheim denen neidet, die nur für sich selbst sorgen – es war ja keineswegs ausgemacht, dass Junggesellen und „alte

---

[1] Statistik über die Lebensdauer
[2] mangelhafte Leistungsfähigkeit
[3] Unabhängigkeit, Selbstständigkeit

160 Anhang

Jungfern" allesamt so freudlose, blutleere und lächerliche Wesen waren, wie die Witzblätter sie gern zeichneten. Doch es war ein fundamentales Gefühl der Leere, das Kafka bedrängte, die Furcht, sein Leben aus dem Leben selbst hinauszusteuern, und er ahnte, dass Autonomie, die sich zum Selbstzweck erhob, dagegen nichts ausrichten würde. „Gefühl des Kinderlosen" nannte er es, vertraut war es ihm schon lange, neu aufgebrochen war es mit den Hochzeiten der Schwestern, doch die letztgültige Formel fand er erst zwei Jahre vor seinem Tod: „immerfort kommt es auf dich an ob du willst oder nicht, jeden Augenblick bis zum Ende, jeden nervenzerrenden Augenblick, immerfort kommt es auf dich an und ohne Ergebnis. Sisyphus war ein Junggeselle."

Aus: Reiner Stach: Kafka. Die Jahre der Entscheidungen. Frankfurt a. M. 2003, S. 36–39

Roger Hermes: Zu Kafkas „Auf der Galerie"

In dieser Interpretation zu dem kurzen Text „Auf der Galerie" können Sie beispielhaft sehen, wie Kafka gelesen werden kann. Seine Texte sind immer auch Bebilderungen und Problematisierungen seiner eigenen Künstler-Existenz. In welchem Dilemma zwischen Eitelkeit und Verzweiflung, zwischen Gefühlen der Größe und der Nichtigkeit Kafka dabei schwankte, können Sie entlang dem Primär- und dem Sekundärtext gut nachvollziehen.

Georges Seurats „Zirkus" (damals im Louvre), ein Vorbild für Kafkas „Auf der Galerie"

162 Anhang

Kafka nahm im Winter 1916/17 seine literarische Arbeit wieder auf und beendete damit eine fast zweijährige Zeit des Nichtschreibens. Durch die Vermittlung seines Freundes Max Brod hatte er am 10. November 1916 in der Münchner
5 Galerie Goltz im Rahmen der „Abende für neue Literatur" *In der Strafkolonie* vorgelesen. Trotz schroffer Ablehnung sowohl des Stoffes als auch der Vortragsweise durch die meisten Rezensenten[1] muss dies seinen literarischen Ambitionen neue Impulse verliehen haben. Kurz nach seiner
10 Rückkehr nach Prag (am 12. November 1916) bezog Kafka ein kleines Haus in der Alchimistengasse, in dem er spätestens ab dem 26. November täglich mehrere Stunden arbeitete. Die Schreibphase dieses Winters ist sowohl durch die Menge als auch durch die Vielfältigkeit des von Kafka Ge-
15 schaffenen gekennzeichnet. Solche Phasen literarischer Produktivität waren zugleich durch das Auftreten von Schreibstockungen gekennzeichnet, die Kafka durch seine Doppelbelastung als Versicherungsangestellter und Schriftsteller ausgelöst sah. In den Briefen und Tagebüchern findet
20 sich eine Reihe von Passagen, in denen Kafka seiner Verzweiflung über diesen Zustand Ausdruck verleiht, aber auch Lösungen für dieses Dilemma formuliert: eine disziplinierte Lebensweise, die Raum für den Beruf und für seine Berufung schafft. Es ist anzunehmen, dass die Arbeiten des Winters
25 1916/17 immer wieder ins Stocken gerieten; einige Ansätze verwarf Kafka sehr rasch, die Arbeit an anderen, weiter fortgeschrittenen, setzte er nicht fort. Seiner späteren Arbeitsweise entsprechend hat er sicherlich an mehreren Texten gleichzeitig gearbeitet. Über eine ähnliche Situation
30 schreibt Kafka 1915: „Nun stehen vor mir 4 oder 5 Geschichten aufgerichtet, wie die Pferde vor dem Cirkusdirktor Schumann bei Beginn der Produktion." Es ist dieser Vergleich zwischen Pferde-Dressur und Schreibakt, der *Auf der Galerie* als Parabel auf Kafkas literarisches Schaffen und
35 seine Existenz als Schriftsteller erscheinen lässt.
Kafka wählte das Bild der Dressur des Pferdes offenbar aus der Überlegung heraus, dass die Bändigung der vitalen

---

[1] Kritiker

Energien des Pferdes gleichzusetzen sein könnte mit der schriftlichen Fixierung eines literarischen Einfalls. Die „hinfällige, lungensüchtige Kunstreiterin in der Manege auf schwankendem Pferd" ist Kafkas Metapher für die von ihm angenommene und häufig beklagte „Schwächlichkeit" und literarische Wertlosigkeit vieler seiner Erzählungen und verworfenen erzählerischen Ansätze, über die er im Tagebuch urteilt: „Es hat Sinn, ist aber matt, das Blut fließt dünn, zu weit vom Herzen". Die Kraftlosigkeit des Niedergeschriebenen wird zur Hinfälligkeit der Kunstreiterin. Und dennoch ist sich Kafka nur zu deutlich bewusst, dass die Aufgabe des Schreibens auch das Ende seiner Existenz bedeuten würde: „Von der Literatur aus gesehen ist mein Schicksal sehr einfach. Der Sinn für die Darstellung meines traumhaft innern Lebens hat alles andere ins Nebensächliche gerückt. [...] Nichts anderes kann mich jemals zufriedenstellen". Folglich appelliert Kafka an sich selbst: „Regelmäßig schreiben! Sich nicht aufgeben!" Mit geradezu militärischer Strenge versucht er, seinen Visionen literarische Form zu geben, da ihm dies als eigentliche Rechtfertigung seiner Existenz erscheint: „Die ungeheuere Welt, die ich im Kopfe habe. Aber wie mich befreien und sie befreien, ohne zu zerreißen. Und tausendmal lieber zerreißen als sie in mir zurückhalten oder begraben. Dazu bin ich ja hier, das ist mir ganz klar." Um dies zu erreichen, entwirft Kafka streng geregelte Tagesabläufe, nimmt „endlose Quälereien" in Kauf, ermuntert sich: „Unbedingt weiterarbeiten, es muss möglich sein, trotz Schlaflosigkeit und Bureau". Er erkennt, dass nur unausgesetzte Arbeit ihm Befriedigung bringen kann, denn kann er „die Geschichten nicht durch die Nächte jagen, brechen sie aus und verlaufen sich". In dieser Unerbittlichkeit wird Kafka zum „peitschenschwingenden erbarmungslosen Chef". So wie dieser die Kunstreiterin „monatelang, ohne Unterbrechung im Kreise herumtreibt", so verfolgt Kafka seine literarischen Ideen und versucht, sie niederzuschreiben. Obwohl er sich des damit verbundenen quälenden Prozesses bewusst ist, lässt er in seinen Bestrebungen nicht nach: „Misslungene Arbeiten angefangen. Ich gebe aber nicht nach, trotz Schlaflosigkeit, Kopfschmerzen, allgemeiner Unfähigkeit". Im Bewusstsein der Qual, die für ihn mit dem schriftstellerischen Schaffensprozess verbunden ist, potenziert[1] Kafka in der parabolischen[2] Darstellung der *Galerie* diese Aspekte, indem er sowohl das Orchester als auch das Publikum geradezu mechanisch auf die Fortsetzung des grausamen Spieles drängen lässt. Beide Personengruppen werden in ihrer Unerbittlichkeit mit dem „Chef" gleichgesetzt; Zuschauer und Orchester sind nur Variationen des Grundthemas der nicht nachlassenden Unerbittlichkeit (in der literarischen Produktion). Doch die Kunstreiterin bewegt sich unter den Augen der Zuschauer in nahezu unerträglicher Monotonie ausschließlich im Kreis, führt seelenlos-puppenhaft die geforderten Bewegungen aus. Die Szenerie zeichnet sich durch das Fehlen des schöpferisch Neuen aus, sie ist nur Wiederholung des bereits Bekannten. Gerade dies ist es, was Kafka an seinen literarischen Arbeiten beklagt: „Das, was geschrieben wird, scheint nichts Selbstständiges, sondern der Widerschein guter früherer Arbeit". Die scheinbare Hoffnungslosigkeit auf das genuin[3] Neue ist es, die das „Halt!" des jungen Galeriebesuchers ersehnen lässt. So wie dieser dem grausamen Zirkusspiel ein Ende setzen könnte, so sucht Kafka nach der Lösung für das Dilemma seiner zwischen Literatur und Beruf geteilten Existenz und notiert in seinem Tagebuch: „Wer erlöst mich?"

Der erste Teil von *Auf der Galerie* ist die Darstellung der Phasen der Qual, der Ergebnis- und Hoffnungslosigkeit in Kafkas schriftstellerischer Existenz. Mit klarem Blick erkennt er die Monotonie in diesen Zeiten des schöpferischen Ringens. Und setzt dennoch sein „Aber" dagegen. Der von vielen Interpreten als wenig organisch empfundene Übergang zum zweiten Absatz ist als deutliche Zäsur[4] notwendig. Hiernach beginnt Kafkas glanzvoller Gegenentwurf zu der im ersten Absatz dargestellten Szene. Es ist nicht mehr die „lungensüchtige Kunstreiterin", sondern eine kraftvolle Artistin, die in die Manege „hereinfliegt". Im übertragenen Sinne handelt es sich um einen literarischen Ansatz, der für

---

[1] steigert
[2] gleichnishaft
[3] unverfälscht, echt
[4] Einschnitt

Anhang **165**

Kafka potenziell die Möglichkeit zu einer befriedigenden literarischen Arbeit in sich trägt. Diesen Ansatz erwartet der Zirkusdirektor/Schriftsteller in „Tierhaltung", lauernd, aufmerksam. „Hingebungsvoll" wird der Augenkontakt gesucht, die Sinne sind angestrengt, die Bereitschaft zur großen Leistung ist gegeben. Dennoch besteht die Möglichkeit, dass das Kunststück misslingt, der literarische Ansatz scheitert („Mit solchen Hoffnungen angefangen und von allen drei Geschichten zurückgeworfen", notiert Kafka einmal im Tagebuch). Aus diesem Grunde hebt der Direktor die Kunstreiterin „vorsorglich", auf das Pferd; aus diesem Grunde ist es eine „gefährliche Fahrt", die nur mit „peinlichster Achtsamkeit" unternommen werden darf. Der Dressurakt/die schriftliche Fixierung eines literarischen Einfalls kann zu jeder Zeit scheitern. Gelingt aber das Kunststück, ist der Abschluss vom „großen Saltomortale" gekrönt, ist der literarische Text unter erheblichen Anstrengungen („vom zitternden Pferde") vollendet, ist das Glücksgefühl allumfassend. Die Kunstreiterin will es „mit dem ganzen Zirkus teilen", das fertige Stück Literatur soll der Öffentlichkeit vorgestellt werden. So überwältigend ist der Triumph, dass weder Zirkusdirektor noch Autor die „Huldigung des Publikums für genügend erachtet". Doch angesichts dieser großartigen Szene „legt der Galeriebesucher das Gesicht auf die Brüstung und [...] weint [...], ohne es zu wissen". Diese Reaktion scheint keine Verknüpfung mit der beschriebenen Situation zuzulassen. Die Tränen sind unbewusst und eher Ausdruck für eine innerliche Befindlichkeit, die sich nur vermuten lässt. Sie könnten als emotionaler Reflex auf die dumpfe Ahnung verstanden werden, dass beide geschilderten Szenen gleichberechtigt nebeneinanderstehen. Auf Kafkas schriftstellerische Existenz übertragen, würde die Reaktion des Galeriebesuchers für die Erkenntnis stehen, dass das Dilemma seiner schriftstellerischen Existenz (die verzweifelten Phasen literarischer Unproduktivität neben solchen literarisch erfolgreichen Schaffens) nicht auflösbar ist.

Aus: Roger Hermes: Auf der Galerie. In: Michael Müller (Hrsg.): Franz Kafka. Romane und Erzählungen. Interpretationen. Stuttgart 2003, S. 226–231

4. Verwalteter Horror: „In der Strafkolonie"

Klaus Wagenbach: Über Strafkolonien

Dass die Idee einer Strafkolonie keineswegs der dunklen Fantasie Kafkas entsprungen ist, sondern grausame Realität – von der Antike bis in die Moderne – war, zeigt Ihnen dieser Text. Vor dem historischen Hintergrund gewinnt Kafkas Geschichte eine noch erschreckendere Dimension.

Die in der Antike übliche Strafe der Verbannung oder Deportation[1] wurde in der Neuzeit nur von drei Staaten ausgeübt: England, Russland und Frankreich. In allen drei Staaten wurde die Strafe – im Gegensatz zur Antike – mit dem
5 Zweck der Kolonisierung verbunden, der Besiedelung unbewohnter Gebiete, der Unterwerfung eroberter Länder. Deswegen der Name „Straf*kolonie*". In diesen Strafkolonien

Sträflinge einer russischen Strafkolonie

---

[1] zwangsweise Verschickung

mussten die Gefangenen in der Regel während der eigentlichen Strafzeit in befestigten und bewachten Lagern wohnen und die ihnen zugeteilten Arbeiten verrichten. Die Strafzeit wurde erlassen oder ermäßigt, wenn die Gefangenen sich verpflichteten, als Kolonisten im Land zu bleiben.

In Russland wurden die zur Kolonisierung nach Sibirien Verbannten in drei Klassen eingeteilt: die Arrestantenkompanien (in Zuchthäusern oder Lagern lebend, mit Fußketten, den „niedrigsten und entehrendsten Arbeiten zugeteilt"), die Bergwerksarbeiter (rechtlos; „die anstrengende Arbeit, schlechte Kost und üble Behandlung macht dem Leben dieser Elenden ein baldiges Ende") und die eigentlichen Kolonisten (nach zehn Jahren erhalten sie die gleichen Rechte wie die Bauern). Sinn dieser Klasseneinteilung war es, die Verurteilten zu einem „Aufrücken" in den Kolonistenstatus zu veranlassen. Einer der bekanntesten Sträflinge war Fjodor Dostojewski[1], der 1849−59 in Sibirien lebte; seinen Bericht „Aufzeichnungen aus einem Totenhaus" kannte Kafka.

England deportierte Strafgefangene seit dem 17. Jahrhundert nach den britisch-nordamerikanischen Kolonien. Eigentliche Strafkolonien wurden aber erst in Australien eingerichtet, um 1800 in Neusüdwales, auf Tasmanien und Norfolk. Es waren entweder bestimmte größere, aber bewachte Gebiete oder sogenannte „Pönalstationen", feste Lager mit strenger Trennung von allen übrigen Einwohnern. Mitte des 19. Jahrhunderts wurde, wegen der Proteste der Siedler, die Deportation nach Südaustralien aufgegeben, um 1900, mit den Goldfunden, auch die nach Westaustralien. Für indische Sträflinge bestimmte die englische Justiz seit 1858, dem Jahr der Niederschlagung des Aufstandes der Spahi, der indischen Söldner, die Andamanen-Inseln.

Frankreich führte die Deportation 1810 ein, sie richtete sich fast ausschließlich gegen politische Gefangene. Die Revolutionäre von 1848 wurden nach Algerien verbannt, zum Teil auch „dorthin, wo der Pfeffer wächst", nach Cayenne in Französisch-Guayana und den Cayenne vorgelagerten Inseln, so besonders der Teufelsinsel, die bis 1945 französische Strafkolonie blieb. [...]

---

[1] russischer Schriftsteller (1821−1881)

168 Anhang

Kriegspropaganda: In den ersten Kriegsmonaten 1914 waren – neben der Verwendung von Dum-Dum-Geschossen und dem Einsatz von Kolonialtruppen – die Strafkolonien der Entente[1] (insbesondere die Frankreichs) ein Hauptargument der deutsch-österreichischen Propaganda für die „Kulturschande" des Gegners. In Wahrheit aber war Deutschland sehr spät Kolonialmacht geworden, und zu diesem Zeitpunkt hatte es sich bereits erwiesen, dass Strafkolonien kein sehr geeignetes Mittel zur Kolonialisierung eines Gebietes sind; das „alte" System der Verbindung von Deportationsstrafe und Kolonialisierung wurde ersetzt durch das „neue" System von Auswanderung und Handelsabhängigkeit (und es erschien praktikabler, die Militärs zur Eroberung und Verteidigung von Handelsniederlassungen und Häfen einzusetzen, denn zur kostspieligen Bewachung Strafgefangener). [...]

Aus: Franz Kafka: In der Strafkolonie. Eine Geschichte aus dem Jahre 1914. Mit Quellen, Abbildungen, Materialien aus der Arbeiter-Unfall-Versicherungsanstalt, Chronik und Anmerkungen von Klaus Wagenbach. Berlin 1980, S. 65–67

Thomas Anz: Kafka und der Krieg

Zu Beginn des Ersten Weltkriegs herrschte in Europa das Gefühl des allgemeinen Aufbruchs, einer großen Zeitenwende. Kaum jemand, der sich von der damaligen Kriegseuphorie nicht anstecken ließ. Selbst Kafkas Haltung gegenüber dem Krieg ist ambivalent. Die allgemeine Stimmung hinterlässt ihre Spuren auch in ihm – bis in seine Träume und Texte hinein ...

Am 28. Juli 1914 erklärt Österreich Serbien den Krieg. Am 31. Juli schreibt Kafka in sein Tagebuch: „Ich habe keine Zeit. Es ist allgemeine Mobilisierung[2]. [...] Aber schreiben werde ich trotz alledem, unbedingt, es ist mein Kampf um die Selbsterhaltung."

---

[1] Bündnis gegen Deutschland und Österreich im Ersten Weltkrieg: Frankreich, Russland und das Vereinigte Königreich von Großbritannien und Irland

[2] Vorbereitung auf einen bevorstehenden Krieg durch Einberufung der Reserve

Anhang 169

Als „Kampf" hat Kafka sein literarisches Schreiben schon vor 1914 begriffen. Seit dem August 1914 scheint die Metaphorik des Kampfes jedoch zusätzliches Gewicht zu bekommen. Mit dem Ersten Weltkrieg beginnt für ihn eine Phase neuer literarischer Produktivität. [...] Zwar bleiben die alten Konflikt- und Handlungsmuster bestehen, aber an die Stelle des Vaters und der Familie tritt die verästelte Macht von Richtern, Führern, Personalchefs, Offizieren, Kommandanten oder Aufsehern, von Kanzleien, Akten oder Maschinen.

Konkrete Bezüge zum Kriegsgeschehen scheinen diese Werke jedoch kaum zu haben. Allenfalls die geplante Exekution[1] eines Soldaten „wegen Ungehorsam und Beleidigung des Vorgesetzten" und das militärische Personal in der Erzählung *In der Strafkolonie* verweisen auf Kriegsverhältnisse, doch der Ort des Geschehens ist eine Insel, die weit entfernt von den europäischen Schlachtfeldern liegt. Kafkas Texte, die in den ersten Monaten des Krieges entstanden, scheinen diesen völlig zu ignorieren. Als Beleg dafür, wie nebensächlich der Kriegsausbruch für Kafka war, wird gerne sein Tagebucheintrag vom 2. August 1914 zitiert: „Deutschland hat Russland den Krieg erklärt. – Nachmittag Schwimmschule". Schon der Eintrag am nächsten Tag kann diesen Eindruck bestätigen. Vom Krieg ist hier keine Rede, nur von der traumatischen Erinnerung an die Heiratspläne, die am 12. Juli mit der Entlobung von Felice Bauer hinfällig geworden waren. Der Eintrag vom 6. August bestätigt noch einmal, was für Kafka damals Haupt- und was Nebensache war: „Der Sinn für die Darstellung meines traumhaften innern Lebens hat alles andere ins Nebensächliche gerückt und es ist in einer schrecklichen Weise verkümmert und hört nicht auf zu verkümmern."

Ganz nebensächlich war der Krieg für Kafka freilich nicht. Noch einen Tag vorher hatte er notiert: „Ich entdecke in mir nichts als Kleinlichkeit, Entschlussunfähigkeit, Neid und Hass gegen die Kämpfenden, denen ich mit Leidenschaft alles Böse wünsche." Und noch am gleichen Tag schreibt er: „Patriotischer Umzug. Rede des Bürgermeisters. Dann Verschwinden, dann Hervorkommen und der deutsche Ausruf:

---

[1] Hinrichtung

‚Es lebe unser geliebter Monarch, hoch.' Ich stehe dabei mit meinem bösen Blick. Diese Umzüge sind eine der widerlichsten Begleiterscheinungen des Krieges." Zumindest Kafkas Tagebücher und Briefe zeigen, dass das Kriegsgeschehen ihn keineswegs gleichgültig ließ. Und was er dazu geschrieben hat, das zitiert man nicht immer gerne. Denn der Neid auf die Kämpfenden scheint oft größer gewesen zu sein als der Hass. Und seine Aversion[1] gegen die patriotischen Umzüge kann nicht darüber hinwegtäuschen, dass Kafka keineswegs ein entschiedener Kritiker des Krieges war.

Kafkas Bewunderung deutscher Soldaten reichte bis in seine Träume hinein. Am 10. November 1917 notiert er sich einen „Traum von der Schlacht am Tagliamento": Österreichische Truppen finden sich in Bedrängnis. „Da erscheint ein preußischer Major, der übrigens die ganze Zeit über mit uns die Schlacht beobachtet hat, aber wie er jetzt ruhig in den plötzlich leer gewordenen Raum tritt, ist er eine neue Erscheinung. Er steckt zwei Finger von jeder Hand in den Mund und pfeift, so wie man einem Hund pfeift, aber liebend. Das Zeichen gilt seiner Abteilung, die unweit gewartet hat und jetzt vormarschiert. Es ist preußische Garde, junge stille Leute, nicht viele, vielleicht nur eine Kompanie, alle scheinen Offiziere zu sein, wenigstens haben sie lange Säbel, die Uniformen sind dunkel. Wie sie nun an uns mit kurzen Schritten, langsam, gedrängt vorbeimarschieren, hie und da uns ansehen, ist die Selbstverständlichkeit dieses Todesganges gleichzeitig rührend, erhebend und siegverbürgend. Erlöst durch das Eingreifen dieser Männer erwache ich." In der Tagebucheintragung vom 13. September 1914 bekennt Kafka seine „Traurigkeit über die österreichischen Niederlagen und die Angst vor der Zukunft", und er gesteht seiner Besorgnis wegen des Krieges eine ähnliche Bedeutung zu wie der wegen Felice Bauers: „Die Gedankengänge, die sich an den Krieg knüpfen, sind in der quälenden Art, mit der sie mich in den verschiedensten Richtungen zerfressen, ähnlich den alten Sorgen wegen F." Gegen diese Sorgen steht, so endet die Eintragung, „die große Hilfe des Schreibens, die ich mir jetzt nicht mehr entreißen lassen will".

---

[1] Abneigung

Kafka hofft jedoch auch auf eine andere Hilfe. „Ob ich durch den Krieg leide?", schreibt er am 5. April 1915 an Felice und fährt fort: „meistens dadurch, dass ich nicht selbst dort bin. Aber das sieht, so glattweg niedergeschrieben, fast nur dumm aus. Übrigens ist es vielleicht nicht ausgeschlossen, dass ich noch darankomme. Mich freiwillig zu melden, hindert mich manches Entscheidende, zum Teil allerdings auch das, was mich überall hindert." Einen Monat später, am 6. Mai 1915, bekennt er Felice, „dass es ein Glück für mich wäre, Soldat zu werden, vorausgesetzt allerdings, dass es meine Gesundheit aushält, was ich aber hoffe. Ende dieses Monats oder anfangs des nächsten komme ich zur Musterung. Du sollst wünschen, dass ich genommen werde, so wie ich es will."

Aus: Thomas Anz: Kafka, der Krieg und das größte Theater der Welt.
In: Neue Rundschau 107, 1996, H. 3, S. 131–133

5. Anpassung und ewiges Außenseitertum: „Ein Bericht für eine Akademie"

Walter Bauer-Wabnegg:
Über dressierte Menschenaffen

Dass es zur Zeit Franz Kafkas gar nicht so abwegig war, von einem sprechenden, menschlich dressierten Affen zu sprechen, zeigt Ihnen dieser Hintergrundtext. Dass Kafka mit „Ein Bericht für eine Akademie" also ein damals hochaktuelles Thema über die Möglichkeiten und Grenzen der Erziehung von Affen aufgriff, soll Ihnen hier deutlich werden.

Insgesamt nahm Kafka die in der Trivialliteratur seiner Zeit nicht unübliche Tradition der Darstellung dressierter Menschenaffen auf.

Wenn er Rotpeter dabei als gebildeten und eloquenten[1]
5 Gesprächspartner zeichnete, widersprach das keineswegs dem Genre. Ähnliche Schilderungen finden sich auch andernorts. Zumeist handeln sie von einem Besuch des jeweiligen Autors entweder in der Garderobe des „Künstlers" oder in dessen Hotelzimmer. Aber auch Gespräche zwi-
10 schen dem Impresario[2] und seinem Schützling werden wiedergegeben. In der Regel handelt es sich um kürzere Aufsätze im Stil einer Glosse.

Angeregt wurden diese Berichte und Fantasien von den Leistungen der Affendressur selber. Zwar war diese auch
15 schon im Mittelalter und früher bekannt gewesen, ihren unbestrittenen Höhepunkt erreichte sie aber erst zu Beginn unseres Jahrhunderts, nachdem der in England abgerichtete „Wunderaffe General Consul", ein Schimpanse, um die Jahrhundertwende außerordentlich große Aufmerksamkeit erregt und viele Tierlehrer zur Nachahmung veranlasst hatte.
20 Innerhalb kürzester Zeit erschienen „Max und Moritz", „Prinz Charles", „Consul II.", „Tarzan I. und II." und andere auf den Varietébühnen Europas und Amerikas.

---

[1] beredt
[2] Unternehmer, der für Künstler Gastspiele arrangiert

Vor allem die Tierschule des Unternehmens Hagenbeck wurde für ihre Dressurleistungen an Menschenaffen berühmt. Ihren Unterricht gründete sie auf die von Carl Hagenbeck eingeführten Prinzipien der „zahmen Dressur", die dieser gern an den Methoden moderner Pädagogik maß. 5
[...]
Überhaupt hatte sich Hagenbeck sehr für die zweckmäßigere und humanere Unterbringung und Behandlung der wild gefangenen Tiere sowohl während ihres Transports nach Europa als auch während ihrer späteren Unterbringung in 10 Zoo oder Zirkus eingesetzt. Er war ja selber nicht nur der bedeutendste Tierhändler seiner Zeit – mit Expeditionstrupps in aller Welt –, sondern er betrieb außerdem noch ein eigenes Zirkusunternehmen sowie einen zoologischen Garten in Hamburg-Stellingen. Seine Lebenserinnerungen 15 hatte er unter dem Titel „Von Tieren und Menschen. Erlebnisse und Erfahrungen" zusammengefasst und, wie gesagt, 1908 erstmals veröffentlicht.
Man darf davon ausgehen, dass Kafka dieses Buch bekannt war. Bestimmte motivliche Übereinstimmungen zwischen 20 einigen Passagen und Fotos daraus und dem „Bericht für eine Akademie" lassen eine andere Deutung kaum zu. – Ganz abgesehen davon wurde auf Kafkas Kenntnis der ebenfalls von Hagenbeck eingeführten und betriebenen Völkerschaustellungen ja bereits hingewiesen. – 25
So sieht man in Hagenbecks Buch zum Beispiel nach Menschenart gekleidete Schimpansen an einem Tisch sitzen und mit Löffeln aus Suppentellern essen. Vor ihnen stehen gefüllte Kaffeetassen. Fast immer findet sich, was auch Rotpeters Angewohnheit entspricht, eine Weinflasche auf dem 30 Tisch. Weitere Bilder zeigen heimwehkranke Tiere in einem Verschlag, kleine Negerjungen mit einem Gorilla und immer wieder Tischszenen.
In der zweiten Auflage von 1909 heißt es außerdem unter Bezug auf den Schimpansen „Moritz I.", der noch im Febru- 35 ar 1917 vom „Artist" im Rahmen einer Besprechung des Programms des Zirkus Hagenbeck eigens hervorgehoben wurde.
„Moritz ist geradezu der intelligenteste Affe, der mir je begegnet ist, er ist fast wie ein kleiner Mensch. Ich kann hier 40

nicht aufzählen, was man dem klugen Tier alles beigebracht hat, sondern will nur sagen, dass das Prinzip aller Vorstellungen darin beruht, einen Affen vorzuführen, der sich ganz wie ein Mensch beträgt und Kunststücke absolviert, die man
5 sonst nur von Artisten zu sehen bekommt. Moritz geht stets und ständig völlig bekleidet mit Strümpfen, Schuhen, Unterkleidern, Weste, Rock und Mütze, er speist dasselbe, was sein treuer Lehrer und Reisebegleiter Reuben Castang zu sich nimmt, schläft in einem Bett, raucht seine Zigarette,
10 trinkt seinen Wein, und wenn er reist, reist er zweiter Klasse … Schon ist ihm die hohe Ehre zuteil geworden, sich an Höfen und vor Fürstlichkeiten mit dem größten Erfolge zu produzieren."

Im Übrigen erwähnte Kafka den Namen Hagenbeck ja sogar
15 selber, und wenn er Rotpeter berichten ließ: „Als ich in Hamburg dem ersten Dresseur übergeben wurde", so wusste er wohl, dass dort der Stammsitz der Firma Hagenbeck war.
Dazu kommt, dass der Zirkus Hagenbeck während seiner
20 Gastspielreisen gelegentlich auch in Prag Vorstellungen gab. Beispielsweise hieß es am 9. September 1910 im „Prager Tagblatt":

„Die Reisemenagerie[1] des Hamburger Hauses weilt gegenwärtig in Prag, eine kleine Sensation nicht bloß für die Jugend
25 allein. Bei der gestrigen Eröffnungsvorstellung konnte man darum auch beobachten, dass alle Stände und Lebensalter unter den Zuschauern vertreten waren."
In der sich anschließenden Besprechung der Tiere, die Dressurkunststücke vorführten, wurde der Menschenaffe „Lord
30 Robinson" eigens hervorgehoben und „ein würdiger Nachfolger Konsul Peters", von dem noch die Rede sein wird, genannt. Vielleicht hatte Kafka jenen „Lord Robinson" im Rahmen eines Zirkusbesuchs sogar selber erlebt.
Er kann aber auch bei anderer Gelegenheit mit Ausstellungs-
35 affen in Berührung gekommen sein. Nicht nur waren in fast allen Vorstadtparks Prags Affenkäfige aufgestellt, des öfteren gastierten auch dressierte Schauaffen vor allem im Prager

---

[1] Reisetierschau

„Théâtre Variété". Kafka könnte dort den berühmten „Konsul Peter" oder vielleicht das Orang-Utan-Weibchen „Grete" gesehen haben. Letzterer ging der Ruf voraus, sie solle in Berlin einmal ganz deutlich das Wort „Hurra" gerufen haben.

Aus: Walter Bauer-Wabnegg: Zirkus und Artisten in Franz Kafkas Werk. Erlangen 1986, S. 128–133

Illustration von Andrea Di Gennaro

Reiner Stach: Kafkas Tiermetaphorik

Entlang dieser Analyse können Sie nachvollziehen, warum sich Kafka in seinem Werk sehr oft der Tiermetaphorik bediente. Mit ihr konnte er auf versteckte Weise sich selbst und seine soziale Situation spiegeln sowie einen Blick von außen auf die Menschen werfen.

Am Anfang – so lautet das erste Gesetz in Kafkas Universum – steht das Bild, und nicht wenige seiner Texte lassen sich als Ausfaltungen eines einzigen, denkwürdigen Bildes lesen, als Demonstration dessen, was ein Bild „hergibt".
Seit langem vertraut, wahrscheinlich noch von der Kindheit

her, war Kafka das Bild des zum Tier degradierten[1] Menschen, das der mit krassen Schimpfworten freigebige Vater schon gewohnheitsmäßig gebrauchte. Die ungeschickte Köchin war ein „Vieh", der schwindsüchtige Ladengehilfe ein
5 „kranker Hund", der am Esstisch kleckernde Sohn ein „großes Schwein". „Wer sich mit Hunden zu Bett legt, steht mit Wanzen auf", hatte Hermann erst ein Jahr zuvor über Jizchak Löwy[2] geflucht, und das war beileibe nicht das erste Mal gewesen, dass Kafka dieser Satz in den Ohren schmerzte
10 – freilich das erste Mal, dass er dagegen protestierte.
Früh schon muss sich für Kafka das Bild des Tieres mit der Vorstellung einer entsetzlichen Nichtigkeit verbunden haben; und dass es nicht nur im Munde des Vaters, sondern ebenso in der Wirklichkeit ein Fluch war, Tier zu sein, kann
15 dem aufmerksamen Kind nicht entgangen sein. Geschundene Pferde gehörten noch in den neunziger Jahren zum Straßenbild der Metropolen; kein Erwachsener verschwendete einen Gedanken an die depravierten[3] Kreaturen in Zoo und Zirkus, ganz zu schweigen vom Inferno der Schlachthöfe.
20 Das Tier leidet, aber sein Leid zählt nicht in der moralischen Buchführung der Menschengeschichte. Das Tier gilt als stumm, weil seine Ausdrucksformen nicht als „Sprache" nobilitiert[4] sind. Aber vor allem kennt das Tier keine Scham: Es präsentiert seinen Körper in einer Weise, die den Men-
25 schen an seine eigene Animalität[5] beständig und peinlich erinnert. Ekel ist die Folge, körperlicher Abscheu und Gewalt gegen diese allzu nah Verwandten. [...]

Worauf es ankommt, sind die beiden Adjektive, die Kafkas Tierfantasien fast stets begleiten und mit einer charakteris-
30 tischen Spannung aufladen: „stumm" und „fern". Es sind die beiden Eigenschaften, die er – wie sich noch zeigen wird – am meisten fürchtete, die Eigenschaften, die ihn von der Angst unversehens zur Identifikation mit dem Tier führten. [...]

---

[1] abgewertet
[2] jiddischer Schauspieler und Freund Kafkas
[3] entartet im Sinne von zweckentfremdet
[4] geadelt
[5] tierische Wesensart

Anhang 177

Was Kafka bedrängte und überwältigte, war – so muss man vermuten – nicht die längst vertraute Vorstellung einer Tierwandlung, sondern die Einsicht, dass die Tiermetapher, und insbesondere das Bild des nichtigen, niederen Tiers, mit dem er bisher nur gespielt hatte, eine Zentralmetapher seiner Existenz war. Im Werk Kafkas markiert DIE VERWANDLUNG den Beginn einer ganzen Serie von denkenden, sprechenden und leidenden Tieren, von gelehrten Hunden und gierigen Schakalen, psychotischen Maulwürfen, abgeklärten Affen und eingebildeten Mäusen – ein Topos[1], dessen Wurzeln offenbar bis ins tiefste innerpsychische Dunkel reichten und das zugleich so schmiegsam, vielgestaltig und vieldeutig war, dass es fast beliebige erzählerische Nuancierungen erlaubte.

Verlockend war diese Metapher vor allem deshalb, weil der Blick des Tieres auf den Menschen ein Blick *von außen* ist – das einzig denkbare lebendige Außen in einer Welt ohne Transzendenz[2]. Das Tier ist nicht „Partei", wie Kafka dies später genannt hat, es ist der stumme Zeuge, es lebt neben dem Menschen, nicht mit ihm. Was die Menschen untereinander verhandeln, ist ihm gleichgültig. Das Nächste und Wichtigste ist ihm sein Körper, dessen Gestalt und Verwundbarkeit seine Existenz ganz und gar bestimmt. Und die ungeheuerliche Überlegenheit des Menschen spürt das Tier nur als Zwang und als Angst, ohne deren Quelle je zu begreifen.

Seit langem schon hatte Kafkas Selbstbild begonnen, sich dieser imaginierten[3] tierischen Position allmählich anzunähern. Die Junggesellen-Metapher genügte nicht mehr, verlangte nach Radikalisierung. Denn die wunderlichen, hypochondrischen[4] Züge, die der einsame Junggeselle zwangsläufig annimmt, verblassten hinter der radikalen Fremdheit, die Kafka jetzt, da die Begegnung mit Felice[5] ihn zu einer Definition seines Lebens zwang, wie ein „Kälteschauer" beschlich – wie jene Kälteempfindung, die Gregor Samsa[6] als eine der ersten Äußerungen seines neuen Körpers kennen

---

[1] Thema
[2] übersinnliche, überirdische Instanz
[3] gedacht, vorgestellt
[4] krankhaft gesteigerte Beobachtung der eigenen Körperfunktionen
[5] Felice Bauer, Kafkas erste und langjährige Freundin
[6] der Käfer aus Kafkas Erzählung „Die Verwandlung"

lernt. Diese Kälte rührte nicht von der Einsamkeit; sie rührte vom *Anderssein*. „Ich lebe", schrieb Kafka ein Jahr später an Carl Bauer, „in meiner Familie, unter den besten liebevollsten Menschen fremder als ein Fremder." Und das war nun wahrer als jemals zuvor. Denn beide Fluchtlinien – die äußere, die nach Berlin hätte führen sollen, und die innere durch die Tagträume der literarischen Fiktion – wiesen ihn aus der Familie *hinaus*.

Man muss sich davor hüten, diesen Vorstellungen und Gedankenspielen Kafkas so etwas wie logische Folgerichtigkeit abzwingen zu wollen. Es handelt sich um Assoziationen, Bilder und innere Szenen, die sich ihm als immer neue, fließende, zunächst nur locker miteinander verwandte assoziative Zusammenhänge aufdrängten – so lange, bis er ein überzeugendes Bild oder eine Metapher entdeckte, die jene Zusammenhänge möglichst vollständig in sich aufnahm und sprachlich vermittelbar machte. Fremdheit, Nichtigkeit, Ausgestoßensein und Stummheit sind Vorstellungen, die Kafka im Bild des Ungeziefers so einleuchtend verdichtet hat, dass sie sich im Kopf des Lesers zu heftiger, wechsel-

Illustration von Andrea Di Gennaro

Anhang 179

seitiger Resonanz[1] anregen. Alle diese Vorstellungen spielten jedoch in Kafkas innerer Welt längst eine bedeutsame Rolle, *bevor* er den entscheidenden literarischen Einfall hatte, nur mangelte es ihnen an assoziativer und bildlicher Einheit, die jener Einfall ihnen dann *nachträglich* verschaffte. [...] 5

Aus: Reiner Stach: Kafka. Die Jahre der Entscheidungen. Frankfurt a. M. 2003, S. 210–215

Detlef Kremer:
Bewegung und Oszillation in Kafkas Texten

Dieser kurze Text beschreibt noch einen anderen Aspekt der Tiermetaphorik: den der Beweglichkeit von Bedeutung und Wahrheit in Kafkas Texten. Das Terrain der Tiergeschichten eröffnet gerade in der Undeutlichkeit zwischen Mensch- und Tier-Sein seinen Spielraum. Im Hinblick auf die Beschäftigung mit „Ein Bericht für eine Akademie" kann dieser Text Ihnen einen wertvollen Ausgangspunkt für eigene Überlegungen ermöglichen.

Die Wahrheit liegt immer dazwischen. Zwischen den Enden der Parabel[2] versucht Kafkas Schrift, die Oszillation[3] der Wahrheit, ihr „lebendig wechselndes Gesicht", nachzuzeichnen. Die Schrift muss wie ihre spröde[4] Vorlage, das Leben, Bewegung bleiben, will sie am Reich der Wahrheit 5 teilhaben, und doch ist sie immer dazu verurteilt, Bewegliches in die Form der Bedeutung zu überführen. Noch die vieldeutigste poetische Schrift unterliegt dem Zwang der sprachlichen Signifikanz[5], nur behält sie sich ein Höchstmaß semantischer[6] Beweglichkeit vor, das die Festigkeit des Diskurses[7] oder die Kompaktheit der pragmatischen[8] Alltagsrede fortwährend überschreitet und in Widersprüchen aufhebt. 10

---

[1] Widerhall
[2] Gleichnis
[3] Pendeln, Schwingen
[4] abweisend, nicht unmittelbar anziehend
[5] Bedeutungsfestlegung
[6] Bedeutung der Worte
[7] Debatte
[8] dem praktischen Nutzen dienend

Die poetische Schriftbewegung, die sich in einem fortwährenden Setzen und Aufheben von vielfältigen, undeutlichen
und zum Teil widersprüchlichen Bedeutungsspuren insze-
niert, bedarf, um nicht zu erstarren, eines Lesers, der der
allzu verständlichen Verlockung widersteht, den Sprüngen
der Bedeutung mit begrifflicher Eindeutigkeit zu begegnen.
Zunächst gilt es, die Beweglichkeit der Form zu wahren, und
das heißt, den Weg des Pendels zu beschreiben, den Sprung
vom „ausgestopften Tier" zum „nervösen Hund" und
umgekehrt und eigentlich noch beides in einem Atemzug:
das Rennpferd, das galoppierend nicht von der Stelle
kommt.
Nach seinen Begegnungen mit den zweifelhaften Errungenschaften der menschlichen Zivilisation mahnt z. B. der Affe
Rotpeter zu einem vorsichtigen Umgang mit utopischen
Vorstellungen von der Freiheit: „Nebenbei: mit Freiheit betrügt man sich unter Menschen allzuoft. Und so wie die
Freiheit zu den erhabensten Gefühlen zählt, so auch die
entsprechende Täuschung zu den erhabensten." Erfahren,
wie jemand mit der Durchschnittsbildung eines Europäers
nun einmal auftreten kann, rät er den Herren der Akademie,
„sich in die Büsche (zu) schlagen", einen flüchtigen Ausweg
mit all seinen Unwägbarkeiten der großen, leider aber fernen Freiheit vorzuziehen: „Nein, Freiheit wollte ich nicht.
Nur einen Ausweg; rechts, links, wohin immer; ich stellte
keine anderen Forderungen; sollte der Ausweg auch nur
eine Täuschung sein; die Forderung war klein, die Täuschung
würde nicht größer sein. Weiterkommen, weiterkommen!
Nur nicht mit aufgehobenen Armen stillstehn, angedrückt
an eine Kistenwand."
Der weltgewandte Affe kann mit einer geschichtsphiloso-
phischen Spekulation der Freiheit nichts anfangen, weil sie
notwendig mit einer Psychologie des Erhabenen verbunden
ist, die die kleinen Abweichungen mit hehren Idealen verstellt und augenblickliche Beweglichkeit in der Leidensfähig-
keit einer utopischen Disziplin erstarren lässt. Quintessenz
seiner skurrilen Gelehrtenbiografie für die Herren der Akademie ist die Unverzichtbarkeit eines Auswegs, die Möglichkeit der Bewegung. Ihr ist zwar von allem Anfang die Selbsttäuschung eingeschrieben, für den Akt der Bewegung selbst

bleibt das aber unwesentlich, denn die hat ihr Recht im Augenblick der Veränderung wahrgenommen. Kafkas Erzählungen beschreiben Fluchtwege in Bereiche intensiver Beweglichkeit, gegen den Zwang der Signifikanten[1] weichen sie in Räume des weniger Geformten, weniger Festgelegten aus. Aber sie tun dies entlang einer Linie des Rückzugs, eines Rückzugs in die abweichende gesellschaftliche Randexistenz oder in die amorphe[2] Indifferenz von Tier und Mensch. Und wenn selbst die noch zu signifikant[3] bleibt, dann löst Kafkas Erzählbewegung die Tier-/Menschfiguren in merkwürdige Molekulargebilde[4] auf, die sich jeder „Feststellung" entziehen.

Aus: Detlef Kremer: Kafka – Die Erotik des Schreibens. Bodenheim b. Mainz 1998, S. 22–23

Jean-Jacques Rousseau: Vom Gesellschaftszustand

Dieser Auszug aus Rousseaus „Der Gesellschaftsvertrag", einem Hauptwerk der französischen Aufklärung aus dem Jahr 1762, bietet Ihnen einen Kontrapunkt zu „Ein Bericht für eine Akademie". Denn der idealistischen Auffassung von der Vernunft, die sich von der Natur emanzipiere und die die Menschen freier mache, widerspricht Kafka mit seinem aufklärungskritischen, ja die Aufklärung karikierenden Text.

Der Übergang aus dem Natur- in den Gesellschaftszustand bringt in dem Menschen eine sehr bemerkenswerte Veränderung hervor, indem in seinem Verhalten die Gerechtigkeit an die Stelle des Instinktes tritt und sich in seinen Handlungen der sittliche Sinn zeigt, der ihnen vorher fehlte. Erst in dieser Zeit verdrängt die Stimme der Pflicht den physischen Antrieb und das Recht der Begierde, sodass sich der Mensch, der bis dahin lediglich auf sich selbst Rücksicht genommen hatte, gezwungen sieht, nach anderen Grundsätzen zu handeln, und seine Vernunft um Rat fragt, bevor er

---

[1] sprachliches Zeichen
[2] formlos, gestaltlos
[3] bedeutend im Sinne von festgelegt
[4] Gebilde kleiner, zur Masse geformter Einheiten

auf seine Neigungen hört. Obgleich er in diesem Zustand mehrere Vorteile, die ihm die Natur gewährt, aufgibt, so erhält er dafür doch so bedeutende andere Vorteile. Seine Fähigkeiten üben und entwickeln sich, seine Vorstellungen erweitern sich, seine Gesinnungen werden veredelt, seine ganze Seele erhebt sich in solchem Grade, dass er, wenn ihn die Missbräuche seiner neuen Lage nicht oft noch unter die, aus der er hervorgegangen, erniedrigten, unaufhörlich den glücklichen Augenblick segnen müsste, der ihn dem Naturzustand auf ewig entriss und aus einem ungesitteten und beschränkten Tier ein denkendes Wesen, einen Menschen machte.

Illustration von Andrea Di Gennaro

Führen wir den ganzen Vergleich beider Zustände auf einige Punkte zurück, bei denen die Unterschiede am klarsten hervortreten. Der Verlust, den der Mensch durch den Gesellschaftsvertrag erleidet, besteht in dem Aufgeben seiner natürlichen Freiheit und des unbeschränkten Rechtes auf alles, was ihn reizt und er erreichen kann. Sein Gewinn äußert sich in der staatsbürgerlichen Freiheit und in dem Eigentumsrecht auf alles, was er besitzt. Um sich bei dem Abwägen der Vorteile beider Stände keinem Irrtum hinzugeben, muss man die natürliche Freiheit, die nur in den Kräften des Einzelnen ihre Schranken findet, von der durch den Allgemeinwillen beschränkten, staatsbürgerlichen Freiheit genau unterscheiden und in gleicher Weise den Besitz, der nur die Wirkung der Stärke oder das Recht des ersten Besitzergreifers ist, von dem Eigentum, das nur auf einen sicheren Rechtsanspruch gegründet werden kann.

Nach dem Gesagten könnte man noch zu den Vorteilen des Gesellschaftszustandes die sittliche Freiheit hinzufügen, die allein den Menschen erst in Wahrheit zum Herrn über sich selbst macht; denn der Trieb der bloßen Begierde ist Sklaverei, und der Gehorsam gegen das Gesetz, das man sich selber vorgeschrieben hat, ist Freiheit.

Aus: Jean-Jacques Rousseau: Der Gesellschaftsvertrag. Köln: Röderberg im Pahl-Rugenstein, 2. Auflage 1988, S. 52–53

Das letzte Bild (Berlin 1923/24)

6. Todesangst: „Der Bau"

Werner Hoffmann: Gefangen im eigenen Werk

Diese Interpretation setzt die Erzählung „Der Bau" in Beziehung zu Kafkas Angst vor dem Tod. Der Aspekt der Innen-Außen-Beziehung, den der Autor hier betont, kann Ihnen verdeutlichen, inwieweit sich der Held hier in seinem selbst geschaffenen Bau vor den Gefahren des Lebens und des Todes abzuschotten versucht und inwiefern ihm dies gelingt oder misslingt.

[...] Während die bisher besprochenen Texte keinerlei Beziehungen zu der Gedankenwelt der Aphorismen[1] und den von ihr inspirierten Parabeln[2] oder dem Schlossroman aufweisen, ist „Der Bau" etwas Ähnliches wie eine Anti-Parabel.
5 Weder von dem „sagenhaften Drüben", das nach den spöttischen Worten des Alltagsmenschen in dem Text „Von den Gleichnissen" die Weisen meinen, wenn sie „Geh hinüber!" sagen, ist hier die Rede, noch von dem Selbst, das in einer dunklen Nacht das Steuer des Schiffes ergreift und das Ich
10 verdrängt. Das Tier – nehmen wir an: der Maulwurf – von dem „Der Bau" handelt, wird nicht wie der Hund, der erforschen will, ob die Erde oder der Himmel seine Artgenossen am Leben erhält, von der Unruhe getrieben, die Beziehungen des Sichtbaren zu dem Unsichtbaren, von dem es
15 abhängt, zu ergründen. Es kümmert sich weder um Seinesgleichen noch um höhere Mächte, sondern ist allein auf Sicherheit und Genuss seines Ichs eingestellt. Wie jedes Lebewesen ahnt es, dass es „den über ihm" gibt, aber bevor er sich ihm bemerkbar macht, ist er nur ein „jemand", der
20 erst, wenn man ihn ruft, in Erscheinung treten wird: „... ich weiß, dass meine Zeit gemessen ist, dass ich nicht endlos hier jagen muss, sondern dass mich gewissermaßen, wenn ich will und des Lebens hier müde bin, jemand zu sich rufen wird, dessen Einladung ich nicht werde widerstehen kön-
25 nen". Der Ruf dieses „Jemand" ist also für ihn nur die Antwort auf den eigenen Anruf.

---

[1] Sinnsprüche
[2] Gleichnisse

Der Bau ist als Schutz gegen jeden Angriff von außen her
gedacht und ist so sinnreich entworfen und ausgeführt, dass
das Tier keinen seiner Feinde, die von außen kommen, zu
fürchten braucht. Wenn einer wirklich den Eingang, der
unter einer Moosdecke verborgen ist, entdecken und in das
Innere eindringen sollte, so wird ihn das Eingangslabyrinth,
in das er hineingerät, in Verwirrung bringen, und wenn er
jemals herausfände, so müsste er sich in den Kreuz- und
Quergängen verirren und könnte durch einen Angriff aus
dem Hinterhalt unschädlich gemacht werden. Wer einen
Bau wie diesen zustande gebracht hat, darf annehmen, dass
er sein Leben gegen jede Bedrohung von außen her gesichert
hat.
Das Tier ist stolz auf ihn – all diese Kreuz- und Quergänge
hat es mit seiner eigenen Stirn als Stampfhammer modelliert!
Aber er dient nicht nur der Sicherheit – er ist ein Kunst-
werk! Kein totes, sondern ein lebendiges mit dem Burgplatz
als Herz, von dem die Adern der Gänge ausgehen und sich
verzweigen. „Wenn ich auf dem Burgplatz stehe ... – dann
liegt mir der Gedanke an Sicherheit fern, dann weiß ich
genau, dass hier meine Burg ist, die ich durch Kratzen und
Beißen, Stampfen und Stoßen dem widerspenstigen Boden
abgewonnen habe, meine Burg, die auf keine Weise jemandem anderen gehören kann und die so sehr mein ist, dass
ich hier letzten Endes ruhig von meinem Feind auch die
tödliche Verwundung annehmen kann, denn mein Blut versickert hier in meinem Boden und geht nicht verloren". Der
Stolz auf sein Werk verleiht dem Solipsismus[1] des Tieres
eine Art Glorienschein. Es ist der Stolz des Künstlers, dessen
Freude an seinem Werk freilich der „süße, wunderbare
Lohn" für den Teufelsdienst der Eitelkeit und Genusssucht
ist.
Was daher nach dem Brief Kafkas an Brod aus dem Juli 1922
für den Literaten gilt, trifft auch auf den Künstler des Baus
zu. Der Schriftsteller hat über dem Schreiben das Leben
versäumt, er hat sich mit fiktiven[2] Problemen auseinander-

---

[1] philosophische Lehre, nach der nur das eigene Ich wirklich sei und
die Welt nur in dessen Vorstellung existiere
[2] nur angenommen, erdacht

gesetzt und ist den realen ausgewichen, er hat Panik gespielt, statt im Leben das Leben zu überwinden. So ergreift ihn eine Panik, wenn er, der so oft in seinen Geschöpfen gestorben ist, wirklich sterben soll. Wie er hat der Künstler im
5 Bau sich in seinen Wachträumen immer wieder heldenhaft gegen Angreifer verteidigt und ist heroisch gestorben. Sowie er aber in Wirklichkeit die ersten Anzeichen des nahen Endes vernimmt: ein Zischen, das den Angriff eines unbekannten, unsichtbaren Feindes ankündigt, ergreift ihn dieselbe
10 Panik wie den Literaten, wenn er sterben soll. Vergebens redet er sich ein, dass das unheimliche Geräusch nichts zu bedeuten habe. Das Zischen scheint aus der Nachbarschaft der Wände des einen oder anderen Ganges zu kommen. Er hat nie daran gedacht, dass ein unterirdischer Feind sich an
15 ihn herangraben könnte, um ihn in seinem Bau anzugreifen. Um sich Gewissheit zu verschaffen, beschließt er, einen neuen Graben in der Richtung anzulegen, aus der das Geräusch zu kommen scheint. Aber er fürchtet sich im Grunde vor der Gewissheit und sucht lieber harmlose Erklä-
20 rungen dafür, welche Ursachen das Geräusch haben könnte. Vielleicht gräbt der Unbekannte einen eigenen Bau und weiß gar nichts davon, dass es in der Nachbarschaft einen anderen gibt. Dann würde er ihn durch den Rekognoszierungsgraben[1] nur darauf aufmerksam machen, dass er einen Nach-
25 barn hat, und den Kampf heraufbeschwören. Er verkriecht sich am Ende auf dem Burgplatz in der Mitte seines Baus, wo es am stillsten ist. Ab und zu meint er, das Geräusch zu hören, und lauscht. „Aber alles blieb unverändert." Mit diesem Satz, der das unsinnige Beharren darauf, dass es keine
30 Änderung geben darf, ausdrückt, schließt das Fragment. Dora Diamant[2] berichtet, dass Kafka die Erzählung beendet habe. An dem im Manuskript fehlenden Schluss sei das Tier im Kampf mit dem Gegner, der es im Bau überfallen habe, umgekommen.
35 Nach der Tragödie des Menschen, der in unstillbarem Verlangen nach dem Unendlichen über das Endliche hinausstrebt

---

[1] Graben zum Auskundschaften
[2] letzte Lebensgefährtin Kafkas

und im Scheitern seiner Bestrebung eine Katharsis[1] im Sinne einer mystischen Vollendung erlebt, ist „Der Bau" die Tragikomödie eines Wesens, das nur sein Ich kennt und nur für seine Sicherheit und Glorifizierung lebt, tragisch in dem törichten Stolz auf seine kleinen Listen und in dem Vertrauen auf sein Werk, das er in ekstatischer Selbstbewunderung umtanzt, und grotesk in der Verblendung, mit der er sich darüber hinwegzutäuschen sucht, dass er dem Ende, das sich unaufhaltsam nähert, nicht entrinnen kann. [...]

Aus: Werner Hoffmann: „Ansturm gegen die letzte irdische Grenze" – Aphorismen und Spätwerk Kafkas. Bern 1984, S. 271–273

Werner Hoffmann: Schreiben gegen den Tod

In dem Text wird beschrieben, wie Kafka im Angesicht seiner tödlichen Krankheit – Lungentuberkulose – über sein Leben und sein Schreiben nachdenkt und wie tief zerrissen er dabei innerlich ist. Achten Sie besonders darauf, welche Funktion das Schreiben in Bezug auf die seelische und soziale Situation ausübt und ob die Problematik sich auch in der Erzählung „Der Bau", einem der letzten Texte Kafkas, wiederfindet.

In den Jahren 1921 und 1922 hat sich in Kafka das Gefühl der Angst, das ihn von jeher heimgesucht hat, ins Ungeheuerliche gesteigert, sodass sich zeitweise die „immer nur angelehnte Tür des Wahnsinns" vor ihm zu öffnen schien. Während der ersten Wochen in Matliary[2] verfolgte ihn, wie wir wissen, die Angst, dass er nach dem Verlust Milenas[3] zur völligen Isolierung verurteilt sei. Er hatte ihr schon ein halbes Jahr vorher geschrieben: „Sicher ist nur, dass ich fern von Dir nicht anders leben kann, als dass ich der Angst völlig recht gebe, mehr recht gebe als sie will ... Ihre inneren Gesetze kenne ich nicht, nur ihre Hand an meiner Gurgel kenne ich und das ist wirklich das Schrecklichste, was ich erlebt habe oder erleben könnte".

---

[1] geistig-seelische Läuterung, Reinigung
[2] Lungenheilsanatorium in der heutigen Slowakei, in dem sich Kafka von Dezember 1920 bis September 1921 aufhielt – ohne Erfolg
[3] Milena Jesenská, Prager Literaturwissenschaftlerin und Übersetzerin, mit der Kafka 1920 kurz liiert war

Zu der Verzweiflung, von dem letzten Menschen, der ihn
liebte, verlassen zu werden – dass er selbst auf einer Trennung bestand, bedeutete nichts –, kam die Angst der Kreatur,
der immer gewalttätigere Zugriff der Krankheit, der ihm die
Vorstellung, körperlich und seelisch zu ersticken, aufzwang.
Aber alles das war nur ein Vorgefühl der letzten und schreck-
lichsten Angst, über ein ungelebtes Leben Rechenschaft ab-
legen zu müssen. In der Tagebucheintragung vom 19. Oktober 1921 heißt es, dass „derjenige, der mit dem Leben nicht
lebendig fertig wird", kaum darauf hoffen darf, die Verzweiflung über sein Schicksal abwehren zu können. [...]
Nach seiner Rückkehr aus Matliary ist Kafka in Prag kaum
fähig, seine Arbeit wieder aufzunehmen. Wenn er aus dem
Büro nach Hause kommt, muss er sich sofort ins Bett legen.
Er ist krankhaft empfindlich. Eine harmlose Spinne an der
Wand erschrickt ihn. Jedem geselligen Leben weicht er aus.
An den Freund Klopstock[1] schreibt er: „Ich ertrage jetzt
nicht einmal die Blicke der Menschen (nicht aus Menschen-
feindschaft, aber die Blicke der Menschen, ihre Anwesenheit,
ihr Dasein und Herüberschauen, das alles ist mir zu stark)".
Er hat das Gefühl, dass das Leben, dem er zuschaut, ebenso
unwirklich ist wie das Dasein, das er selbst führt. In sein
Tagebuch schreibt er am 21. Oktober 1921: „Alles ist Phantasie, das Bureau, die Familie, die Straße, alles Phantasie,
fernere oder nähere; die nächste Wahrheit aber ist nur, dass
du den Kopf gegen die Wand einer fenster- und türlosen
Zelle drückst." Der Gefangene in der Zelle weiß, dass das
Urteil über ihn schon gesprochen ist. Er ist zum Tode verurteilt, zu einem einsamen Tod, der keinem Menschen zu
Grauen oder Mitleid Anlass geben wird. Man hat ihn nicht
zum Tode durch das Fallbeil begnadigt, man lässt ihn in
seiner Zelle sterben. Er schreit nicht mehr, denn niemand
kann ihn hören, er presst nur den Kopf gegen die Wand.
[...]
Als er am 19. Oktober 1921, einige Tage, nachdem er die
Eintragungen wiederaufgenommen hat, sich seine Lage zu
veranschaulichen sucht, kommt ihm ein Bild in den Sinn, das

---

[1] Robert Klopstock, damals Medizinstudent, enger Freund Kafkas,
den er in Matliary kennenlernte

ihn schon früher beschäftigt hat. „Das Wesen des Wüstenwegs", notiert er in sein Tagebuch. Er lebt in dieser Zeit, in
der er wieder angefangen hat, „Die Schrift", und zwar die
Bücher Moses zu lesen, so in der Welt der Bibel, dass „Wüstenweg" nichts anderes für ihn bedeuten kann als den Weg, 5
den Moses die Kinder Israel nach Kanaan geführt hat. Wenn
er vom Wesen des Wüstenwegs spricht, denkt er daran,
was die Wanderung durch die Wüste für Moses gewesen
sein muss. Für die Kinder Israel war der Weg eine Prüfung,
ob sie es verdienten, in Kanaan zu leben. Aber Moses hat 10
das Land „erst vor seinem Tode" gesehen, und er hat es nur
gesehen, sodass der Wüstenweg für ihn nicht die Vorbedin-
gung für das Leben in Kanaan, sondern das Äußerste war,
was er im Leben erreichen konnte, mit dem Ausblick auf
Kanaan als Abschluss. Wenn man sein Leben nach dem Er- 15
gebnis, das ihm zugeteilt wurde, einschätzt, so müsste man
sagen, es sei ein „unvollkommener Augenblick" gewesen
und eben darum ein wahrhaft menschliches Leben.
Dann denkt der Schreiber an sich, dem nicht einmal ein
unvollkommener Augenblick der Aussicht auf Kanaan be- 20
schieden ist: „Derjenige, der mit dem Leben nicht lebendig
fertig wird, braucht die eine Hand, um die Verzweiflung über
sein Schicksal ein wenig abzuwehren – es geschieht sehr
unvollkommen – mit der anderen Hand aber kann er ein-
tragen, was er unter den Trümmern sieht, denn er sieht 25
anderes und mehr als die anderen, er ist doch tot zu Lebzeiten und der eigentlich Überlebende. Wobei vorausgesetzt ist, dass er nicht beide Hände und mehr, als er hat,
zum Kampf mit der Verzweiflung braucht".
Dass der „lebende Leichnam" unter Umständen mehr Hän- 30
de zum Abwehren der Verzweiflung braucht, als er hat, trifft
auf ihn zu. Vielleicht wäre die Abwehr weniger mühsam,
wenn die Versuchung des Lebens nicht trotz allem – Müdigkeit, Schmerzen, Hoffnungslosigkeit – noch immer die Macht
gehabt hätte, ihn zu törichten Hoffnungen zu verleiten. Mi- 35
lena besucht ihn noch immer, obwohl sie schon längst auf
eine gemeinsame Zukunft verzichtet haben. Sie kommt noch
im Frühjahr 1922 zu ihm. Und als er am 8. Mai 1922 in sein
Tagebuch einträgt, sie sei hier gewesen, komme aber wohl
nicht mehr, sucht er die Vorstellung, ihr Besuch sei unwi- 40

derruflich der letzte gewesen, durch den Zusatz zu verdrängen, es gäbe vielleicht doch eine Möglichkeit, ihre Beziehung zueinander fortzusetzen, trotz ihrem Beschluss, sich zu trennen. Milena steht für Kanaan und an Kanaan, nicht an die Wüste denkt er, wenn er am 18. Oktober 1921 in das Tagebuch schreibt: „Es ist sehr gut denkbar, dass die Herrlichkeit des Lebens um jeden und immer in ihrer ganzen Fülle bereitliegt, aber verhängt, in der Tiefe, unsichtbar, sehr weit. Aber sie liegt dort, nicht feindselig, nicht widerwillig, nicht taub. Ruft man sie mit dem richtigen Wort, beim richtigen Namen, dann kommt sie. Das ist das Wesen der Zauberei, die nicht schafft, sondern ruft."

Die Bilder, mit denen das Leben ihn versucht, ob sie mit Milena zusammenhängen oder nicht – einmal heißt es: „Ewige Kinderzeit. Wieder ein Ruf des Lebens" – sind darum so schmerzlich verlockend, weil nicht sein Herz, aber sein Hirn darum weiß, dass er nicht mehr fähig ist, die Wirklichkeit, die sie meinen, nach- oder neu zu erleben. In diesem Oktober der Hoffnungslosigkeit verurteilt er den Kafka, den er bisher für die Rechtfertigung seiner im übrigen nutzlosen Existenz gehalten hat – den, der das Schreiben als seine Lebensaufgabe auffasste – zum Tode durch das Feuer. Das Testament des „Tintenzettels" lautet: „Liebster Max[1], meine letzte Bitte: Alles, was sich in meinem Nachlass ... an Tagebüchern, Manuskripten, Briefen, fremden und eignen, Gezeichnetem und so weiter findet, restlos und ungelesen zu verbrennen ...".

Ein Besuch bei seinem Arzt, der das fortgeschrittene Stadium der Krankheit bestätigt, veranlasst ihn im November dazu, seine Kräfte noch einmal auf eine Kur zu konzentrieren, die im Hause beginnt und in einem Sanatorium fortgesetzt werden soll. „Der Tag ist genau eingeteilt", schreibt er an Klopstock, „zwischen Liegen, Spazierengehn und dgl., nicht einmal zum Lesen habe ich Zeit und Kraft". Nach dem Tagebuch vom 2. November spürt er zum ersten Mal wieder „vage Hoffnung, vages Zutrauen". Noch einmal taucht im Tagebuch dieses Jahres der Gedanke an das Schreiben auf.

---

[1] Max Brod, Kafkas bester und langjähriger Freund und Förderer, Prager Schriftsteller

Am 6. Dezember trägt er eine in ihrer Kürze nicht leicht verständliche Betrachtung ein, die mit einer Briefstelle beginnt. „Ich wärme mich daran in diesem Winter", zitiert er und bezieht sich damit offenbar in Erinnerung an einen geglückten Versuch auf einen neuen Ansatz dazu, sich die Trostlosigkeit vom Herzen zu schreiben. Er scheint nach einem hoffnungsvollen Anfang zu keinem Ergebnis geführt zu haben, denn der nächste Satz lautet: „Die Metaphern sind eines in dem vielen, was mich am Schreiben verzweifeln lässt." Vermutlich meint er damit nicht, dass er die Meta-

Eine der letzten Karten an die Eltern, aus dem Sanatorium Kierling bei Wien

phern aus seiner Sprache eliminieren möchte, sondern er verzweifelt an der Ausdrucksfähigkeit der Metapher. Nach Aphorismus 57[1] kann ja die Sprache „für alles außerhalb der sinnlichen Welt Liegende" nur andeutungsweise, aber niemals auch nur annähernd vergleichsweise gebraucht werden. So kann auch die Metapher eine seelische Situation oder ein geistiges Problem nur andeuten, aber nicht durch

---

[1] Sinnspruch; gemeint sind hier Kafkas Zürauer Aphorismen, eine Sammlung, die 1917 bei einem Aufenthalt im tschechischen Zürau entstand

einen gelungenen Vergleich eine klare Vorstellung davon
vermitteln. Dann kommt er auf die Abhängigkeit des Schreibens von der äußeren und inneren Situation des Schreibenden zu sprechen. Störungen von außen her gefährden es
ebenso wie negative Stimmungen und Ideen, es ist keine
„selbstständige, eigengesetzliche Verrichtung", es ist „hilf-
los" und „wohnt nicht in sich selbst". Die Eintragung schließt:
„[Es] ist Spaß und Verzweiflung." Da es nicht in sich, sondern
im Schreibenden wohnt, wird es Spaß, wenn es Unterhaltung
für ihn bedeutet, und Verzweiflung, wenn er damit einer
hoffnungslosen Lage zu entrinnen versucht. [...]

Aus: Werner Hoffmann: „Ansturm gegen die letzte irdische Grenze" – Aphorismen und Spätwerk Kafkas. Bern 1984, S. 110–114